U0448522

寻找法律史上的失踪者

In Search of the Missing Jurists in Legal Histroy

（增订版）

陈新宇 著

商务印书馆

目　录

增订版序：寻找法律史上失踪者的意义 …………………… i

初版序 ………………………………………………………… v

谁在阻挠《大清新刑律》的议决？
　　——章宗祥回忆辨伪及展开 ……………………………… 1

向左转？向右转？
　　——董康与近代中国的法律改革 ………………………… 16

　　附：董康年表（1869—1948）…………………………… 38

从礼法论争到孔教入宪
　　——法理健将汪荣宝的民初转折 ………………………… 43

人生何处不相逢
　　——瞿同祖与何炳棣的命运对照 ………………………… 61

　　附一：法者还是墨者开启帝国

　　　　——聆听何炳棣先生清华讲座有感 ………………… 76

　　附二：时代的忧伤

　　　　——瞿同祖的回国记 …………………………………… 81

法治的恪守者
　　——燕树棠先生的生平与思想 …………………………… 85

哲人已逝,典范永存
——缅怀徐道隣先生兼评《中国法制史论集》 ········· 99
附:君子的复仇 ·················· 113

从邵循恪到端木正
——清华法政研究生教育的薪火传承 ············ 119

一生求索惟公正　人品文品入清流
——记比较法学家潘汉典先生 ··············· 131

康有为伪造阔普通武的戊戌奏折了吗?
——兼论戊戌时期的君主立宪问题 ············· 139

礼法论争中的冈田朝太郎与赫善心
——全球史视野下的晚清修律 ··············· 184

沈家本:中国近代具体法治的践行者 ············· 210

何处相思明月楼:楼邦彦的清华往事 ············· 216

李敖:法学院的匆匆过客 ··················· 224

初版书评一　寻找法律史上的失踪者意义何在 ········· 228
初版书评二　追寻法学先贤 ··················· 233

参考文献 ·························· 238
索　引 ··························· 247
致　谢 ··························· 260

增订版序：
寻找法律史上失踪者的意义

不知不觉，距《寻找法律史上的失踪者》初版付梓已经有四年，其间加印的，坊间也告售罄。在这种情况下，承蒙商务印书馆白中林先生的青眼抬爱，亦感谢广西师范大学出版社的慷慨惠允，就有了这个顺利"转会"的增订版。

相对于初版时的拙稿十篇，本次增订版在篇幅上增加了六篇文章，分别是《时代的忧伤——瞿同祖的回国记》《康有为伪造阔普通武的戊戌奏折了吗？——兼论戊戌时期的君主立宪问题》《礼法论争中的冈田朝太郎与赫善心——全球史视野下的晚清修律》《沈家本：中国近代具体法治的践行者》《何处相思明月楼：楼邦彦的清华往事》《李敖：法学院的匆匆过客》。问心无愧的是，十几年前"每一至两年研究一人的计划目标"在初版刊行后仍能继续坚守。日就月将之中，笔者关于中国近代法治的视域更加开阔，场景日渐清晰，感念感怀，有如佛经偈语所云，"靡不护念初发心"。

作为后知后觉者，笔者在研究和教学中常常扪心自问或者面临学友提问："寻找法律史上失踪者的意义何在？"对此问题的回应,不妨借用孔子的"古之学者为己,今之学者为人",从于人于己两个维度展开。

对于失踪者而言,我们通过发掘前辈的法律故事,能使近代法治的潜德幽光不至泯灭于历史长河,这是法史学人的职责本分。诚如初版序言所指出:"今天对他们的研究,既是重建史实,还以历史公道,亦能从中窥得思想与学术的传承,领会文化与文明的碰撞,体察国家与社会的转型,感悟人生与人心的变迁。"前事不忘,后事之师,此乃应该去做也必须有人去做的事业。

对于寻找者而言,在青灯黄卷下感通先贤的法治往事,能使我们在历史面前秉持谦逊之心。例如在沈家本的故事中,我发现在1911年资政院闭会时,作为副总裁的他没有参加合影,原因是"举足触地毯裂口,致倾跌伤鼻,血流甚多,未预摄影",对照资政院的会议速记录,可以看到直至闭会的前一天,年过七旬的他仍在会场上坚持到晚上十点半,为新刑律的最终议决保驾护航,这次意外受伤很可能是积劳与压力所致,其后果则是"自此多病"。沈氏在1913年便驾鹤西归,与此番事故不能不说有密切的因果关系,这位近代法律改革"现实的理想主义者"对于中国法治建设可谓鞠躬尽瘁矣。

通过对多元资料的深度研读和均衡推理,探究历史真相,也可使我们在此过程中培养学术自信。例如在阔普通武与康有为的故事中,我发现学界聚讼不已的戊戌变法重要奏折《变法自强宜仿泰西设议院折》著作权问题,实际上与第三人梁启超有着密切的关系,该奏折是梁启超与康有为的作品,在戊戌时期以内阁学士阔普通武之名上奏。康有为在辛亥年间将该折窜改成《请定立宪开国会折》,但并非某些擅长考据的历史学家过度解读而认为其乃无中生有的"作伪"。从方法论上反思,"尽信书,则不如无书"乎？

寻找的过程虽然不免筚路蓝缕，却有邂逅知己、吾道不孤的惊喜，更能感悟陈寅恪先生在《海宁王先生之碑铭》中的狮子吼："士之读书治学，盖将以脱心志于俗谛之桎梏，真理因得以发扬。"正可以此自勉，纾缓时代焦虑。在当前中国学界，"俗谛之桎梏"最甚者莫过于核心期刊论文的量化考核机制。本书中的董康一文，完成于2005年我刚履清华教职之时，曾试投稿于《中外法学》，一段时间后未有音讯，恰巧黄源盛教授主办的《法制史研究》向我邀约此文（2004年我在台湾的学术会议上曾提交初稿），该杂志在业内有口皆碑，自然一口允诺。与此同时我接到《中外法学》时任编辑张谷教授的电话，问可否略加修订后在《中外法学》发表，我以已经答应《法制史研究》为由谢拒。他稍感意外，最后说了一句"好文章大家都想要"，结束了这次谈话。我与张谷教授之前素未谋面，后来也未曾相见，他是卓有清誉的学者，蒙其谬赞，倍感荣幸。事后回想其反应，可能是很少有人会这么直接拒绝《中外法学》吧。今度重提往事，不是想凸显清高，只是实事求是地记载当年内心，作为核心期刊的《中外法学》与清流杂志的《法制史研究》，地位并无二致。虽为敝帚自珍，但拙文提炼出来的近代法律人在激进与保守之间左右摇摆的"董康问题"，在当下仍然有学术价值。后来我经历各种职称评选、人事制度改革，董康一文在核心期刊论文考核标准之中自然毫无作用，当如数工分一般计较自己的论文数量，患得患失之际，回想当年举动，不禁莞尔，却不后悔。现今学界风气，动辄何种核心、多少数量，却鲜有什么命题、哪些原创贡献，让人无聊无趣，不免忧心这种唯刊物与数量的"两唯论"体制将导致劣币驱逐良币，造就"精致的利己主义者"。就个人而言，通过寻找法律史上的失踪者，可以置身于历史苍穹，体察时势，洞悉人性，少些执念,摆脱小我。

失踪者与寻找者之间,形成了互为彼此的"此人懂我"关系。古人云"治史如断狱",法律与历史,实乃一体之两面,世间一切皆会归入历史,评价自待有心有缘之人。借用诗人北岛的名句:"卑鄙是卑鄙者的通行证,高尚是高尚者的墓志铭。"卑鄙或者高尚,历史终会作出裁判,人间对此焉能不怀敬畏之心?

2019 年 5 月 5 日
于清华明理楼温格居

初版序

曾读朱学勤先生的《思想史上的失踪者》《书斋里的革命》,长春出版社1999年版),心有戚戚焉。不揣浅陋,东施效颦,故有本书之名。

"接飞花坠叶,作因缘观",本书主要机缘有两种。2002年蒙刘广安先生推荐,有幸受教于李贵连先生。李教授是晚清修律大臣沈家本的隔世知己,经他研究推动,为"文革"后的中国法学界复原了沈家本这一中国近代法律史上的枢纽人物,展示了晚清法律改革波澜壮阔的历史画面。燕园三年,见贤思齐,我萌发了研究沈氏周围法政人物之兴趣。2003年,《南方周末》刊登了万静波等人的《被遗忘30年的法律精英》,围绕着《英美法词典》的编纂,讲述了一批东吴法学院老人可歌可泣的故事,引起广泛关注。在此前后,我曾数次拜访了该词典的总审订潘汉典先生,潘老淡泊宁静的君子风范、精益求精的学术态度让人钦慕,使我对民国法律人有了更直接经验的感受,拨动我深入理解时代中人之心弦。

"半世浮萍随逝水,一宵冷雨葬名花。"晚清民国是中国法律史上的大变革时代,伴随传统中华法系的解体和近代法律体系的建构,时代中的法律人通过知与行演绎着各自的法律故事。相对于制度变迁的冰冷无情,这些法律故事有血有肉,见证了法治中国的百年历程。有如许章润先生提出的"续根"命题,今天对他们的研究,既是重建史实,还以历史公道,亦能从中窥得思想与学术的传承,领会文化与文明的碰撞,体察国家与社会的转型,感悟人生与人心的变迁。钱穆先生曾言:"所谓对其本国已往历史有一种温情与敬意者,至少不会对其本国已往历史抱一种偏激的虚无主义,亦至少不会感到现在我们是站在已往历史最高之顶点,而将我们当身种种罪恶与弱点,一切诿卸于古人。"(《国史大纲》)诚哉斯言!这不仅仅是我们对待国史的态度,也应该是我们对待近代法律人的态度。

"回首向来萧瑟处",十余年间,关注了十位人物,完成本书的八篇论文和两篇随笔,只涉及近代法律人群体一个小小的侧影,离该课题整体性、观念化的研究鹄的仍有差距。尽管集腋未必成裘,唯仍可慰怀的是,我坚持研究初衷,基本完成每一至两年研究一人的计划目标,展示了近代法律人多姿多彩、不为人知的一面。所谓愚者千虑,必有一得,以"我注六经"的立场,从一手资料入手,自己发现问题,展开论证,亦能有一己心得与管见,从这点看,乃有充分信心自诩为一个法史学小小的补锅匠。同时也期待拙著有抛砖引玉之效,可以吸引更多的学术同好,加入到这一课题的研究中来。

是为序。

2014 年 4 月 14 日于明理楼

谁在阻挠《大清新刑律》的议决？

——章宗祥回忆辨伪及展开

引　言

　　2011年是辛亥革命一百周年，亦是《钦定大清刑律》（通称《大清新刑律》）颁布一百周年，革命宣告了从帝制到民主共和的跨越，却没有割裂其法律之间的纽带。民国元年（1912）四月三十日，北京的临时参议院在删除《钦定大清刑律》中与共和国体冲突的章节条款及维护古代纲常礼教的《暂行章程》后，冠之以《暂行新刑律》之名，[①]后者成为民国初期最主要的刑事法源。清末修律的最新成果，得以接受民初社会之检验。当革命以快刀斩乱麻的方式解决了法统延续问题的同时，也湮灭了《大清新刑律》的潜在争议，时光的流逝，更掩埋了当年不少多姿多彩的修律故事。今天的我们，

---

① 参见黄源盛：《民元〈暂行新刑律〉的历史与理论》，收入氏著：《民初法律变迁与裁判（1912—1928）》，台湾政治大学法学丛书（47），2000年，第197页以下。

在某种进化史观惯性思维的支配下,容易将复杂的历史问题予以简单化处理。本文的目的,即试图复原和反思当年新刑律制定的一个重要阶段——资政院议决①,切入点,乃一位"法律史上的失踪者"②——章宗祥。

章宗祥

一

作为历史人物,章宗祥以五四运动"卖国贼"之形象常驻于人们记忆之中,其作为法律人之一面,似乎鲜为人知。清末,这位"熟悉的陌生人"留学日本,毕业于东京帝国大学法科,回国后无论是担任京师大学堂刑法教习,还是任职修订法律馆、内城巡警总厅、

---

① 关于新刑律编纂七个法案的全面梳理,参见陈新宇:《〈钦定大清刑律〉新研究》,《法学研究》2011年第2期。但拙文限于旨趣和篇幅,资政院议决这一阶段没有深入展开分析讨论,本文即试图弥补其阙。
② 有学者提出寻找"思想史上的失踪者"一说,发人深思。参见朱学勤:《思想史上的失踪者》,收入氏著:《书斋里的革命》,长春出版社1999年版。

宪政编查馆等部门，所从事之工作，皆与法律关系密切。清季《大清新刑律》的制定引发了激烈的"礼法论争"，章氏躬逢其盛，法案起草、议场论辩、密室谋划，皆可见其身影，可谓重要的参与者与见证人。

鉴于章宗祥的特殊地位，他的回忆性文章《新刑律颁布之经过》[①]，自然成为了解该段法典编纂史的重要资料，其中，又以资政院议决这一部分最吸引眼球。原因有二，一是程序层面，一是论争层面。

从程序上讲，资政院议决是法典制定的新程序。清季法律改革，法典制定程序伴随制度变迁，前后有过变化。前期是修订法律馆负责编纂后，经宪政编查馆分咨内外各衙门签注，再咨复宪政编查馆，汇择核定，请旨颁行。后期在资政院成立及其制度完善后，不再分送各部、省讨论，而是送资政院议决，再移送到宪政编查馆复加核定，由资政院总裁、副总裁会同军机大臣具奏请旨裁夺。[②]军机大臣对资政院议决事件如不以为然，得声叙原委事由咨送资政院复议。当双方无法取得一致意见时，则分别具奏，由皇帝裁决。[③]

新刑律在编纂过程中，恰逢资政院于宣统二年（1910）九月成

---

① 该文收入中国人民政治协商会议全国委员会文史资料委员会编：《文史资料存稿选编》第1册，中国文史出版社2002年版。就笔者了解，李欣荣、孙家红分别是历史学界和法学界最早注意到这一重要资料的学者，但其文章中皆没有对该段史料的真实性予以质疑。详见李欣荣：《清末修律中的废刑讯》，《学术研究》2009年第5期；孙家红：《清末章董氏〈刑律草案〉稿本的发现和初步研究》，《华中科技大学学报》（人文社科版）2010年第3期。
② 参见《奏议覆修订法律办法折》，收入故宫博物院明清档案部编：《清末筹备立宪档案史料》（下），中华书局1979年版，第850页以下。
③ 参见《改订续订资政院院章》第十七、十八条，收入志伊斋：《庚戌资政院议案草》，上海征文社印行，文海出版社1996年影印本。

立，所以它既经历了中央和地方的签注，还需要经历作为将来上下议院基础的资政院之议决，虽然它最终颁布仍需上谕钦定，但在立宪背景之下，资政院此关无疑是有别于旧制的民主亮点。

从论争上讲，资政院的论辩是新旧两派最后的决战。从光绪三十三年（1907）沈家本等人上奏新刑律第一案引发"礼法论争"开始，新旧两派在经历长时间的拉锯对峙后，终于迎来宣统二年十一月至十二月（1910—1911）在资政院的集中论辩、一决胜负，期间唇枪舌剑、风云变幻，值得特别关注。

对资政院议决这一特殊阶段，章宗祥在回忆中予以浓墨重彩，其大意为：在资政院中，劳乃宣等旧派知道议员中新派占据多数，辩论不能取胜，所以用消极抵制之法，每遇此案列入议程，辄动议先议他案，一般议员因为新刑律繁重，非顷刻所能议决，往往赞成。在资政院会期届满之时，新刑律甚至还未付议。经其与沈家本努力，说服资政院总裁溥伦将会期展期十日，力图专议新刑律。但反对议员仍然利用政治上之问题，提紧急动议，予以阻延，使得时限将至，新刑律仍未讨论。面对危局，在资政院会期的最后一日，章宗祥以政府委员身份发言，在他鼓动之下，新刑律终于付诸议决。从下午两点开议，至晚上七点议完总则。晚九点续议，新派依之前的密议，令人严封议场，防止旧派离场造成人数不足，同时合纵连横，争取蒙古、西藏等处代表，终于在晚上十一点之时，通过分则，完成新刑律的全部议决。①

章氏这段描述可谓绘声绘色，议决过程之勾心斗角、暗流汹涌，

---

① 参见章宗祥：《新刑律颁布之经过》，收入中国人民政治协商会议全国委员会文史资料委员会编：《文史资料存稿选编》第1册，中国文史出版社2002年版，第36—37页。

跃然纸上,极富戏剧性,但好听的"故事"未必就全是史实,当代读者请勿将其当作研究"猛料",信以为真。一部四百多条的重要法典在短短一天之内、区区七小时之中便全部议完,不管其过程如何省略程序,也不免让人有几近儿戏之感。实际上,只要对照当年"实录"性质的《资政院会议速记录》①,便可证其虚。而其传递出来符合一般想象"事实"之重要信息——"旧派阻挠新刑律的议决",则需要下一番功夫考证辨伪,在澄清事实基础上的意义解读,亦发人深思。

二

问题一,新刑律在资政院付诸议决为何一拖再拖?

宣统二年十一月初一日(1910年12月2日),新刑律议案在资政院第一次常年会第二十三次会议上开议,经政府特派员说明主旨及议员质疑后,交付资政院法典股员会审查。② 在法典股员会完成审查后,法典股的副股长汪荣宝于宣统二年十二月初六日(1911年1月6日)第三十七次会议上作了修订情况的报告,并付诸资政院再读。③ 当时的情况是,依据立宪计划,新刑律预定在宣统二年颁布,而资政院第一次常年会将在宣统二年十二月十一日(1911年1月11日)闭会,时间急迫,所以从宣统二年十二月初六日到初九日,在第三十七次会议到第四十次会议上,新刑律经历了快速、同时伴随极其激烈论争的再读程序。

新刑律从第二十三次会议上开议,到第三十七次会议才付诸

---

① 台湾政治大学基础法学中心藏书。
② 参见《资政院会议速记录》第一次常年会第二十三号议场速记录。
③ 参见《资政院会议速记录》第一次常年会第三十七号议场速记录。

再读。依据《资政院会议速记录》，可发现在第二十九次会议和第三十次会议上，议程安排的第二项皆有关于新刑律议案之报告，而结果却都没有付诸实施，那么到底有什么变故呢？

答案就是议程发生了变更。在第二十九次会议上，议员于邦华主张将议程第三项"提议陈请全国禁烟办法议案"提前先议，汪荣宝反对无效。该项议完之后，又有议员余镜清主张先议第四项"提议陈请浙江铁路公司适用商律议案"，汪荣宝认为应该仍按顺序先议第一项"试办宣统三年岁入岁出总预算案"，易宗夔支持汪荣宝，而邵羲、吴赐龄认为可以变更，许鼎霖主张先议原定议程的第四至第六项，获得多数赞成。① 在第三十次会议上，议员李文熙又主张先议议程第三项"提议陈请川路倒款关系公司律存废议案"，获得赞成。②

那么议程变更，真的是章宗祥讲的旧派之拖延伎俩乎？吾以为未必。

首先，需要以一相对客观的标准来鉴定章氏所谓的新、旧两派（也即"法理派"与"礼教派"）。必须指出，近代人物在急剧转型的社会时空之下，以"变"乃至"善变"为其主要特征。新思想、新思潮层出不穷，昨日之新可能便是今日之旧；为求不落伍，主动被动之间，亦不免"以今日之我反对昨日之我"。所以近代何谓新，何谓旧，界限并非泾渭分明，而是处于流变状态，需要具体分析。

在章宗祥的语境下，笔者觉得可以把新刑律论争中争议最大的"无夫奸是否入罪"在表决时之投票倾向作为一甄别标准。依据古代中国家族本位的刑律，在室女或寡妇自愿与人发生性关系有

---

① 参见《资政院会议速记录》第一次常年会第二十九号议场速记录。
② 参见《资政院会议速记录》第一次常年会第三十号议场速记录。

辱门风、紊乱血统,是违反礼教的犯罪行为,所以古代律典规定"凡和奸,杖八十"①,而依据近代西方个人本位的刑法,这一行为是个人自由之体现,国家不应干涉。主张"无夫奸"去罪化,从当时的社会文化来看,的确是骇人听闻的,从投票倾向上,可以大致看出当时的新、旧之立场倾向。当时新派及其支持者持蓝票,主张去罪化,旧派及其支持者持白票,主张入罪,故有蓝白票之争。有意思的是,围绕着蓝白票合纵连横之机缘,还促成了清季政党的产生,其中部分白票党人组成"宪政维持进行会",部分蓝票党人组成了"政学(公)会",②可谓"无心插柳柳成荫"了。堪称幸运的是,当时票面必须写上议员的名字,该名单③保留了下来,可作今天判断之用。

依据当时蓝白票名单,在主张及支持变更议程的议员中,于邦华、许鼎霖为白票者,余镜清、李文熙、邵羲、吴赐龄为蓝票者,④可

---

① 《大清律例》"犯奸"条。其对"有夫者"通奸,则"杖九十"。当代台湾地区、韩国刑法中的通奸罪,指的是有配偶者与人通奸。古代中国的通奸罪,乃以女性为中心,区分其"有夫""无夫"之情节,与之通奸的男子则与其同罪。
② 参见张玉法:《清季的立宪团体》,"中央研究院"近代史研究所专刊(28),1985年,第479页以下。
③ 该名单可见《资政院会议速记录》第一次常年会第三十九号议场速记录;亦可见劳乃宣:《新刑律修正案汇录》,收入《桐乡劳先生(乃宣)遗稿》,文海出版社1969年影印本,第1052—1053页。
④ 依据姚光祖:《清末资政院之研究》(台湾大学政治研究所硕士学位论文,1977年,第377页以下),此六人的情况如下:

座次	省别	姓名	当选年龄	籍贯	传统功名	新式教育	曾任职衔	附注
110	直隶	于邦华	41	枣强	贡生			民选议员
115	江苏	许鼎霖	52	海州	举人			民选议员
134	浙江	余镜清	31	宁波府	廪贡			民选议员
137	浙江	邵羲	35	杭州府	廪贡	日本法政大学		民选议员
177	四川	李文熙	31	奉节	举人	京师大学堂师范科	内阁中书	民选议员
190	广西	吴赐龄	36	融县	副贡			钦选议员

以说是代表新派或其支持者的蓝票者居多，提前议决事项，也基本得以当场议完。如果说是旧派或其支持者阻挠，那么新派或其支持者同样也有变更议程的举动，又如何解释呢？所以章氏的说法显然不客观。

其次，在第三十次会议议完李文熙主张的第三项后，至第三十六次会议，仍按照预定议程安排，议决原来的第一项总预算案，该案关系国计民生，意义重大，自然需要耗费时间。因此笔者认为，汪荣宝迟迟才作新刑律的报告，是被顺延而不是被故意拖延之结果。

三

问题二，在这种情况下，新刑律又是如何通过的呢？

宣统二年十二月初八日（1911年1月8日）的第三十九次会议，无夫奸问题付诸表决，旧派大获全胜。首先确定是否入罪，结果白票77票，蓝票42票，确定有罪；其次是条文位置问题，通过起立方式表决，赞成定于正文的61人，赞成定于《暂行章程》的49人。据两次表决之结果，无夫奸不仅是有罪，还要写入法典的正文而不是留存于过渡性的《暂行章程》。① 携此大胜，从常识上看，以劳乃宣为代表的旧派自然希望"宜将剩勇追穷寇"，趁热打铁继续开议才对。但恼羞成怒的新派亦有应对之策，他们商定在第二天罢会。新派的重要人物汪荣宝在日记中就记载了重要信息："陆宗舆书告其毋往资政院。"② 陆氏这位五四运动的另一知名"卖国贼"，此时是资政院的硕学通儒议员，他与汪荣宝、曹汝霖、章宗祥

---

① 参见《资政院会议速记录》第一次常年会第三十九号议场速记录。
② 汪荣宝：《汪荣宝日记》，天津古籍出版社1991年影印本，第742页。

在晚清新政中无役不从,活跃异常,皆为新派中的重要人物,时人戏称为"四金刚"。①

新派众人不到场,首先造成资政院人数不足,当天会议被迫延至下午四时,才凑足106人,达到开会所需的三分之二人数,可以开议,但作为法典股副股员长的汪荣宝不来,没有解释新刑律疑义的合适人选,只能先议他项议程,等候汪氏,唯汪荣宝始终不至。②其日记谈到"屡有电话来(宪政编查)馆,述议长命促往,诡词却之"③,一语道出真相! 那厢资政院勉强议完新刑律的一则条文(第二百八十九条),人数又已不足,无奈只能草草散场。④

宣统二年十二月初十日(1911年1月10日),汪荣宝在日记中谈到,经他和陆宗舆、章宗元(章宗祥之兄)等人发起,蓝票者于当天九点至十二点在财政学堂开会协商,定下两项计划:一是变更议事日表,破坏刑律分则之再读;二是将刑律总则付三读。⑤

这一天正是资政院议事的最后一天(次日闭会),当天共有议程十七项,新刑律议案为第一项。章宗元主张先议他项,再议新刑律,获得多数赞成。当晚他项议完后,商讨新刑律问题。蓝票者议员籍忠寅提议,"总则已经议完了,大家没有异议,如果把总则再付三读通过去,即行上奏,仿佛对于资政院也是觉得有精神的",陆宗舆附和。议员罗杰主张省略三读通过总则。章宗祥以宪政编查馆特派员的身份代表政府表示,希望可以尽一夜之力,把分则详细讨论、一并通过。章宗元认为总则、分则全部通过有困难,提议以议

---

① 参见曹汝霖:《一生之回忆》,春秋杂志社1966年版,第59页。
② 参见《资政院会议速记录》第一次常年会第四十号议场速记录。
③ 汪荣宝:《汪荣宝日记》,第742页。
④ 参见《资政院会议速记录》第一次常年会第四十号议场速记录。
⑤ 参见汪荣宝:《汪荣宝日记》,第743页。

员多数赞同为断,省略三读通过总则。当日议会到场议员129人,依秘书官统计,当时仅剩80余位在场,起立赞成者69人,过129人之半数,得以多数通过,时间已是晚十点半。①

最后的两天,局面波谲云诡,亦足证汪荣宝、章宗元等新派人物的谋略。在议会政治中,他们面对在新刑律问题的议决上不利于己之局面,以技术性的手段,利用时间的紧迫,先是巧为拖延,再又"王顾左右而言他",进而在最后时刻"毕其功于一役",当资政院议员们精疲力竭之时,利用其需要政绩成果的心理,争取多数,终达成目的。

必须指出,在资政院,新刑律实际上只是通过总则,分则并没有议完,并非章宗祥所说的全部通过。依据资政院的议事细则,闭会时尚未议决者均即止议,但得于次会期再行提出。②

但结果却是:为了符合立宪期限的要求,《大清新刑律》在宣统二年十二月二十五日(1911年1月25日)钦定颁布,它是由资政院和宪政编查馆会奏总则,宪政编查馆单独上奏分则和《暂行章程》,最终皇权裁可的结果。③ 在这种情况下,讨论得最为激烈的无夫奸入罪问题,最终仅仅保留在《暂行章程》而无法出现在法典正文中。

较真地从宪法解释的角度来看,尽管光绪三十四年(1908)八月的《钦定宪法大纲》规定皇帝有"钦定颁行法律"之权,皇权为其颁布提供了帝制时代的合法性基础,但作为上下议院基础的资政院对军机大臣的复议权被跳过,新刑律存在着严重的程序瑕疵,其颁布实际上存在宪法上之争议。尽管清廷的谕旨提到第二年资政

---

① 参见《资政院会议速记录》第一次常年会第四十一号议场速记录。
② 参见《资政院议事细则》第一百四十七条,《国风报》第一年第廿四号。
③ 参见陈新宇:《〈钦定大清刑律〉新研究》。

院开会可提议修正,但之前已经是再读的无夫奸问题,何谓"修正"呢?如果指的是三读修正,按照资政院的议事细则,三读仅仅针对文字上的修订,[①]不涉及实质内容;如果指的是推倒重新再来一次议决,未免视资政院之表决结果过于儿戏。况且按照宣统三年(1911)九月的《宪法重大信条十九条》,虚君共和的胚胎已经具备,皇帝已无之前《钦定宪法大纲》规定的皇权一统的立法权限,届时如果仍是维持原议,又该如何?

好在武昌起义一声炮响,辛亥革命解决了帝制时期刑事法统上存在的潜在争议。

从此事件中,我们可以看到倚靠皇权的"行政机关"宪政编查馆暨军机大臣之势大而对"立法机关"资政院之无视。还需指出,在汪荣宝的日记中,甚至可以看到当时章宗祥企图将新刑律绕开资政院议决,后来不得不付诸议决后又试图将新刑律原案颁布,不与资政院会奏的两段往事。[②] 如果汪氏记载属实,似乎不能因为新派对新刑律有赤子之心就以"大德无亏,小节出入可也"来一言蔽之,此种行径,并非偷奸耍滑,而是耍赖,不按游戏规则来了。管中窥豹,可以说中国法律近代化伊始,就埋下了轻视程序的危险伏笔。

四

问题三,新刑律在资政院议决的背后,事实真相究竟是怎样的呢?

清末变法,除却最极端的顽固分子,实际上无论是新派还是旧

---

① 参见《资政院议事细则》第三十九条。
② 参见汪荣宝:《汪荣宝日记》,第 638、744 页。

派,都有着"模范西法"的基本共识。旧派的前期领袖张之洞,在光绪二十七年(1901)其著名的《江楚会奏变法三折》的第三折中,便提出了"采用西法十一条",具体内容中赫然有"定矿律、路律、商律、交涉刑律",①可见当时法律已经是应向西方学习的"西政"之重要范畴。旧派的后期领袖劳乃宣,更坦言新刑律中其不同意之条文不过百分之三四,同意者却有百分之九十多。② 新刑律凡四百余条,劳乃宣领衔提出的《新刑律修正案》涉及修改、移改、修复、增纂的条文数为十三条又二项,③可证其所言非虚。

从比较法律史角度观察,日本近代民法典论争,"断行"与"延期"两派,貌似势不两立,实际上比较前者的九项理由和后者的十项理由,双方在对伦常/伦理、宪法实施、社会/国家经济之维护、保障等"意图伦理"方面,颇有相似之处,最后民法典的制定,更是两派携手而非一家独大。④ 德国十九世纪民法典论争,亦有观点认为,萨维尼对"民族精神"只是口头上皈依,不过是将其作为与蒂堡论战和攻击反对者的武器,其实质为一种"阴性自然法"。⑤ 可见,在法律近代化的背景之下,"殊途"仍要"同归"。

在新刑律具体问题的论辩上,双方应该说各有胜负,如果说在无夫奸问题上旧派全胜,那么在另一尖锐冲突问题"子孙对尊长是否有正当防卫权"上的议决,劳乃宣否认子孙享有该项权利,主张将其从《暂行章程》移入法典正文,却大败而归。⑥ 所以,笔者以

---

① [清]刘坤一、张之洞:《江楚会奏变法三折》,文海出版社1977年影印本,第155页。
② 参见《桐乡劳先生(乃宣)遗稿》,第1057页。
③ 参见《桐乡劳先生(乃宣)遗稿》,第1053页。
④ 参见〔日〕穗积陈重:《法典实施延期战》,收入氏著:《法窗夜话》,岩波书店1980年版,第328页以下。
⑤ 参见〔日〕大木雅夫:《比较法》,范愉译,法律出版社1999年版,第45、197页。
⑥ 参见《资政院会议速记录》第一次常年会第三十七号议场速记录。

为,拖延阻挠议决,应该是一派在某一问题上得分后,另一派作出的暂时性的正常反应,其目的可能是利用诉诸舆论、施加政治技巧等手段来扭转趋势,达到对自己有利的结果。至少目前的史料可见,在无夫奸问题败北后,实际上并非旧派而是新派在破坏再读,当然与此同时也是通过特殊手腕加速新刑律的议决。不过,我们也无需"矫枉必须过正",认为旧派就是纯洁白纸一张。劳乃宣主张子孙对尊长无正当防卫权,提案和最后表决人数就出现了不小的偏差,当时就有议员谓"现在议场表决是很可笑的,倡议的赞成人有三十人以上,表决赞成例(?)只二十人"①。可见法典编纂绝非仅仅是一项法律事业,更是一项政治事业,这一过程中的非君子行径,笔者以为双方皆是马瓜冯弧、五十百步,可谓彼此彼此。

可以肯定,新派在新刑律的编纂过程中受到巨大的压力,其领袖沈家本在资政院闭会仪式上不慎跌倒受伤,鼻血不止,无法参加合影,②不妨看成是他长期高度压力之下、兼之年事已高却又事必躬亲,精疲力竭、神情恍惚所致。当我们对新派们的功绩有着温情之敬意,对其遭遇有着同情之理解的同时,也要看到,章宗祥的回忆除了明显的细节错误,更过于片面,甚至可能有一些造假成分。从时间上看,该文大致写在二十世纪二三十年代③或者晚年时期;从心理上分析,这时的他,因五四运动被免职,早已经远离权力中枢,或许是"忆往昔峥嵘岁月稠",他在行文中不免过分渲染了自己的功绩,更在有意或者无意中,"遗失"了其间更重要的信息,使得

---

① 《资政院会议速记录》第一次常年会第三十七号议场速记录。
② 参见汪荣宝:《汪荣宝日记》,第744页;章宗祥:《新刑律颁布之经过》,第37页。
③ 该文最后所附的年份是1962年,孙家红认为未必,理由是文中有提到"然因暂行条例之限制,新刑律之精神,十余年来,盖未能安全发展矣",进而推出可能是写于二十世纪二三十年代。详见孙家红:《清末章董氏〈刑律草案〉稿本的发现和初步研究》。

历史的复杂性无法充分呈现出来。此类回忆资料可能存在之缺陷,①我们需要审慎对待。

新派人物中,相对于沈家本、汪荣宝等人的沉稳持重,章宗祥无疑是最激进分子之代表。但吊诡的是,在民国四年(1915)袁氏当国时期,他与董康、汪有龄等人制定《修订刑法草案》,却将清末其明确反对的"无夫奸入罪"放入了法典正文之中。在草案告竣呈文中,也仅仅轻描淡写道:"奸通无夫之妇原案根据外国法典不列正条,自前清资政院以来,久滋争议,今各依类编入,庶足以厌舆论。"②这时候,章宗祥是民国的司法总长和法律编查会会长,董康是大理院院长和法典编查会副会长,汪有龄是参政院参政和法典编查会会长,这批清季法律改革的新派人物,皆成为民国位高权重的法政股肱,唯其思想,却发生了集体性倒退。

尽管法典编纂绝不是"一个人的战斗",况且民国三年(1914)颁布的《暂行新刑律补充条例》,无夫奸入罪已经"魂兮归来",③但该条例毕竟仍在法典之外,此番草案,却准备登堂入室、位列正典了。章宗祥作为《修订刑法草案》的领衔者,对此安排无论如何是脱不了干系的。这对数年前还担忧"资政院议员中有法律知识者尚浅,交议恐致破坏"④的章氏来说,此种"从谏如流",不能不说是一种深刻的反讽!他的巨大转折,不免让人有"轻浮的保守主义"之叹!更或许"破坏"与"建设",本来就是近代法律人身上纠结背负的双重使命,只是在不同的时空情境之下,凸显其中之一端尔!

---

① 以曹汝霖为例,关于蓝白票表决,他在回忆中讲到"投票表决,主张新者,仅多二票,通过原案",这与史实出入甚大。参见曹汝霖:《一生之回忆》,第58页。
② 修订法律馆编:《法律草案汇编(刑法)》,成文出版社1973年版,第2页。
③ 《暂行新刑律补充条例》第六条:"和奸良家无夫妇女者处五等有期徒刑或拘役,其相奸者亦同……"司法部编印:《改订司法例规》(下),司法部1922年版。
④ 汪荣宝:《汪荣宝日记》,第638页。

余　思

事实的真相，往往在中庸之间。大清与民国、激进与保守、新派与旧派，貌似差别很大，实质或许很小！

对程序问题的便宜处分，固然可以辨析其与实体问题的关系，唯其实质，仍是法治的要素，即对既定规则是否服膺的问题。中国的制度设计，似乎从一开始就实践着亦期待着"人"发挥主观能动，打破制度不便的作用。从古代到近代，无论是君、儒臣，还是掌握西学、控制舆论的精英分子，仿佛有此一暗线隐隐相牵。其间之因果，体制使然乎？理性使然乎？历史惯性使然乎？

如果说武昌起义带来的是制度革命，《大清新刑律》带来的是身份伦理革命，那么革命就一定能带来真正的启蒙吗？

在法律近代化过程中，通过某种反法治的手段建构近代法制体系，不免使其"法教"之启蒙意义大打折扣，当法律与社会之间不可避免的扞格日趋突出时，存在先天缺憾的启蒙更无法拯救亟待解决的现实，其结果就是不得不在理想与现实之间折返跑，这种两极现象，是中国法律近代化需要深刻反思之一端。

（原载《清华法学》2011年第6期）

向左转？向右转？
——董康与近代中国的法律改革

引　子

　　近代中国的法律改革，董康（字授经，又字绶经、绶金、受经，号诵芬室主人）乃有典范意义的人物之一。清季，其任职刑部，于刑曹历练中脱颖而出，为薛允升、沈家本等法学大家所赏识提携。沈氏主持清末法律改革，董康乃其左膀右臂，功不可没；民国以降，他历任大理院院长、司法总长等职位，始终居于法律改革最前沿。就传统法制而言，本其旧职所守，自然烂熟于胸；对现代法制，其曾多次赴日本、欧美等国学习、考察，亦有相当了解。就其思想而言，曾有"向左转，向右转"的巨变：晚清时期，乃"法理派"健将之一，书生意气，锐意改革；而政体更迭，知天命后，却趋于保守，进而否定当年之主张，希图回归旧制。如由其著作、演讲、日记等资料入手，并结合董氏之生平经历，似可体察其心路历程之曲折波动，并以一位当年法律专家的内在视角，思索近代以来法律继受的深层问题。

本文拟从传记法学的角度,首先,介绍董康之法律人生;其次,评介其学术著作;最后,勾画出董氏思想前后之变化,并试图予以解释。

一、 董康的法律人生

(一) 少年得志(1869—1901)

董康,同治八年(1869)①出生于江苏武进(今常州市),与传统士人一样,董氏走读经科举之路。光绪十四年(1888)戊子科举人、光绪十五年(1889)己丑科进士,董康连战连捷。② 就科举而言,董氏无疑要比沈家本顺利许多。后者同治四年(1865)中举人,此后却屡试不中,一直到光绪九年(1883)才中进士,③为此可谓"白了少年头"。进

董康

---

① 据顾廷龙主编:《清代硃卷集成》第62册,成文出版社1992年版,第321页。
② 董氏日记回忆:"余童时从唐太夫人习为韵语……戊子己丑联捷,签隶秋曹。"董康:《书舶庸谭》卷2,辽宁教育出版社1998年版,第27页。
③ 参见李贵连:《沈家本传》,法律出版社2000年版,第37页以下。

士及第乃仕途之敲门砖,董氏以主事签分刑部,开始其刑曹生涯。①

入部之后,董氏于前辈指导之下,悉心研究,一方读律,一方治事。② 同光时期的刑部,有陕、豫两派,豫主简练,陕主精核。③ 其间人才辈出,薛允升(云阶)、赵舒翘(展如)、沈家本(子敦)等,更是其中之翘楚,这三位都曾是董康的上司。④ 薛、沈两人对董康颇为赏识,尤其是后者,更有知遇之恩。光绪二十六年(1900)发生义和团运动,八国联军入侵北京,风雨飘摇之中,董氏时任陕西司主事,仍坚持入署治事,秩序稍定后,被擢升为提牢厅主事,总办秋审兼陕西司主稿。⑤

刑部乃技术性很强的部门,董氏为法律专家沈家本、薛允升所

---

① 根据董氏的回忆,清代科举乃综合会试、殿试、朝试之成绩,授予职位,较高者授翰林院庶吉士,次者分部主事,次者中书,次者知县。详见董康:《追记前清考试制度》,收入氏著:《中国法制史讲演录》,文粹阁影印,无出版日期,第151页。
② 参见董康:《我国法律教育之历史谭》,《法学杂志》7卷6期,东吴大学法学院,1934年11月,第708页。清代的法律教育类似学徒式的学习,法律大家如薛允升、沈家本,都是入刑部才开始学律。详见李贵连:《沈家本传》,第40页;黄静嘉:《清季法学大家长安薛允升先生传》,收入薛允升著述,黄静嘉校阅:《读例存疑重刊本》册1,成文出版社1970年版,第13页。对清代法律教育深入的探讨,详见张伟仁:《清代的法律教育》(上),《台大法学论丛》18卷1期,1988年12月;《清代的法律教育》(下),《台大法学论丛》18卷2期,1989年6月。
③ 参见董康:《我国法律教育之历史谭》,第708页。对于同光时期之刑部,沈家本亦有介绍:"当光绪之初,有豫、陕两派,豫人以陈雅侬、田雨田为最著,陕则长安薛大司寇为一大家……近年则豫派渐寡矣,陕则承其乡先达之流风余韵,犹多精此学者。"详见沈家本:《大清律例讲义序》,《寄簃文存》卷6,收入氏著:《历代刑法考(附寄簃文存)》册4,邓经元、骈宇骞点校,中华书局1985年版,第2232页。
④ 薛允升于咸丰六年(1856)中进士后以主事签分刑部,同治十二年(1873)外放,光绪六年(1880)召回任刑部堂官,光绪二十三年(1897)被贬,光绪二十六年(1900)重新起用,第二年即驾鹤西归。赵舒翘于同治十三年(1874)中进士后以主事签分刑部,光绪十二年(1886)外放,光绪二十三年(1897)内调回刑部左侍郎、尚书。庚子(1900)时,主张抚团灭洋,事变后被赐死。沈家本于同治三年(1864)援例入刑部,光绪十九年(1893)外放,光绪二十七年(1901)任刑部右侍郎。关于薛允升的生平,详见黄静嘉:《清季法学大家长安薛允升先生传》。关于赵舒翘、沈家本的生平,详见李贵连:《沈家本传》。
⑤ 详见董康:《补录庚子拳祸》,收入氏著:《书舶庸谭》卷4,第120—125页。这与董氏在别处的记载稍有出入:"清光绪二十七年,余由刑部湖广司主稿改擢提牢厅主事。"《清秋审条例》,刻本重印,中国书店1991年版,第45页。但本文仍以《书舶庸谭》为准。

器重,且办理最为重要的秋审事宜,可佐证其治狱之成绩;乱世之中,坚守职责,亦可证其操守。少年得志的董康,应该是一个聪颖、自律且富于实干精神的人。

(二) 晚清法律改革的黄金十年(1902—1911)

光绪二十八年(1902)到宣统三年(1911),是晚清法律改革的十年,其主持者为沈家本,董康在此期间,先后任修订法律馆的校理、总纂、提调,兼京师法律学堂的教务提调,乃沈氏股肱之一,推手之功,尤为显著。

首先,改造旧律。在沈家本的主持下,董康与王世琪、许受衡、罗维垣、吉同钧、周绍昌修订《大清现行刑律》,完成对传统法《大清律例》的改造,以之作为现代法《大清新刑律》之过渡。该法修订过程中大量地汲取了薛允升《读例存疑》意见。① 从某种程度上讲,代表着传统法学的绝唱。

其次,提议改革刑制,以试探朝廷对于法律改革的态度。依董氏所忆,光绪三十一年(1905),沈家本、伍廷芳联名上奏的《删除律例内重法折》乃由其草拟。② 该折为清廷所准,一举废除凌迟、枭

---

① 详见董康:《中国修订法律之经过》,收入氏著:《中国法制史讲演录》,第159页。在"修订法律馆修订现行刑律衔名"中,除沈家本、俞廉三两位修订法律大臣外,还包括提调官(4人)、总核官(1人)、总纂官(5人)、纂修官(12人)、协修官(15人)、核对官(3人)、收掌官(2人)。董康与王世琪、罗维垣三人是提调官,吉同钧、许受衡、周绍昌三人是总纂官,其时董氏是大理院候补推丞。可参见《钦定大清现行刑律》卷1,清宣统二年仿聚珍版印行,凡36卷,2函,北京大学图书馆藏书。
② 详见董康:《中国修订法律之经过》,收入氏著:《中国法制史讲演录》,第157页。不过,关于此折是否出自董氏之手,学界尚存在争议。苏亦工先生认为该折的整体框架和基本思路出自伍廷芳,并认为董氏有贪功之嫌。具体的论证可见苏亦工:《明清律典与条例》,中国政法大学出版社2000年版,第351—354页,尤其是注释39。李贵连先生则认为该折为沈家本所作,理由是收入该折的《寄簃文存》在刊刻时,沈家本在开篇的"小引"曾谓:"……因取近日论说,及向日参考之所及者,益以自治奏牍数篇,都为八卷,付诸印工。"可见李贵连编著,张国华审定:《沈家本年谱长编》,成文出版社1989年版,第254—255页。而当时伍廷芳、董康等尚在人世。

首、戮尸、刺字、缘坐等传统酷刑,此乃中国刑罚制度由野蛮走向文明的重要一步,也给予了改革者们相当的激励,法律改革的具体计划,开始落实开展。

第三,赴日本调查司法、延聘法律顾问。光绪三十二年(1906),董康以刑部候补郎中的身份赴日本调查裁判监狱事宜,在此基础上编辑成《调查日本裁判监狱报告书》[①],进呈御览。据时同处东京的学部员外郎王仪通介绍,董康"出则就斋藤、小河、冈田诸学者研究法理,入则伏案编辑,心力专注,殆无片刻暇"[②],相当勤勉。此次调查,使沈家本坚定了"司法独立""监狱以感化犯人为目的"等现代法制理念,改革之目标,益加清晰。董康也在与日本学者切磋学问的过程中,建立友谊,并先后延聘冈田朝太郎、松冈义正、小河滋次郎、志田钾太郎为修订法律馆顾问暨京师法律学堂教习。[③] 这几位学者,亦尽心尽职,对中国法律改革贡献甚巨。

第四,襄助沈家本,参与礼法之争。清末修律,沈氏因《大清新刑律》等新法有悖传统礼教,屡遭攻击。董氏时以提调总管法律馆具体事务,处敏感地位,备感压力,[④]仍挺身而出,发表《董科员辩刑律草案不必模范外国》《董科员青岛赫教习说帖驳议》等文,予沈家本有力支持。[⑤] 因兼任宪政编查馆科员,需出席接受资政院议员咨询,于

---

① 北京农工商部印刷科铅印,光绪丁未(1907)五月排印。董康另将辑译所得,编纂成《裁判访问录》与《监狱访问录》,沈家本欣然为之作序。详见沈家本:《裁判访问录序》《监狱访问录序》,《寄簃文存》卷6,收入氏著:《历代刑法考(附寄簃文存)》册4。
② 王仪通:《调查日本裁判监狱报告书叙》,收入董康编:《调查日本裁判监狱报告书》,第1页。斋藤,即日本司法省参事官斋藤十一郎;小河,即监狱事务官小河滋次郎;冈田,即刑法学者冈田朝太郎。
③ 详见董康:《中国修订法律之经过》,收入氏著:《中国法制史讲演录》,第158页。
④ 据董氏回忆:"当时引起新旧两党之争,被人攻击,亦以余与归安沈公为最烈,且屡列弹章。"详见董康:《民国十三年司法之回顾》,《法学季刊》2卷3期,东吴大学法律学院,1925年,第110页。
⑤ 参见李贵连:《沈家本传》,第341—342页。

"未定无夫奸罪"问题,至议场辩论,几于舌敝唇焦,①辛苦异常。

晚清法律改革,董康正值年富力强之人生阶段,或立法,或调查,或著述,或辩论,十年光阴,身影匆匆,沈家本对他有知遇提携之恩,他亦回报以勤勉与支持。不过清季法律改革,随着武昌起义爆发、清廷倾覆,戛然而止。民国元年(1912),沈家本归隐于枕碧楼,而董康,则再次远赴日本。

(三) 壮志未酬的民初岁月(1914—1926)

民国三年(1914),董康回国署理大理院院长,揭开其历史新的一页。

民初政局,跌宕不定,董氏先后任靳云鹏、梁士诒内阁司法总长,其间因查办财政总长张弧等人一案,名声大噪。时董康兼任偿还内外短债委员会会长一职②,发现八年公债中有舞弊行径,力主彻查。③ 该案牵涉极广,阻力重重,董氏乃谓"我不恐手枪炸弹,我不怕奸人反噬,我不怕丢官,既令我干,我要认真做去"④,可谓不惧威势、铁骨铮铮。正是由于其与偿还内外短债委员会的坚持,本案得以深究。⑤ 民初法律人对法治理想的执着,令人感叹!

---

① 详见董康:《中国修订法律之经过》,收入氏著:《中国法制史讲演录》,第160页。
② "偿债委员会……以法官为中心,而参以审计院、商会、银行公会人员。债权者之银行及债务者之财部,均得派员出席以备咨询,但无发言表决之权。该会之如何组织,其形式颇类似特别法庭,从而审理。"可见其是一个以法律人为主的机构。详见《申报》,上海书店出版社1983年影印本,民国十一年三月三日,178-43(3)。(按:178指影印本编号,43指影印本页码,(3)指版区,后有引用《申报》,皆同。)
③ 详见《申报》,民国十一年三月八日,178-138(5);民国十一年三月十日,178-174(4);民国十一年三月十二日,178-216(4)。
④ 《申报》,民国十一年三月十五日,178-272(2)。
⑤ 参见《申报》,民国十一年五月十六日,180-314(2)。当时董康查债的结果是请求惩处包括张弧在内的8人。但实际上在民初政局中,该案最终很可能不了了之,张弧后来又出任过财政总长。关于民国初年财政总长的介绍,可见贾士毅:《民国初年的几任财政总长》,《传记文学》5卷2期—6卷5期连载,传记文学杂志社,1964—1965年。据贾先生统计,从民国元年至十五年,共有25人出任过财政首长,更动达33次。

由于大参案中不徇情面，秉公执法，董康被认为是出任财长的最佳人选。① 由司法转财政，本非专业所长，但董康深感当时财政之积弊，有整饬之愿。上任之后，他首先宣布只管账，不管筹款；并责成各省区应解中央之款，悉数报解；② 又发令裁汰冗员，另行甄选。③ 平允而论，这些措施，本无过错，但于民初时局之中，则不免幼稚与激进。首先，军阀割据，对中央之政策，阳奉阴违，董康虽有吴佩孚支持，但吴氏本质，仍是军阀，自有其私利，寻求配合，不啻与虎谋皮。其次，不筹款，军费无着，公务员薪金无望，裁员之举，亦触动多人利益。所以一时之间，怨声载道，④ 不得已，董氏只好违背初衷，拟发行公债，以渡难关。⑤ 但时局已难收拾，民国十一年（1922）七月十五日，陆军、内务、财政、农商等部职员八百余人，因索薪在国务院哄闹，董康竟被殴打致伤。⑥ 斯文扫地，心灰意懒之余，董康辞去财长一职，并于同年八月二十九日，与周自齐出访欧美，考察工商法制。⑦

此次考察，于董康思想之转变，尤为关键。他得以近距离地了解英美法，反思中国法律移植中效仿大陆法的失足之处，并认为英

---

① 参见《申报》，民国十一年五月十四日，180-272（4）。
② 参见《申报》，民国十一年五月二十七日，180-536（4）。
③ 参见《申报》，民国十一年六月五日，181-88（5）。
④ 参见《申报》，民国十一年六月十四日，181-268（3）；民国十一年六月十四日，181-274（1）；民国十一年七月一日，182-10（1）。
⑤ 参见《申报》，民国十一年六月十八日，181-252（3）；民国十一年六月二十一日，181-417（2）；民国十一年六月二十四日，181-479（3）；民国十一年六月二十五日，181-503（2）。
⑥ 参见《时事日志》，《东方杂志》19 卷 15 号，1922 年 8 月，第 137 页；《申报》，民国十一年七月十七日，182-368（4）。
⑦ 参见《董康、周自齐出洋消息》，《申报》，民国十一年八月二十四日，183-501（2）；《再志董康、周自齐出洋消息》，《申报》，民国十一年八月二十五日，183-523（2）；《周自齐董康今日放洋》，《申报》，民国十一年八月二十九日，183-617（2）。

美法律手续,与中国旧制颇为密合,主张学习英制。①

民国十二年(1923)归国以后,董氏为收回上海会审公廨,奔走呼吁,②并与孟森(心史)发起改正条约之会,继续为未竟的主权统一事业而努力。③ 同时开始于上海法科大学、东吴大学等校任教,这段时间的法学期刊上,也可见其带有回顾性、反思意义的文章④。但相对平静的生活,并未持续多久。因反对军阀暴虐,⑤他被孙传芳通缉,性命安全危在旦夕,只好于民国十五年(1926)十二月三十日,以书商沈玉声之名,避祸于日本。⑥

"踽踽一人,踯躅海上",乃其民国十六年(1927)元旦在日记中的感逝之怀,⑦这又何尝不是其民初十几年心境的写照,有经世济民之理想,收回法权之夙愿,却不得不周旋于军阀之间,虚与委蛇,甚至被殴受辱,疲于奔命。此时的他,已是花甲之年,孤独、无助笼罩着他,能使他稍感慰藉的,或许只有那矢志不渝寻访古书的事业。

---

① 参见《董康在英之谈话》,《申报》,民国十一年十二月一日,187-4(4);《董康在英研究法律》,《申报》,民国十一年十二月九日,187-175(5);《董康在伦敦之谈片》,《申报》,民国十二年一月十六日,188-302(2)。
② 参见《董康对于收回沪廨之谈话》,《申报》,民国十三年五月十九日,202-415(2);《沪代表抵京后之收回公廨案》,《申报》,民国十三年五月三十一日,202-668(4);《董康之收回公廨谈》,《申报》,民国十四年三月十日,210-187(3)。
③ 可见董康:《改正条约会附刊——缘起》,《兴业杂志》1卷1期,兴业杂志社,1925年10月,第1页;《改正条约之全部与局部》,《兴业杂志》1卷2期,兴业杂志社,1926年2月,第16—17页。该会倡导全面收回法权与关税权。
④ 董康:《前清法制概要》,《法学季刊》2卷2期,东吴大学法律学院,1924年10月;《民国十三年司法之回顾》。
⑤ 详见《董康请孙督之蒸电》,《申报》,民国十五年十一月十一日,218-208(2);《南北名流之呼签和平电》,《申报》,民国十五年十一月四日,229-76(5);《和平代表董康回沪后之谈话》,《申报》,民国十五年十一月五日,229-105(1);《新苏公会理事会纪》,《申报》,民国十五年十一月八日,229-179(3)。
⑥ 参见董康:《书舶庸谭》,"自序"。
⑦ 参见董康:《书舶庸谭》卷1,第3页。

(四) 晚景(1927—1948)

政局稍安后,董康于民国十六年(1927)五月一日,回到上海。① 在人生最后的二十年中,他做过律师,出任过上海法科大学的校长、国民党法官训练所所长,担任过国立北京大学的教授、研究院导师,其传世的法律著作,以这一时期为多,其中,又以传统中国法制的研究为主。②

只是董康之晚节,却有失足之处。1937年,日寇发动全面侵华战争,华北沦陷,民族危亡之际,他却加入王克敏伪中华民国临时政府,后又随伪中华民国临时政府并入汪精卫伪临时政府,即是说,沦为让人不齿的汉奸。这位当年因丽宋楼藏书被日本人购去,痛惜不已,乃至说出"反不如台城之炬,绛云之烬"这等偏激之语,并矢志寻访古书的人,③却于民族大节上,有所亏损,古稀之年,功利之心何以未减,让人疑惑,更让人扼腕。

民国三十四年(1945),抗战胜利,董康被国民政府通缉,民国三十七年(1948),董康病死于北平,终年80岁。④

---

① 参见《申报》,民国十六年五月三日,234-56(2)。
② 在晚年,董氏居住在北平法源寺,研究唐律,日本法史学者岛田正郎就曾听过他的唐律讲义。可见《岛田正郎博士回忆录》,收入杨家骆主编:《中国法制史料》第1辑第1册,鼎文书局1979年版,第27页。
③ 参见傅杰:《本书说明》,收入董康:《书舶庸谭》。
④ 北京市档案馆所藏档案详细地记载了董康逝世的情况。档案号J184-002-04391,北平市警察局档案,1948年5月4日义字64号第二分驻所"呈为地院会同检验董康因病身死由":一据第七段警长程启新报称,本日十四时余有地方法院检察官任维屏、检验员傅长林等到段会同声称,因管界西砖胡同甲九号住户董康,系汉奸案保外医治,现因病故,前往查验等语。二当由该长带同户警钟毓杰随同前往,由该员等验得该尸委系无伤因病身死,当发给抬埋执照一纸走去,除先行电报分局外,理合附同知会一纸一并呈报。巡官×××呈。

二、董康的法学著述之评介

董康乃传统文人与法律人之综合体,一生笔耕不辍,相当勤奋,人文与法律领域,均有著作传世。就前者而言,著有《书舶庸谭》(即《董康东游日记》)、《嘉业堂藏书志》、《课花盦词》、《曲目韵编》,辑刻有《诵芬室丛刊》《千秋绝艳图》《广川词录》,并与王国维校订、纂录《曲海总目提要》,在传统戏曲、目录学等方面,贡献甚巨。

就后者而言,文章有《前清法制概要》[①]《民国十三年司法之回顾》[②]《唐律并合罪说》[③]《我国法律教育之历史谭》[④]《前清司法制度》[⑤]《中国巡回审判考》[⑥]《论秋审制度与欧美减刑委员会》[⑦]《中国修订法律之经过》[⑧]《中国编纂法典概要》[⑨]《残本龙朔散颁刑部格与唐律之对照》[⑩]《科学的唐律》[⑪]《从吾国社会实际需要略论刑法》[⑫]

[①] 《法学季刊》2卷2期,东吴大学法律学院,1924年。
[②] 《法学季刊》2卷3期,东吴大学法律学院,1925年。该文最初载于《申报》,民国十三年十月十日,205-672(1)。
[③] 《法学季刊》4卷5期,东吴大学法律学院,1930年。
[④] 《法学杂志》7卷3—6期连载,东吴大学法律学院,1934年。《法学季刊》从1931年起改名为《法学杂志》。
[⑤] 《法学杂志》8卷4期,东吴大学法律学院,1935年。
[⑥] 《法学杂志》8卷5期,东吴大学法律学院,1935年。
[⑦] 《法轨》创刊号,复旦大学法律学系同学会,1933年。
[⑧] 董康:《中国法制史讲演录》。
[⑨] 董康:《中国法制史讲演录》;又收入〔日〕泷川政次郎:《支那法制史研究》,有斐阁1940年版,"附录"。该文曾载于《法学新报》44卷2号,1934年。《中国修订法律之经过》与《中国编纂法典概要》皆是董康1933年在日本演讲的题目,前者较长,后者乃前者的简缩。董氏在《中国法制史讲演录》中有所交代。
[⑩] 收入〔日〕泷川政次郎:《支那法制史研究》,"附录"。该文曾载于《法学新报》49卷4号,1939年。
[⑪] 《现代法学》1卷2—6期、9—10期连载,1931—1932年。
[⑫] 《社会科学季刊》6卷1期,国立北京大学,1936年3月。

等;著述编辑有《清秋审条例》[1]、《秋审制度》(第一编)[2]、《集成刑事证据法》[3]、《中国法制史》[4]、《刑法比较学》(上册)[5]、《调查日本裁判监狱报告书》[6]等,译作有《日本刑法义解》(与张仲和合译)[7]、《日本陆军海军刑法》(与章通骏合译)[8]、《意大利刑法》(与贺圣鼐合译,英日对照)[9]等。由于笔者学养与本文旨趣所限,仅就其法律方面的论著略作评论。

董康的法律著述,侧重于传统法制,对法律史之研究有相当重要的参考价值。其中如《前清法制概要》《我国法律教育之历史谭》《前清司法制度》《中国历届修订法律之大略》,乃对传统的司法制度、法律教育、立法的概括性介绍,并结合自身之经历,间作评论、反思。如《清秋审条例》《秋审制度》《集成刑事证据法》等,乃对传统法制中某一具体制度或法律部门进行深入的梳理、分析。就方法而言,董康试图用现代法的概念体系,分析传统法问题,所以在《科学的唐律》《刑法比较学》等著述中,我们能看到诸如"总则""分则""刑事责任""共犯"等现代法学术语,这与他有着现代法的知识背景不无关系。虽然当今这种方法已经受到一些质疑与挑战,但就当时而言,乃一种新的典范,不失为先进。

董氏对于传统法制,着墨甚多。一方面是因为他比较熟悉,乃专长所在;另一方面则因为他后期思想发生了转变,试图去发现、

---

[1] 刻本重印,中国书店1991年版。
[2] 线装,刻本蓝印,1941年。
[3] 线装,1942年。
[4] 司法官养成部1942年版。
[5] 法学编译社1928年版。
[6] 农工商部印刷科铅印,光绪丁未(1907)五月排印。
[7] 转据李贵连:《沈家本传》,第210页。
[8] 修订法律馆,线装,光绪三十一年(1905)。
[9] 《法学杂志》6卷6期,7卷1期、4—6期连载,东吴大学法律学院,1933—1934年。

论证传统法制的合理之处。兹列举其有代表性的作品如下：

(一) 秋审制度研究的创新之作：《清秋审条例》

宣统二年(1910)，中国传统的会审制度，由于《法院编制法》的颁布实施与现代司法制度的建立，经沈家本等奏请，发生了重大改变。[①] 一年以后，清朝覆灭，秋审制度也寿终正寝。秋审乃刑部最重要的事宜之一，最能磨砺人才，董康早年曾于秋曹历练，深谙个中滋味，更认为其寝馈于经验，对当时之司法，颇有参考价值，[②]故详加研究。在此之前，其于《论秋审制度与欧美减刑委员会》《前清司法制度》等文中，已有所涉及，后更有《秋审制度》一书，凡十五六万字，集中论述。在此基础上，董康概括出四十条[③]提要，著成《清秋审条例》。该书虽名"清"秋审条例，但对会审之历史(唐、明朝)，亦有简单介绍。全书共两章：第一章通例，凡九条，介绍秋审、朝审的概念，期限、适用法规、处分、例外、惩戒等基本问题；第二章分例，凡三十一条，依秋审之程序编定。这样的体例，显然出自具有现代法学素养的学者之手，乃以程序法之视角，观察秋审制度。提要之余，更加以注释评论，尤显张弛有度。就秋审制度的研究而言，本书可谓创新之作。

(二) 比较刑法的先驱之作：《刑法比较学》

根据北京图书馆所编的《民国时期总书目(1911—1949)》[④]"比较

---

① 详见李贵连：《沈家本传》，第 224—225 页。
② 详见董康：《清秋审条例》，刻本重印，中国书店 1991 年版。在民国三年，其即倡导"行秋谳"。可见董康：《匡救司法刍议》，《庸言》2 卷第 1、2 号合刊，庸言报馆发行，1914 年 2 月。
③ 董康统计为三十八条，但实际上有四十条。
④ 书目文献出版社 1990 年版。该书目"比较刑法学"一栏列有 7 本著作，除董氏的书外，有翁腾环：《世界刑法保安处分比较学(节本)》，上海江苏高等法院第三分院 1935 年版；翁腾环：《世界刑法保安处分比较学》，商务印书馆 1936 年版；许鹏飞编著：《比较刑法纲要》，商务印书馆 1936 年版；许鹏飞编：《比较刑法讲义》，上海政法学院，无出版日期；林振镛译：《美国刑法纲要及与我国刑法之比较》，正中书局 1944 年版；俞承修：《比较刑法讲义》，上海政法学院，无出版日期。

刑法学"一栏所列书目,并参考学者对清末民国时期刑法学著作的梳理,[1]可证董康的《刑法比较学》乃中国最早的比较刑法著作之一。该书仅见上册,收入第一编"总则",凡六章,分别是"法例""文例""时例""刑事责任及刑之减免""未遂罪""共犯"。该书乃以民国十七年(1928)的《中华民国刑法》(即《旧刑法》)为蓝本,与中国传统刑法、《大清新刑律》以及当时世界各国刑法相比较。

就法律部门而言,董康最精刑法。理由有二:一方面,中国传统法制,就制定法而言,刑事法为主干之一,董康任职清末刑部,熟悉旧律;另一方面,自以现代刑法为蓝本的《大清新刑律》起,近代历次刑法的制订,董康亦参与其中。故该书可谓董康术业专长之体现。特点有二。一是资料翔实。论及传统法时,可见汉、唐、明、清历代刑律;涉及现代法处,得窥英、法、比、德、日本、暹罗、俄、荷兰、波兰诸国法案。于此,足证董氏浸淫刑法之深。二是方法独到。作者乃"超越简单的条文比较,而试图由立法精神之角度,予以分析"[2]。这种方法,证明作者有相当的理论自觉,已摆脱"为比较而比较""为赋新词强说愁"式的窠臼,试图由法理入手,建构一个涵摄传统刑法与现代刑法的比较框架。尝试是否成功,有待公论,但拓新之努力,仍值称道。

---

[1] 参见何勤华:《中国近代刑法学的诞生与成长》,《现代法学》2004年第2期。
[2] 北京图书馆编《民国时期总书目(1911—1949)》对该书的评介。

三、从激进转向保守
——"董康问题"的提出和追思

(一) 蜕变的历程

董康,一个对传统法与现代法有着相当理解和体悟的法律人,其前后思想的转折,或许可看作近代中国的法律改革,在继受西法过程中所面临的困境与问题,经由一个法律专家的反思,进而作出的扬弃与选择。对此,我们不妨称之为"董康问题"抑或"董康现象"。

董氏思想转折之关键,从文献上看,大致是在民国十一年(1922)出访欧美考察法制时期。此次旅程,他得以了解战后欧洲社会之状况,法制发展之趋势,更为重要的是,他能近距离地观察英美法制。其间他或与专家学者讨论,或出庭观审,这一时期的《申报》上,可以看见他对法律继受的评价:

> 中国司法采取欧陆制度,实属错着,以中国之情势,当采取英国制度也。[1]

又有:

> 中国现行之法律,系采大陆系,董氏以为此乃错误,据彼之意,英美法律手续,与中国旧法律颇为密合,故彼主张采用英制。[2]

---
[1] 《董康在英之谈话》,《申报》,民国十一年十二月一日,187-4(4)。
[2] 《董康在伦敦之谈片》,《申报》,民国十二年一月十六日,188-302(2)。

近代中国的法律改革,肇始于内外交困的晚清时期,其继受于以日本法为媒介的欧洲大陆法,乃与中日两国文字的相似性、当时司法经费的不足、成文法的传统等因素息息相关,其间仓促与功利,自然无法避免。民国开基,政统虽变,但法统稍作修改之后,仍得以延续,故清季法律改革所制定的根基于工商社会的近代法,遂受传统色彩浓厚的民初社会之检验,法律继受的问题,亦继清末礼法之争后,逐步显现。

董康的言论,有二层含义:第一,中国应该继受英国法,而不是大陆法;第二,合理性在于英国法制与传统法制有某种程度的相似性。论证手法,"似是故人来",唯其重心,已与旧时不同。清季,沈家本每每引证新法与旧律"暗合",实以新法为中心,托古而改制;而董氏的焦点,则在于传统法,新法之采纳,概因与旧律"密合",一个是旧瓶装新酒,一个是新瓶入旧酿。当然,究竟董氏的思想如何变化,逻辑上是否/如何自洽,法律继受中出现何种问题,英国法与传统法又如何"密合",仍需更详细的资料佐证和更深入的分析。

回国之后,董康作《民国十三年司法之回顾》,忆及当年的情形:

> 司法改革,萌蘖于前清修订法律馆,余始终参预其事。论吾国法系,基于东方之种族,暨历代之因革,除涉及国际诸端,应采大同外,余未可强我从人。惟从前以科举取士,用非所学,迨膺民社,丛脞环来,审判之权,操自胥吏幕僚,上级机关负责复核之责,不过就文字,稽徇其瑕隙,内容无从研索也。余痛斯积弊,抱除旧布新主义,所拟草案,如法院编制法、民律、商律、强制执行法、刑律、民刑诉讼律,具采各国最新之制。凡奏折、公牍及签注、办论,其中关于改革诸点,阳为征引载

籍,其实隐寓破坏宗旨。①

这段话,比较真实地反映出当年这批锐意改革者们的心态,传统法制存在弊端,就除旧而布新,新者何来,就用世界最新的制度。在他们眼中,最新的也就是最先进的,既然要改革,就"引刀成一快"似的革命,而非"犹抱琵琶半遮面"般地改良!的确,西方之强盛,与其一套相应的法律制度紧密相关,但改革者们,或许于历史的逻辑上出现了错位,把强盛之必要条件坚守为充分之前提。于是,西法移植之后,他却发现:

法官概用青年,阅世未深,无可讳言。民事诉讼,借上诉之层递,冀进行之迟延,防御攻击,莫辨诪张,异议参加,率缘操纵。刑事诉讼,证据游移,多忤事实,科刑出入,亦戾人情。于疑难重案,纠问依违,更乏平亭之术。若上级滥行发回,或对上级发回之案揣摩定谳,尤为民刑诉讼之通弊。凡斯诸点,由于法律繁重者半,由于能力薄弱者亦半。②

这段话,主要针对民初的法官缺乏经验而发,但对当时法律运行的弊端,亦多有批评。设计精致的法制程序,不仅无法实现当初之设想,反倒妨碍了人民权利的实现。在考察英美的法制后,他认为:

泰西法系,向分英美、大陆两派。英美悉本自然,大陆则

---

① 董康:《民国十三年司法之回顾》,第110页。
② 董康:《民国十三年司法之回顾》,第112页。

驱事实以就理想,以双方权利之主张,为学者试验之标本,程叙迂远,深感不便……从前改良司法,采用大陆,久蒙削趾就履之诮,改弦易辙,已逮其时。①

大陆法系受启蒙运动和自然法思想之影响,乃有法典化之运动,体现出建构理性之色彩;英美法系则受经验哲学之熏陶,且因历史时代之特殊机运,而拒绝法典化。董康的所谓"自然",即规范乃源于习惯,而非设计之产物,习惯乃于历史中形成,于此,对传统的回归,倒也合乎逻辑。当然,董康的观点,不乏独到见解,亦有值得商榷之处。②

如果爬梳文献,我们可发现,董康此前对传统法已有不少肯定,比如民国三年(1914),他曾建议暂复传统的就地正法,倡导秋审制度;③民国四年(1915)其参与制定的《修正刑法草案》中,多见"礼教"的影子。④ 但前者乃零星之主张,后者是集体之产物,且民国十年(1921),东省特别法院甫经收回,他就以司法总长的身份,呈请将《民事诉讼法暨民事诉讼法施行条例草案》以命令形式于该区域施行,急迫之情,可见一斑。⑤ 平允而论,这个时候,他仍未持全面否定之主义。

----

① 董康:《民国十三年司法之回顾》,第112—113页。
② 再比如,他认为秋审制度与欧美减刑委员会类似,英国治安裁判与清代的行政官兼理司法无甚区别,甚至"吾国自唐贞观创制十二篇,萃实体手续于一编,开东方法系,为英美之所祖述"。这样的比附,略显牵强甚至不免自大。详见董康:《前清司法制度》,《法学杂志》8卷4期,东吴大学法律学院,1935年,第464—465页;《民法亲属继承两编修正案》,线装本,1939年,第1页。
③ 参见董康:《匡救司法刍议》。
④ 详见汪有龄、章宗祥、董康:《修正刑法草案理由书》,铅印本,法典编查会1915年版。
⑤ 详见董康:《民事诉讼法草案暨民事诉讼法施行条例草案》,铅印本,1921年;《民国十三年司法之回顾》,第111页。

不过民国十一年(1922)后,形势就急转直下,晚期,他甚至"觉曩日之主张,无非自抉藩篱,自溃堤防,颇忏悔之无地也"①,彻底地主张回归传统。清代的司法系统,在其看来,更是"实秉有一种相对的独立精神"②。这对以"司法独立"为目标的近代法律改革而言,不能不说有点讽刺意味吧!

从感慨当年的礼法之争"为无谓也"③,乃至是"忏悔之无地"式的反省,其心路历程,有怎样的崎岖与震荡,让人揣测。他的解释是:

> 至纂修事业,须经历二之时期。一、知新时期。凡成就必由于破败,即法律何莫不然。为表示改革之决心,荟萃各法案,甄择所长,无论何国皆然,不能执以为起草者之咎。二、温故时期。民族随生聚而成惯习,故成王之诰康叔,于文轨大同之日犹许用殷罚殷彝,此出于经验后之认定,不得嗤之为墨守旧章。④

这样的"说法",不免有自圆其说之嫌,稍显勉强。不过,"破坏"与"建设",的确是近代人物面临之双重困境,但在"不破不立",甚至"矫枉必须过正"之后,是否/如何能够建立一套新的制度?是仍坚持"全盘西化",还是回归传统?不同的人在不同时期,会给出不同的答案。董康思想的扬弃,似乎是经历了这两重抉择。那么

---

① 董康:《前清司法制度》,第465页。
② 董康:《前清司法制度》,第445页。
③ 董康:《民国十三年司法之回顾》,第110页。
④ 董康:《从吾国社会实际需要略论刑法》,《社会科学季刊》6卷1期,国立北京大学,1936年3月,第247页。

"董康问题",又可以给我们怎样的反思呢?

(二)"董康问题"的追思

近代中国,随着政治层面上宪政目标的确立,"司法独立"乃成为法律改革之具体目标,为此,乃有近代司法体制的建构,比如法官的职业化、专门审判机关(各级审判厅)的筹建,以及与之相辅相成的近代法律体系的移植。这一建立在近代西方工商社会基础上的制度和法律体系,对于仍处于社会转型时期的近代中国,的确是一种"超前立法"(王伯琦先生语),这也意味着新的制度及其背后的理念与社会事实之间,必然发生相当多的扞格、冲突,需要长时间的磨合、试错。但时代似乎没有给予宽松的环境,时代中的人似乎也没有平和的心态,更多的是一种"毕其功于一役"的焦灼。

晚年时期的董康于日本演讲时,曾提及清季礼法之争,在引发争执的"未定无夫奸罪"问题上,其本人的态度,乃"无所可否,惟负修订责任,不能不有所主张"。[①] 这样的话,出自一个当年法理派的旗手之口,不免让人揣测:是其晚期立场改变后的敷衍,抑或的确是其当年真实的心态呢?笔者比较倾向于后者。因为作为传统文人,礼教对其影响,不可谓不深。就此而言,或许可以看出当年法理派内部构成的多样性,而当年势如水火的法理与礼教两派,亦不是我们想象中的那样泾渭分明。或许这个时候,董康更多地怀有对西方法治的信心,认为法律与礼教/道德不妨分离(但并非排斥)——不知当年沈家本是否也有此类似的心态?近代中国法律改革者追求的目标,乃撤销领事裁判权,进而实现"法律救国",而这正是法律继受的合法性基础。

---

① 参见董康:《中国修订法律之经过》,收入氏著:《中国法制史讲演录》,第160页。

但民初时期，政局跌宕，军阀混战，尽管法制建设仍在举步维艰地进行之中，但毕竟离清季改革的目标，仍有不少差距，新思潮、新法律、新制度并未带来所期待之理想，甚至适得其反。其念兹在兹的领事裁判权之撤销，似乎更遥不可及。而自身坎坷之经历，更使其需要寻求"新"的方法，乃至"新"的合法性基础。这时，考察英国的契机给他带来了灵感，传统法理论便成为其论证的理由。比如，他以"刑罚世轻世重"之理，力求重典治世，严惩三类人：

> 一曰刑贪，专以绳渎赃之官吏，依暂行刑律八十三条第一项规定，议员、委员、职员亦属焉；一曰刑乱，专以绳构乱之政客及军人；一曰刑暴，专以绳掳人勒赎之匪徒及结衍行劫之兵卒。三者行为虽殊，而残民蠹国，目的则一。此项观念，衡以严格法律，容有抵触，然乱丝必斩，乘除至理。①

他在回归传统的路上越走越远，法失而求诸"礼"。他试图上通过礼教重塑权威，维持国家社会秩序之安定；下借助习惯获得认同，保障法律执行之顺利。于是，兼有意识形态性质与习惯功能的礼，又得以在他身上还魂。

他是这样总结其心路历程：

> 自欧风东渐，关于刑法之编纂，谓法律与礼教论不宜混合。鄙人在前清从事修订，亦坚执此旨。革易后服务法曹十

---

① 董康：《民国十三年司法之回顾》，第113页。

年,退居海上,服务社会又若干年,觉得有一种行为,旧时所谓纵欲败度者,今于法律不受制裁,因之青年之放任,奸究之鸱张,几有狂澜莫挽之势,始信吾东方以礼教立国,决不容无端废弃,致令削足就履。①

有学者推测,董康发表《刑法宜注重礼教之刍议》之时期,大约是在二十世纪三十年代,即在他六十岁后。当时国民政府已取代北洋军阀。其思想之转变,或如时下流行之说法:"换了位置就换了脑袋。"当时,"六法"正于制定之中,法制之现代化已成为不可逆转之势,对其所持之主张,似不妨认之为一个传统儒家人物于社会及文化情势之激变中,认识到其无法力挽"狂澜"之时,失落中所兴之思古幽情。② 的确,董康思想之转折,乃一综合性的因素,③而其提倡恢复礼教对时代之影响,也许已是波澜不兴,但或许我们更应对其抱一种同情的理解。如果说传统中国的法律,因与礼之结合,契合传统社会之结构,而获得其合法性,那么在社会转型期,建立新的合法性之重要性,毋庸置疑。当年法律改革乃以撤销领事裁判权为目标而暂时获得这一合法性的基础,那么,在理想与现实出现差距的时候,如何使新的制度熨帖人心,而不是在简单的激进与保守间左冲右突,丧失自我,这才是董康问题给我们的警醒——而这,除了需要智慧,更需要耐心与宽容!

---

① 董康:《刑法宜注重礼教之刍议》,收入氏著:《中国法制史讲演录》,第117页。
② 参见黄静嘉:《中国传统法制儒家化之登场、体系化及其途穷——以程树德所辑两汉春秋决狱案例为切入点》,收入《经义折狱与传统法律学术研讨会论文集》,"中央研究院"历史语言研究所2004年版,第54—55页。
③ 比如还有日本的影响,日本在继受大陆法系的过程中,亦出现种种的问题,并引起反思与修正。董康曾多次赴日,自然有所了解,日本对继受大陆法的反省,亦在一定程度上,促成了一个中国法律学者对旧制的回归。

简短的结语

观董康的一生,作为法律人,他勤心勤力,作为文人,他多情多艺;他是成功的学者,却是失败的政客;他经历了青年的辉煌,亦有着晚年的失足。

一个人物的思想,总有其时代的烙印。如同风云多变的近代社会一样,董康的思想,也充满了吊诡。现代西方最新的法律思潮,中国传统的礼教,曾在其思想深处取得共容,他试图去协调,去兼容,但现实却迫使他作出抉择,最后,旧传统战胜了新思潮。他的经历,让人想起了一个哈姆雷特式的提问:历史,进化抑或循环,是一个问题。

(原载《法制史研究》第8期,2005年)

附

董康年表(1869—1948)

本年表根据下列诸书汇整而成:
(1) 正文所引董康的著辑、讲演、日记。
(2)《申报》(1920—1927),上海书店出版社1983年影印本。
(3) 李贵连:《沈家本传》,法律出版社2000年版。
(4) 黄源盛:《民初法律变迁与裁判(1912—1928)》,台湾政治大学法学丛书(47),2000年。
(5) 娄献阁、朱信泉主编:《民国人物传》第10卷,中华书局2000年版。
(6)《民国人物大辞典》,河北人民出版社1991年版。
(7) 宋念慈:《董授经先生和他的日本朋友》,《传记文学》7卷2期,传记文学杂志社,1965年。

中国历	公历	记事
同治八年三月二十二日	1869年5月3日	出生于江苏武进(今常州市)。
光绪十四年	1888年	戊子科举人。
光绪十五年	1889年	己丑科进士。

续表

中国历	公历	记事
光绪二十六年	1900年	时任刑部主事隶陕西司。 义和团运动,八国联军侵占北京。事变后,任刑部提牢厅主事,总办秋审兼陕西司主稿。
光绪二十七年	1901年	参与监斩主战的刑部左侍郎徐承煜、军机大臣启秀。
光绪二十八年	1902年	四月,沈家本、伍廷芳奉命修律,晚清法律改革启动。
光绪三十一年	1905年	三月,沈家本、伍廷芳向清廷上《删除律例内重法折》,主张废除凌迟、枭首、戮尸、缘坐、刺字等酷刑。该改革刑制奏稿由董康草拟。 与张仲和翻译日本学者高木丰三的著作《日本刑法义解》(修订法律馆)。
光绪三十二年	1906年	四月,以刑部候补郎中的身份赴日本调查裁判监狱事宜,十二月回国。 清廷宣布"筹备立宪",并进行官制改革,刑部改为法部,专任司法;大理寺改为大理院,专任审判。沈家本任大理院正卿。随后爆发"部院之争"。 沈家本、伍廷芳制定《刑事民事诉讼法草案》,引发"礼法之争"。
光绪三十三年	1907年	沈家本、俞廉三、英瑞被任命为修订法律大臣,修订法律馆重组。十月,经沈家本奏请,董康被清廷简任为法律馆提调,总管法律馆具体事务。 翻译日本学者小河滋次郎的《日本监狱访问录》、《狱事谭》(修订法律馆),日本司法省参事斋藤十一郎的《日本裁判访问录》(农工商部排印);辑《调查日本裁判监狱报告书》(农工商部排印)。 京师法律学堂开学,任教务提调。
光绪三十四年	1908年	以修订法律馆提调、大理院推事的身份赴日本,聘请日本法学博士、商法专家志田钾太郎任修订法律馆顾问。

续表

中国历	公历	记事
宣统二年	1910年	礼法两派就《修正刑律草案》展开争论,发表《董科员辩刑律草案不必模范外国》《董科员青岛赫教习说帖驳议》,支持沈家本。
民国元年	1912年	赴日本留学,习法律。
民国三年	1914年	回国。二月署大理院院长,八月改实任。任法律编查会副会长,兼任中央文官高等惩戒委员会委员长。发表《匡救司法刍议》(《庸言》2卷第1、2号合刊)。
民国四年	1915年	任全国选举资格审查会会长。与汪有龄、章宗祥修订《暂行新刑律》,编成《修正刑法草案》。
民国七年	1918年	与王宠惠同任修订法律馆总裁。修订法律馆针对《修正刑法草案》重加厘定,编成《刑法第二次修正案》。
民国九年	1920年	任靳云鹏内阁司法总长。
民国十年	1921年	署理梁士诒内阁司法总长。任大理院院长。兼司法官惩戒委员会委员长。
民国十一年	1922年	兼任偿还内外短债委员会会长。查前任财长张弧发行公债舞弊案。任颜惠庆内阁财政总长。各部索薪,被殴受辱,请辞财政总长。八月与周自齐赴欧美考察工商、法制。曾到法国国家图书馆"敦煌室"研究,并抄录有关唐代法律史料。被任命为大理院院长,未到任以前由余棨昌代理。被任命兼司法官惩戒委员会委员长,未到任以前由胡诒縠代理。

续表

中国历	公历	记事
民国十二年	1923年	1922年底至1923年初漫游英伦,调查司法系统,主张学习英国法制。 被任命为法权讨论委员会副委员长。 经日本考察司法后回国。
民国十三年	1924年	任上海各法团运动收回公廨代表。 发表《前清法制概要》(《法学季刊》2卷2期)。 与王宠惠同被东吴大学校长刘伯穆赠予法律博士学位,于东吴大学任教。
民国十四年	1925年	与孟森发起改正条约会,发表《改正条约会附刊——缘起》(《兴业杂志》1卷1期)。 发表《民国十三年司法之回顾》(《法学季刊》2卷3期)(按:该文最早发表于民国十三年十月十日的《申报》上)。
民国十五年	1926年	发表《改正条约之全部与局部》(《兴业杂志》1卷2期)。 与章太炎被推任为上海法科大学校长。 被孙传芳通缉,于12月30日避居日本,冒名书商沈玉声于东京、京都两地访寻古书,并据此经历,著成《书舶庸谈》(即《董康东游日记》)。
民国十六年	1927年	四月底回国。任上海法科大学教授,兼北京大学法科教授、执业律师。
民国十七年	1928年	出版《刑法比较学》上册(法学编译社)。发表《新旧刑律比较概论》(《法学季刊》3卷5期)。发表《虞舜五刑说》(《法学季刊》3卷7、8期)。
民国十九年	1930年	发表《唐律并合罪说》(《法学季刊》4卷5期)。
民国二十年	1931年	任国民党法官第三届训练所所长。 发表《科学的唐律》(《现代法学》1卷2—6期、9—10期连载)。

续表

中国历	公历	记事
民国二十二年	1933年	重返北平,任北京大学法科教授、研究院导师。 发表《论秋审制度与欧美减刑委员会》(《法轨》创刊号)。 应日本"中国法制研究会"之邀请,往日本演讲。于学士院讲"春秋刑制考",于学士会、东京帝国大学等校讲"中国修订法律之经过",于明治大学、中央大学、法政大学讲"中国历代刑制之变迁",于早稻田大学讲"中国编纂法典之经过",庆应大学讲"采用证据之今昔观",于学士会讲"中国分权问题"。
民国二十三年	1934年	发表《我国法律教育之历史谭》(《法学杂志》7卷3—6期)。 与刘志扬、林众可、林超、陈沂编撰《法律大辞典》(汪翰章主编,大东书局)。
民国二十四年	1935年	发表《前清司法制度》(《法学杂志》8卷4期)。
民国二十五年	1936年	发表《从吾国社会实际需要略论刑法》(《社会科学季刊》6卷1期)。
民国二十六年	1937年	日帝发动全面侵华战争,华北沦陷。 十二月,任王克敏伪中华民国临时政府议政委员会常务委员。
民国二十七年	1938年	任伪中华民国临时政府司法委员会委员长。
民国二十九年	1940年	伪中华民国临时政府并入汪伪临时政府,改任汪伪国民政府华北政务委员会委员,后随王克敏辞职。
民国三十年	1941年	辑成《秋审制度》第1编。
民国三十一年	1942年	出版《中国法制史》《集成刑事证据法》。
民国三十四年	1945年	抗战胜利,被国民政府通缉,因病未被收审。
民国三十七年	1948年	于北平病死,终年80岁。

从礼法论争到孔教入宪

——法理健将汪荣宝的民初转折

一、清廷复辟帝制上谕中的刑律问题

民国六年(1917)七月一日,张勋复辟,清帝溥仪发布上谕,"以纲常名教为精神之宪法,以礼义廉耻收溃决之人心",并颁布革新九条,具体内容是:

(一)钦遵德宗景皇帝谕旨,大权统于朝廷,庶政公诸舆论,定为大清帝国,善法列国君主立宪政体。

(二)皇室经费,仍照所定每年四百万元数目,按年拨用,不得丝毫增加。

(三)懔遵本朝祖制,亲贵不得干预政事。

(四)实行融化满汉畛域,所有一切满汉官缺,已经裁撤者,概不复设,至通婚易俗等事,并著所司条议具奏。

(五)自宣统九年五月本日以前,凡与东西各国正式签订条约,及已付债款合同,一律继续有效。

(六)民国所行印花税一项,应即废止,以纾民国,其余苛细杂捐,并著各省督抚查明,奏请分别裁撤。

(七)民国刑律不适国情,应即废除,暂以宣统初年颁布现行刑律为准。

(八)禁除党派恶习,其从前政治罪犯,概予赦免,倘有自弃于民而扰乱治安者,朕不敢赦。

(九)凡我臣民,无论已否剪发,应遵照宣统三年九月谕旨,悉听其便。①

九条之内,涉及国体、皇室、民族、外交、税收、政治犯、剪辫等国政民生宏观事宜,唯有第七条有关具体的法律,即清末民初的刑律问题。该法何以如此重要,乃至清廷复辟帝制时仍然念兹在兹?

对第七条之理解,需要掌握其历史情境。所谓"民国刑律",指的是民国元年(1912)施行的《暂行新刑律》。清末民初的法律具有很大程度上的相承性,该律的渊源,乃清季宣统二年十二月初六日(1911年1月6日)颁布的《钦定大清刑律》(以下称之为《大清新刑律》)。清季时期,《大清新刑律》用时六年(1906—1911),凡七案(从预备案到钦定第六案),历经督抚签注复议到资政院投票表决等新旧程序,期间爆发了法典编纂中最激烈的论战——礼法论争,形成了"法理"与"礼教"对峙的新旧两派。

---

① 《东方杂志》14卷8号,1917年8月,第203—204页。其中第五项的"宣统九年五月本日以前"乃复辟者按照旧历法计算,民国六年七月一日即宣统九年五月十三日。

所谓礼教派,以军机大臣张之洞和资政院钦定议员劳乃宣为代表,支持者有法部郎中吉同钧、礼学馆总纂大臣陈宝琛、京师大学堂总监督刘廷琛、德国人赫善心等人,多为旧式功名出身。法理派,以晚清修律大臣沈家本为代表,支持者有日本客卿、刑法学者冈田朝太郎和董康、杨度、江庸、汪荣宝、章宗祥、陆宗舆、曹汝霖等一干新锐。这群青壮团体,多有留学(主要是留日)背景,在清季重要法政机构如宪政编查馆、资政院、修订法律馆中位居要职,活跃异常。

两派冲突和妥协的结果是新刑律的正文更多体现出法理派的主张,礼教派的意见则主要以附加条款的方式集中展现,伊始为《附则》五条,后修订为《暂行章程》五条。从礼教派的支持者、律学家吉同钧专门拟定的《附则》中,可以看出礼教派的诉求,具体内容为:

第一条　本律因犯罪之情节轻重,故每条仿照各国兼举数刑以求适合之审判,但实行之前仍酌照旧律略分详细等差,另辑判决例以资援引而免歧误。

第二条　中国宗教尊孔,向以纲常礼教为重,况奉上谕再三告诫自应恪守为遵行,如大清律中十恶、亲属相隐、干名犯义、存留养亲以及亲属相奸、相盗、相殴并发冢各条,均有关于伦常礼教,未便蔑弃,如中国人有犯以上各罪,仍照旧律办法另辑单行法以照惩创。

第三条　应处死刑,如系危害乘舆、内乱、外患及对于尊亲属有犯者仍照臣馆第一次原奏以斩刑俾照炯戒。

第四条　强盗之罪,于警察及监狱未普设以前,仍照臣馆第一次原奏,另辑单行法酌量从重办理。

第五条　中国人卑幼对于尊亲属不得援引正当防卫之例。①

五条之内，以第二条的前半句最为提纲挈领，其将纲常礼教上升到宗教的高度，可以折射出礼教派在当时历史时空下的论争策略。一言以蔽之，纲常礼教如何在法律中合理定位，成为两派的争执焦点。

尽管从现代视角看，新刑律作为第一部近代刑法，仅仅是清季众多近代法律部门中的一种，但从传统法的内在逻辑上看，所谓"律"乃一朝之大典，不得轻易变更，明、清两朝制律，分别在洪武三十年（1397）和乾隆五年（1740）定律之后，皆有不得更改律文之祖制。晚清仿行宪政，制定近代新法，在新刑律实施以前，仍然颁布从《大清律例》删修而来，也即张勋复辟时试图恢复的《钦定大清现行刑律》作为基础，②所以从历史惯性上，新刑律可以说承载着古代律典之功能，凝聚着古典法制"以法为教""明刑弼教"等"意蒂牢结"（ideology）问题，对其更深刻之理解，从古今沟通的视野上看，应该上升到宪法之高度。笔者以为，正是上述"律"之重要性的历史因素和新刑律承载着更多"法理"而非"礼教"的近代色彩之原因，在复辟的宪法语境下，清廷宁可恢复更传统的《大清现行刑律》，也不要同样在清末已经钦定颁布的《大清新刑律》。

---

① 收入修订法律馆编：《修正刑律案语》，铅印本，北京大学图书馆藏书。同为特别条款，《附则》与后来的《暂行章程》相比，相关罪名和事项基本相同，区别之处是：1.《附则》更强调主体问题，即适用中国人，《暂行章程》则无；2.《暂行章程》增加了最具争议的"无夫奸入罪"条款；3."暂行"二字显示了更多的过渡色彩。参见陈新宇：《〈钦定大清刑律〉新研究》。

② 参见《修订法律大臣沈家本等奏请编定现行刑律以立推行新律基础折》，收入故宫博物院明清档案部编：《清末筹备立宪档案史料》（下），中华书局1979年版，第851页以下。

沿着将新刑律纳入宪法层面讨论之新思路，如果我们放宽历史的视野，考察民国的制宪历史，可以惊奇地发现，清末礼法论争中的法理健将、曾力主废除附加条款《暂行章程》的汪荣宝，却在民国二年(1913)《天坛宪草》制定过程中，成为支持"孔教入宪"的代表人物。从《大清新刑律》到《天坛宪草》，在清末民初这一跨度不长的时空中，一个以"反礼教"形象出现的法律专家有怎样的表现？有何种心路历程？为何有如此大幅度之变化？在先前有关汪荣宝的研究[①]中，皆不曾关注汪氏这一变化，亦不曾利用民初《宪法起草委员会会议录》[②]之类的一手资料，因此笔者不揣浅陋，以此新材料为基础，着重考察汪荣宝在民初立宪时的表现，尝试对上述问题作出回应与解答。

二、汪荣宝与《天坛宪草》

汪荣宝(1878—1933)，江苏元和人，字衮父、衮甫，名彦，号怀

[①] 就笔者掌握的情况，从法政视角对汪荣宝进行专门研究的著述，可见任学：《试论汪荣宝的宪政思想》，河北大学硕士学位论文，2009年5月；赵凤林：《法制近代化中的实干家——汪荣宝(1878—1933)》，《法制史研究》第19期，2011年6月；赵凤林：《汪荣宝评传》，南京大学出版社2012年版。另有通过《汪荣宝日记》对晚清法制变革展开研究，对汪氏有所涉及之作品，代表性的有王晓秋：《清末政坛变化的写照——宣统年间〈汪荣宝日记〉剖析》，《历史研究》1989年第1期；俞江：《两种清末宪法草案稿本的发现及初步研究》，《历史研究》1999年第6期；吴泽勇：《清末修订〈法院编制法〉考略——兼论转型期的法典编纂》，《法商研究》2006年第4期；尚小明：《"两种清末宪法草案稿本"质疑》，《历史研究》2007年第2期；吴泽勇：《〈大清民事诉讼律〉修订考析》，《现代法学》2007年第4期；陈煜：《清末新政中的修订法律馆——中国法律近代化的一段往事》，中国政法大学出版社2009年版；胡震：《亲历者眼中的修订法律馆——以〈汪荣宝日记〉为中心的考察》，《华中科技大学学报》（社会科学版）2010年第3期；陈新宇：《〈钦定大清刑律〉新研究》；等等。唯上述研究皆无从清末民初转折之视角展开讨论。

[②] 收入李贵连主编：《民国北京政府制宪史料》第1、2册，线装书局2007年版。

之，清末民初重要的政治家、法学家、外交家。其主要履历为：

清末时期：1897年考取拔贡，1898年朝考中榜，授兵部七品京官。1900年入上海南洋公学"特班"学习英语，1901—1904年留学日本，分别在早稻田大学攻读法政和庆应义塾学习东西历史。归国后，历任兵部主事、丙午中央官制起草科委员，民政部主事、右参议、左参议，宪政编查馆编制局正科员，修订法律馆纂修、第二科总纂，资政院法典股副股长，纂拟宪法大臣，当选资政院钦定议员。参与起草《钦定宪法大纲》《资政院院章》《大清新刑律》《大清民事诉讼律》《大清刑事诉讼律》《法院编制法》《钦定大清宪法草案》等重要法案。民初时期：1912年，当选北京临时参议院议员，参与起草《中华民国国会组织法》《参议院议员选举法》《众议院议员选举法》等法案。1913年以私人名义起草宪法草案，加入进步党，当选国会众议院议员，任宪法起草委员会委员，参与起草《中华民国宪法草案》(《天坛宪草》)。1914年出任比利时公使，1919年出任中国首任瑞士公使，1922年出任驻日全权公使。著有《法言义疏》(注疏)、《清史讲义》、《史学概论》、《思玄堂诗》、《新尔雅》(与叶澜合编)等。①

从学养上看，汪荣宝乃旧式功名出身，亦有较长时段的留学经历，文法双修，无论东学抑或西学皆有较深入的理解和把握，其思想开明中庸。从为政上看，其曾在清末三大新设的法政机构——宪政编查馆、修订法律馆和资政院担任要职，民初议会中也是重要一员。当时重要的政治活动与法案编纂，汪荣宝可谓无役不与，是重要的参与者与见证人。需要特别指出的是，与出生于1840年、精通传统律学的晚清修订法律大臣沈家本相比，汪荣宝无疑对近

---

① 参见赵风林：《法制近代化中的实干家——汪荣宝(1878—1933)》。

代法学有更多的了解，在宪政领域的参与度更高，两代法政人的人生轨迹，昭示着智识与政治的转型。

中国近代立宪的一波三折，可以在民国二年（1913）中华民国第一届国会的制宪历程中得到充分的体现。这部被寄予厚望而特别在天坛祈年殿中进行起草的《中华民国宪法草案》，在宪法起草委员会三读通过将其交给宪法会议后，便因袁世凯解散国会，制宪事业戛然中止。狭义上的《天坛宪草》，即指这部民国二年（1913）十一月一日提交于宪法会议的草案，广义上之所指，则包含此后读会过程中数次修订的内容。在民国五年（1916）洪宪帝制闹剧收场，黎元洪继任总统恢复国会后，宪法会议开始初读、二读之事，但二读未竟，便因府院之争，张勋入京调停并解散国会，制宪二度中辍。随后清廷复辟、护法战争等政乱、战事接踵而至，宪法草案的二读、三读，一直等到民国十一年（1922）直奉战争后，黎元洪复位总统，国会第二次恢复才得赓续与完成。唯期间又牵涉曹锟贿选总统丑闻，因此这部于民国十二年（1923）十月十日曹锟就职总统之日公布的《中华民国宪法》，虽然法良意美，却"瑜不掩瑕"，让人印象深刻的更多是其"贿选宪法"之耻辱烙印。[①]

制宪过程中"孔教入宪"问题的激烈论争，依据《宪法起草委员会会议录》《宪法会议公报》等一手资料和最新的研究成果[②]，主要集中在宪法起草（1913）、一读和二读阶段（1916—1917）。从程序角度分析，其需经宪法起草委员会、宪法会议审议会、宪法会议三

[①] 参见荆知仁：《中国立宪史》，联经出版事业公司1984年版，第248—322页。关于《天坛宪草》原案及历次修正案，可见夏新华等整理：《近代中国宪政历程：史料荟萃》，中国政法大学出版社2004年版，第442—462页。

[②] 参见马赛：《民初立宪活动中的孔教问题研究》，中国政法大学硕士学位论文，2010年3月，第12—46页；陈伟：《儒教入宪——民元国会制宪中的国教案及其论争》，中央民族大学硕士学位论文，2010年3月，第10—56页。

个机构的讨论、审议与表决。宪法起草委员会由参众两院各选三十名委员组成。① 宪法会议审议会由参众两院全体议员组成。这一两院议员各过半数出席可以开议,出席者三分之二以上同意可以议决的审议会,拥有相当大的权力:首先,审议一读会的草案大体;其次,审议在二读会中因争议不能解决的问题;最后,审议修正案及原案皆被否决,但在宪法中不得废弃者的议题。② 宪法会议由参议院、众议院合行之,两院议员总人数三分之二以上出席可以开议,出席议员四分之三以上同意可以议决。③ 从现有资料上看,在读会阶段,宪法起草委员会续行提出修正案,④宪法会议和宪法会议审议会之间亦呈梅花间竹、接力开会之态势,⑤足可证明在这一期间三者的沟通状态。"孔教入宪"的支持者与反对者,正是在上述三个机构协调互动的复杂程序运行中展开攻防论辩。

需要特别指出,从现有资料上看,作为宪法起草委员,汪荣宝仅仅参与了民国二年(1913)即狭义的《天坛宪草》之起草活动。国会重开后,民国六年(1917)一月三十日宪法起草委员会再起炉灶,所列委员名单中没有出现汪氏之名,⑥估计此时其已在外交任上,不再参与制宪事业。但如果仅从实体角度进行分析,孔教入宪问题的论争焦点,在起草过程中实际上已经完全展示,其后一读与二

---

① 参见荆知仁:《中国立宪史》,第249页。
② 参见《宪法会议规则》第43、46、10、13、35条,收入夏新华等整理:《近代中国宪政历程:史料荟萃》,第192—196页。
③ 参见《宪法会议规则》第1、2、36条。
④ 如1916年起草委员会续行提出主权、地方制度等章,参见夏新华等整理:《近代中国宪政历程:史料荟萃》,第449—451页。
⑤ 参见《两院会合会、宪法会议、总统选举会开会日期次数一览表》,收入李贵连主编:《民国北京政府制宪史料》第3册,线装书局2007年版,第7—16页。
⑥ 在1913年国会解散前,宪法起草委员会共开会33次,1917年1月30日重新开会,为第34次。关于第33次与第34次会议所列的起草委员名单,可分别见李贵连主编:《民国北京政府制宪史料》第2册,第453—436页;第7册,第533页。

读时的讨论与策略,只是之前论争之延续与逆袭,因此集中于起草阶段的分析,既可以了解汪荣宝之主张立场,亦能间接达到"孔教入宪"问题研究的管中窥豹之效。

三、 孔教入宪论争中的汪荣宝

《天坛宪草》有关孔教入宪问题讨论的记载可见宪法起草委员会第5次、第22次、第23次、第24次、第32次、第33次会议录,①衮衮诸公的各番高论之中,有据可查的汪荣宝长短发言凡9次,让人印象深刻,其要点归纳如下:

(一) 支持孔教为国教

在宪法起草委员会第22次会议上,陈铭鉴提出"应于宪法中明定孔教为国教"②,汪荣宝表示支持。汪氏的发言分为立论与驳论两面,前者阐述支持理由,后者驳斥反对意见。

汪氏之理由乃从事实维度出发,其认为,"孔教之尊,乃二千年来历史上之事实,并非自我辈主张定孔教为国教也",在此基础上,更兼以不成文宪法的学理,以孔教之一尊地位且对他教之兼容并包性为国粹,加以佐证,其指出:"夫世界各国凡立宪法,并非仅照外国普通之成文钞录成帙已也,必应将其本国历史上所已成为不成文宪法之国粹,以明文规定之,于是乃能厘然有当于人心。夫孔教虽为一尊,然于一尊之外,多所放任兼容并包,绝未尝限制人民之自由信仰,而人民之信仰孔教者,终居最大多数,是孔教者,固已

---

① 详见李贵连主编:《民国北京政府制宪史料》第1册,第79页;第2册,第34—45、50—71、98—103、420—430、457页。
② 李贵连主编:《民国北京政府制宪史料》第2册,第35页。

俨然成为国教,而于其他诸教一听人民之自由信仰,亦既成为不成文宪法矣,然则现在将此不成文之宪法编为成文之宪法,是不诚可谓为厘然有当于人心之举耶。"①

反对孔教入宪为国教者有四种理由。第一种认为其会使得蒙、回、藏产生二心,在政治上有妨碍,在领土上有危险。汪荣宝从清朝历史出发,认为其未入关前,信奉喇嘛教,入主中原后反倒信奉孔教,蒙、回、藏三族也在清代并入中华结成一国,因此孔教为国教不会发生国家分裂。第二种认为孔教注重人伦,现在君臣一伦已无,尊奉孔教会导致野心家恢复帝制。汪荣宝从孔子之书中寻找论据,认为孔子之道就有民权和共和思想。第三种认为孔子之教乃教育之教而非宗教之教。汪荣宝认为教育与宗教虽然是两回事,但所谓"教"乃有使人信仰之意(此处汪氏用的是"迷信"一词),宗教的功能是维持社会、纠正人心,孔教的效果也是如此。第四种认为定孔教为国教只需法律或者部令,无需宪法。汪荣宝认为孔教是民国统一巩固之利器,需要以最高位阶之宪法来表彰该不成文宪法。②

(二) 批评《临时约法》的信教自由条款

在宪法起草委员会第 23 次会议上,汪荣宝借宪法起草委员会委员长汤漪将孔教入宪问题的讨论范围限定于"孔教应否定为国教"和"中华民国应否设立宗教"③之机,抨击《中华民国临时约法》的信教自由条款。

汪氏所论有三个方面。首先,他认为中国历史对宗教有两大

---

① 李贵连主编:《民国北京政府制宪史料》第 2 册,第 40—41 页。
② 参见李贵连主编:《民国北京政府制宪史料》第 2 册,第 41—45 页。
③ 李贵连主编:《民国北京政府制宪史料》第 2 册,第 54 页。

主义,一以孔教为一尊,二不禁人民信仰他教,但该条款却有悖历史,导致开放耶教排斥孔教之事实后果,需要加以挽救。其次,他认为孔教乃宗教。在宗教定义难以界定的情况下,其展开反面论证,提出如果要证明孔教不是宗教,需要从佛耶回诸教中抽出孔教所无的共同要素,此点既然无法做到,孔教则应该为宗教,孔子乃教主。他更以国家形态类比论之,认为君主国、民主国皆可视为国家,同样,孔教亦可视为宗教。最后,他总结认为如果宪法中有宗教字样,就应该定孔教为国教。①

随后宪法起草委员会进行"宪法是否规定孔教为国教"及类似提议的表决,皆没有获得通过。② 从目前资料上看,汪荣宝请假缺席了第 24 次会议。③ 有意思的是,在该次会议上,宪法起草委员会开始进行宪草条文的二读,其中第十一条"中华民国人民有信仰宗教之自由,非依法律不受制限"成为主张孔教入宪者反击的靶子,其主张删除该条,但没有获得成功。④ 此种行为背后的动机,可以揣测是试图弥补孔教无法入宪之遗憾,以删除信教自由条款进而削弱耶教地位,达到维持孔教地位之目的。回顾稍早之前汪荣宝的言论,倒颇有未雨绸缪、先知先觉的意味。其间是否有因果关系,限于资料,只能暂时存疑。

(三) 提议增加"国民教育以孔子教义为大本"

在宪法起草委员会第 32 次会议上,汪荣宝提出在宪法草案第十九条"中华民国人民依法律有受初等教育之义务"之下增加第二

---

① 参见李贵连主编:《民国北京政府制宪史料》第 2 册,第 63—67 页。
② 参见李贵连主编:《民国北京政府制宪史料》第 2 册,第 68—71 页。
③ 参见李贵连主编:《民国北京政府制宪史料》第 2 册,第 78 页。
④ 参见李贵连主编:《民国北京政府制宪史料》第 2 册,第 98—103 页。

项"国民教育以孔子教义为大本"。①

汪氏的论据主要有三点。第一,事实维度上,中国二千年之学说均由自孔子。反对孔教入宪者乃从宗教角度提出,并不反对孔子教义,孔子之教义可为中华民国之教育。第二,应认识真正的孔子教义。孔子之教义、孔子之学说记载于《论语》、"六经",经训之外不能全谓孔子之教,所谓三纲五常并不来自孔子而是后人所加,孔子对民主的主张甚多,孔子所谓"忠"并非忠君之意,彼此交际当忠、人民忠于国家,乃《论语》所谓忠恕。第三,该项规定与信教自由并不冲突。信教自由乃良心问题,国家不应以法律加以限制,教育则应该宗旨不变,必须以宪法规定之。孔教乃人伦道德,与宗教并无关系。②

在汪氏之后提出的类似动议还有三件。随后宪法起草委员会以第十九条后增加一项"国民教育以孔子之道为修身之大本"展开表决,获得通过。③ 在宪法起草委员会第33次会议举行的三读会上,该条亦维持此项文字,④此乃狭义《天坛宪草》第十九条之定稿。

国会重启之后,孔教入宪问题再经初读、二读程序的多次激辩,民国十二年(1923)颁布的《中华民国宪法》,信教自由与教育条款最终分别确定为"中华民国人民有尊崇孔子及信仰宗教之自由,非依法律不受制限"(第十二条)和"中华民国人民依法律有受初等教育之义务"(第二十条)⑤,孔教最终没有被定为国教,唯其定位再次离开教育而回归宗教。

---

① 参见李贵连主编:《民国北京政府制宪史料》第2册,第420—421页。
② 参见李贵连主编:《民国北京政府制宪史料》第2册,第421—422、427页。
③ 参见李贵连主编:《民国北京政府制宪史料》第2册,第429—430页。
④ 参见李贵连主编:《民国北京政府制宪史料》第2册,第457页。
⑤ 《中华民国宪法》,收入夏新华等整理:《近代中国宪政历程:史料荟萃》,第522页。

四、汪荣宝之变

从礼法论争到孔教入宪,汪氏对于礼(孔)教之立场,似乎有着巨大的转折,让人颇有大人虎变之感,如何解释之?

(一)善变之质

从经验上看,汪荣宝自身似乎便有"善变"特质,试举证据如下:

1. 速开国会两端之变

清末仿行宪政,发生国会请愿运动,要求速开国会,当时担任资政院钦定议员的汪荣宝表现尤其活跃,但在该过程中,《申报》曾刊文《异哉汪荣宝以一人而具两副之面貌》,指责其一方面对众议员主张速开国会,一方面对政府却倡言反对之举。[①]当时报刊《帝京新闻》的一张政治漫画便讥讽其"赞成"与"反对"兼具的善变形象,更配以"国家将亡,必有妖孽"文字,让人印象深刻。当然也需要特别指出,此类臧否,仅仅是一家之言尔,不能抹煞汪氏对中国法律近代化之贡献。

2. 国教入宪与否之变

民国初年私人草拟宪法蔚然成风,在民国二年(1913)五月四日、五月十一日的《宪法新闻》第四期、第五期上,便刊登有汪荣宝所拟的宪法草案[②]。如果说清季其参与起草的《钦定宪法大纲》等宪法性文件更多地显示了朝廷意志与集体智慧,那么私人宪草则应该是个人心中理想宪法秩序的体现,但爬梳文本,此时的汪草文本中并无孔教相关字眼。在同年七月二十二日宪法起草委员会第

---

① 参见赵风林:《汪荣宝评传》,第128—136页。
② 收入李贵连主编:《民国北京政府制宪史料二编》第2册,线装书局2008年版,第123—127、295—302页。另可见夏新华等整理:《近代中国宪政历程:史料荟萃》,第340—344页。

汪荣宝漫画照（感谢孙家红先生提供）

二次会议上，汪荣宝和孙钟、张耀曾、黄云鹏四人被指定起草宪法草案大纲，列举宪法议题，①在七月二十九日的第三次会议上主席汤漪提到"先有汪君荣宝以个人名义提出宪法问题，已付油印"，当日还有孙钟、黄云鹏之版本，经讨论决定将三种大纲合并整理提出报告。② 在八月六日的第五次会议上，朱兆莘发言中曾提到"汪君初稿有国教一条，吾国本以孔教为国教，究竟应否现定，其如何规

---

① 参见李贵连主编：《民国北京政府制宪史料》第1册，第33—35页。
② 参见李贵连主编：《民国北京政府制宪史料》第1册，第37—39页。从目前资料上看，张耀曾并没有提出宪法起草大纲。

定之法,亦属重要问题,所以本员提起讨论"①,此处所谓"初稿",应指先前付梓的汪氏草案大纲。根据以上考据可以得出,汪荣宝很可能是在民国二年(1913)七月二十二日到七月二十九日这段时间,在起草宪法草案大纲中,才明确提出国教问题。

(二) 世道巨变

1. 智识话语之变

在关于孔教入宪问题的讨论中,究竟孔教是宗教还是非宗教,根据本文第三部分的整理可知,汪氏在"支持孔教为国教"时持否定说,在"批评《临时约法》的信教自由条款"时持肯定说,在"提议增加'国民教育以孔子教义为大本'"时又持否定说,虽可谓龙腾豹变、辩才无碍,但其立论游移不定,也不免让人有无所适从之感。②

对孔教是否宗教问题之态度可以作为汪氏善变之佐证,但我们也要看到在该问题上之表现,汪氏如此,梁启超亦然。1902年梁任公发表《保教非所以尊孔论》,认为"孔教之性质与群教不同""孔子则不可谓之宗教家",有意思的是,该雄文之前有"著者识",坦言:"此篇与著者数年前之论,正相反对,所谓我操我矛以伐我者也。"③可见梁启超最初认定孔教为宗教,此时加以否认。但其民初所拟的宪法草案④中,第十五条赫然是"中华民国以孔子教为风

---

① 李贵连主编:《民国北京政府制宪史料》第1册,第79页。其发言中的"现"字似乎为"规"字之误。
② 马赛敏锐地注意到汪氏这一变化,参见马赛:《民初立宪活动中的孔教问题研究》,中国政法大学硕士学位论文,2010年3月,第18页、第26页注释131。
③ 《新民丛报》第2期,收入张枬、王忍之编:《辛亥革命前十年间时论选集》第1卷上册,生活·读书·新知三联书店1960年版,第163页。
④ 其名为《进步党宪法讨论会会员拟宪法草案》,但"编者识"提到"闻此案系出自梁君任公之手"。《宪法新闻》第18期,1913年9月8日,收入李贵连主编:《民国北京政府制宪史料二编》第7册,第143—178页。另可见夏新华等整理:《近代中国宪政历程:史料荟萃》,第251—264页。

化大本。但一切宗教不害公安者,人民得自由信奉",再次将孔教比附为宗教。

此类变化折射出西学东渐之下智识转型与沟通之问题。从"四部之学到七科之学",在西学的强势话语之下,传统儒学之概念需比附以新学术语,加以改造,才得以具有某种合法性之基础。康有为塑造"孔教"概念,视其为宗教,将之与佛教、耶稣教、回教等放在一起对比讨论,即是此例证。①《大清新刑律》的《附则》中专门提到"中国宗教尊孔",将礼教视为宗教,也是因为在此语境下这类说法更具说服力。

2. 意蒂牢结之变

陈独秀在《宪法与孔教》之中,曾将尊孔者分为两类:

> 甲派以三纲五常,为名教之大防,中外古今,莫可逾越,西洋物质文明,固可尊贵,独至孔门礼教,固彼所未逮。此中国特有之文明,不可妄议废弃者也。乙派则以为三纲五常之说,出于纬书,宋儒盛倡之,遂酿成君权万能之末弊,原始孔教,不如是也……宋以后之孔教,为君权化之伪孔教,原始孔教,为民间化之真孔教。三纲五常,属于伪孔教范畴。取司马迁之说,以四教(文,行,忠,信),四绝(毋意,毋必,毋固,毋我),三慎(齐,战,疾),为原始之真孔教范畴。②

以陈独秀的分类标准,汪荣宝似乎更应该归入乙派,这在其提

---

① 参见康有为:《性学篇》,收入汤志钧编:《康有为政论集》上册,中华书局1981年版,第13页。
② 《新青年》2卷3号,1916年11月1日,第3页。

议增加"国民教育以孔子教义为大本"时,对孔子教义的认识上可见一斑。虽然以文化的整体性,似乎不可能将甲派、乙派完全割裂,但或可揣测,在汪荣宝的内心,礼法论争中的"礼教"与"孔教入宪"的孔教,虽同尊儒家教义,但内涵与重点上并不一致。更要看到,在汪荣宝的身上,具有民族性与近代性并存,两者自然融合却又紧张矛盾之复杂内涵。其受传统儒家文化影响颇深,具有保守一面,同时又经由日本接受西学,倾向支持改革。在晚清以撤废领事裁判权为契机,以"改同一律"为口号的法律改革中,在《大清新刑律》论争时,他以法理派的面目出现,主张废除《暂行章程》,更多体现出一种儒家可以接纳的权变思想,乃救亡优于启蒙。而当民国肇建,尤其是《临时约法》写入宗教信仰自由条款,儒学发生合法性危机之时,其终于挺身而出,试图把孔教作为国教写入宪法,保留住儒家的启蒙火种。更因为他熟悉议会政治,知道如何运筹帷幄,攻敌要害,最终曲折、间接地在教育条款上达成目标,使得儒学在宪法中终于有了一席之地。

余　　论

清末民初是国家社会急剧变化的时空,对时代中人之评价,不妨借用陈寅恪先生的名句:

纵览史乘,凡士大夫阶级之转移升降,往往与道德标准及社会风习之变迁有关。当其新旧蜕嬗之间际,常呈一纷纭综错之情态,即新道德标准与旧道德标准,新社会风习与旧社会风习并存杂用。各是其是,而互非其非也。斯诚亦事实之无可如何者。杂然，值此道德标准社会风习纷乱变易之时，此转移升降之士大夫阶层之人，有贤不肖拙巧之分别，而其贤者拙者，常感受苦痛，终于消灭而后已。其不肖者巧者，则多享受欢乐，往往当贵荣显，身乐名遂。其何故也？由于善利用或不善利用此两种以上之标准及习俗，以应付此环境而已。①

对于汪荣宝，其为贤者，为不肖者？为拙者，为巧者？笔者以为，从清末到民国，从礼法论争到孔教入宪，其行为虽有善巧之一端，但更多是恪守了一个儒家宪政保守主义者之原则与底线，值得大书特书！袁氏当国，试图恢复帝制，曾将汪荣宝从比利时公使任上召回，加以拉拢，汪氏的应答是"愿公为华盛顿，不愿公为拏坡仑（按：拿破仑）也"，使得袁世凯大为沮丧。② 在《天坛宪草》起草之后，这位中国近代宪政非常重要的推手，在三十六岁年富力强之际，就此远离制宪的政治中心。心灰意冷明哲保身乎？功成名就急流勇退乎？让人好生惋叹与遐想！孔教入宪的争论，也随着国民党北伐的成功，转变为三民主义是否入宪的问题。

礼教也好，孔教也罢，宗教也好，教育也罢，最终指向的都是宪法的文化之基，同时也是法律如何被信仰这一宏大根本之问题。在《天坛宪草》百年之际，这是一个老问题，也是一个新问题。

（原载《华东政法大学学报》2013 年第 5 期）

---

① 陈寅恪：《元白诗笺证稿》，生活·读书·新知三联书店 2001 年版，第 85 页。
② 参见章太炎：《故驻日本公使汪君墓志铭》，收入《章太炎全集》（五），上海人民出版社 1985 年版，第 258 页。

人生何处不相逢

——瞿同祖与何炳棣的命运对照

引　子

生命之树漫长却又短暂，茫茫人海之中，潮起潮落之际，有些人之间会宛若前赴后继扑上海岸的浪花，有瞬时交集，便又消逝于无痕。这种微妙的关联，或许是如小概率事件般无意之邂逅，但结合其时代背景与人生际遇，却又可以作出"别有一番滋味在心头"的历史解读。有念于此，笔者不揣浅陋，试图以学术散文之笔法，挖掘法学圈外的两位广义的"法学家"——瞿同祖（1910—2008）和何炳棣（1917—2012），梳理其生命中不为人所察觉的交集脉络，反思他们时代与学术、人生与人心的问题。

说其是法律人，关于瞿同祖，法学圈的朋友自然不会陌生，先生虽是社会学出身，却以《中国法律与中国社会》《清代地方政府》等鸿著享誉于法学圈，其研究对汉语法学之典范意义，经诸多学者的用心推介,已成为学界常识,毋庸笔者赘语。① 关于何炳棣,其以人口史、社会阶层流动、土地数量、文化起源等研究闻名于世,定位无疑是历史学家。需要指出,香港中文大学曾授予其"名誉法学博士学位",但笔者并非就此妄加附会,之所以称他为"法学家",是因为其在求学过程中,尤其在哥伦比亚大学攻读博士学位时期体现出来对法学知识的熟稔,例如对边沁生平与理论的了解、对英国宪法及英法政治制度的掌握等②。一个非常有意思、却容易被忽视的典故是,何炳棣对清代的"亩"并非耕地实际面积而是纳税单位的发现,正是受到英国法学家梅特兰(Maitland)之名著《末日审判簿及其前史》(*Domesday Book and Beyond*)的启发③——法学可以、也应该不"幼稚"嘛!④

从普通史和专门史关系的角度讲,中国自近代以降,历史学受

---

① 1981 年中华书局再刊了《中国法律与中国社会》,1988 年王健、范忠信等学者主持的"二十世纪中华法学文丛"整理出版了包括《中国法律与中国社会》在内的《瞿同祖法学论著集》,2003 年范忠信、晏锋翻译出版了《清代地方政府》,并有对瞿先生的多篇访谈,代表性的作品有如王健:《瞿同祖与法律社会史研究——瞿同祖先生访谈录》,《中外法学》1998 年第 4 期;王健:《瞿同祖先生谈治学之道》,《法制史研究》第 6 期,2004 年 12 月;瞿同祖、赵作栋:《为学贵在勤奋与一丝不苟——瞿同祖先生访谈录》,《近代史研究》2007 年第 4 期;林端:《由绚烂归于平淡——瞿同祖教授访问记》,《当代》第 153 期,2000 年 5 月。
② 据何炳棣自述,他与边沁有三次相逢:一是在西南联大时为友操刀近代西洋政治思想史作业,了解到边沁思想;二是留美考试中有关边沁的经济思想史试题;三是哥伦比亚大学博士课程口试考题"评估边沁的主要理论及其对立法及议会改革的影响"。参见何炳棣:《读史阅世六十年》,广西师范大学出版社 2005 年版,第 226—230 页。另,何炳棣在 1937—1938 年即精读了白芝浩(Walter Bagehot)的《英国宪法》,从哥大博士课程的口试来看,其对英国宪法史的名著、英法政治的演变等颇有心得。详见何炳棣:《读史阅世六十年》,第 124、231—237 页。
③ 参见何炳棣:《读史阅世六十年》,第 267 页。
④ 1988 年的两会上戴逸先生曾以"法学幼稚""哲学贫困""史学危机""经济学混乱"来形容当时哲学社会科学的状况,参见龚津航:《我国法学研究的纵向思考——与杜飞进一席谈》,《法学》1988 年第 7 期。此一坦率的当头棒喝,笔者以为迄今仍有警醒意义。

到现代学术分工的影响,呈现出"以收缩为扩充"①之趋势,即通过如法制史、文学史、哲学史等专门化的研究,从整体上推动历史学之深度广度。唯需要审慎的是,专业的划分仅仅是为了深入研究的需要,却不应以此为由而画地为牢、固步自封,所谓"法学的法律史"与"历史学的法律史"之分作为学科的事实存在即可,非要强加区别、优劣比较,则大可不必,因为王道乃是学者的素养与作品的质量,而非其身上所贴的专业标签。

从法学与历史学关系的角度讲,法律固然是解决现实社会问题的重要工具,但"知其然"之余,若要"知其所以然",无疑需要到历史中去寻找答案,对于纠结古今中西问题的中国法学而言,历史不仅仅是一座博物馆,更是一座图书馆。② 未来中国伟大的法学家,必然也是伟大的历史学家。

一、身世

瞿同祖出生于官宦世家,其祖父瞿鸿禨,是晚清政局中位极人臣的军机大臣,时有清流之誉,清季新政,正是他与权倾朝野的奕劻、袁世凯一掰手腕、一决高下,演出一段丁未政潮;其父瞿宣治是驻瑞士及荷兰的外交官。观其家世,用现在流行的话语来说,瞿同祖可谓典型的"官二代""官三代"。笔者以为,这种背景出身的人也可能是做学问的好苗子。君不见,大富大贵,可造就宠辱不惊的

---

① 梁启超:《中国历史研究法》,河北教育出版社2000年版,第41页。
② 列文森曾借喻"博物馆"来说明儒家传统的死亡,史华慈则认为对于非物质性的文化来说,用"图书馆"来比喻更加恰当。参见郑家栋:《列文森与〈儒教中国及其现代命运〉——代译序》,收入〔美〕约瑟夫·列文森:《儒教中国及其现代命运》,郑大华、任菁译,广西师范大学出版社2009年版,第10、16页。

心态,高朋满座,利增加求学问道的机会,把握这种机缘,只能说命好人好,端的是可遇不可求。君不见,祖父陈宝箴官拜湖南巡抚、父亲陈三立位列"维新四公子"的陈寅恪,亦是此中之例。平允而论,官宦世家,容易造就"我爸是某某"的衙内之徒,但若循循善诱,严加管束,也能培养品学兼优之人,可见此乃因人而异、因门风而异的事。对于当代转型中国,如何消弭官、富阶层与普通人群的对立情绪,从培养学者这个角度讲,倒不无启发意义呢!优裕环境中,瞿同祖由其祖父开蒙《论语》,更有作为著名学者的叔父瞿宣颖指点汉赋,加上自身勤奋,奠定扎实国学基础,在中学毕业后,被保送入燕京大学攻读社会学。[①]

相对于瞿氏,何炳棣无如此显赫的家世,但也是比较殷实的金华旺族,父亲何寿权,旧式文人出身,科举废除后学习法政,曾担任过民国的检察官、法官,亦是一名儒医。[②] 其父是老来得子,父子间的年龄差距有47岁之大,按何炳棣的说法,此造成其青少年时期心理和学业上长期的紧张和终身脾气急躁。[③] 笔者曾于2010年在清华聆听了何先生的讲座并有幸在丙所拜会过他,深感其霹雳血性,并不因年龄之故而有所减弱,甚至老而弥坚,在西方汉学界中,何氏亦以直言不讳、批评尖锐而有"大炮"之名。父亲的影响是巨大的,怀才不遇的何父告诉何炳棣,能够供得起他念好的国内教育,却无能力供他出洋留学,更坦言:"这种年头,如无法出洋留学,就一辈子受气。"因此,何炳棣从9岁起便以考取清华、进而留学作为两大志愿。[④] 在1934年,他如愿以偿完成第一大志愿,考入了梦

---

① 参见瞿同祖、赵作栋:《为学贵在勤奋与一丝不苟——瞿同祖先生访谈录》。
② 参见何炳棣:《读史阅世六十年》,第6页。
③ 参见何炳棣:《读史阅世六十年》,第4页。
④ 参见何炳棣:《读史阅世六十年》,第9页。

寐已久的清华大学,先读化学,后转为历史学并终生以此为业。

尽管有学人批评何炳棣的自传多谈留学、出国,未免过于功利,但若深入地看,便会发现其发愿实际上是时代的深刻缩影,和瞿同祖同庚、与之同样出自吴文藻门下的费孝通就道出大实话:

> 30年代,我在大学里念书时,周围所接触的青年可以说都把留学作为最理想的出路。这种思想正反映了当时半封建半殖民地的旧中国青年们的苦闷。毕业就是失业的威胁越来越严重,单靠一张大学文凭,到社会上去,生活职业都没有保障。要向上爬到生活比较优裕和稳定的那个阶层里去,出了大学的门还得更上一层楼,那就是到外国去跑一趟。不管你在外国出过多少洋相,跑一趟回来,别人也就刮目相视,身价十倍了。[①]

费孝通当年之所以从燕京转入清华,也是因为清华出国机会更多,这些聪颖的有志青年,怎敌他,形势比人强,不得不然也!那是时代冷酷却又真实的写照!

二、邂逅

1937年,日寇入侵,北平沦陷,已经在燕京完成研究生学业的瞿同祖于1938年南下重庆,同一年,清华毕业的何炳棣在上海考

---

① 费孝通:《留英记》,收入费孝通:《江村经济》,上海人民出版社2007年版,第246页。该文写于1962年(依据文章后所附时间),收录在如费孝通的《师承·补课·治学》(生活·读书·新知三联书店2002年版)等书之中,当时费先生尚在人世,可见并非应景之作。

取了燕京大学历史系的研究生,返回北平就读,从而与瞿同祖有了校友之谊,何炳棣称瞿同祖为学长,即渊源于此。一年以后,瞿同祖到云南大学社会学系任教,兼任西南联合大学法商学院讲师,也是这一年,何炳棣来到西南联大担任历史系助教。

西南联合大学时期是两人生命的第一次交集。在这里,瞿同祖默默地耕耘学术,他谈道:"在昆明时生活和工作条件艰苦,敌机不时来袭,在呈贡乡间住了一年,夜间以菜籽油灯为照明工具,光线昏暗,不能写读,八时即就寝,于是就在床上反复思考写作中遇到的问题。有了腹稿,次晨便可奋笔疾书了。"[1]正是在极端不便,甚至在缺乏如《宋刑统》这样重要图书资料的条件下,《中国法律与中国社会》这部中国法律社会史的典范作品诞生了,直至今天仍然一版再版。笔者曾听到一个典故,数十年后,有学者访问瞿同祖,略显突兀地问道:"抗战时期怎么能安心研究写作呢?"老先生轻声作答:"当时我也做不了其他事情。"真学人至纯至朴的本色,得见一斑! 君不见,与《中国法律与中国社会》命运相似甚至更为坎坷的,还有同一时期金岳霖的名著《知识论》。[2]

国难时期,物质生活之贫乏与精神思想之丰富形成鲜明的对照,早在三校南迁至湖南组成长沙临时大学之时,冯友兰的如椽大笔便有传神记载:"我们在衡山……只有短短的几月,精神上却深受激励。其时,正处于我们历史上最大的民族灾难时期;其地,则

---

[1] 瞿同祖、赵作栋:《为学贵在勤奋与一丝不苟——瞿同祖先生访谈录》。关于当时情况的描述又可见瞿同祖:《中国法律与中国社会》1947年版序,收入《瞿同祖法学论著集》,中国政法大学出版社1998年版;王健:《瞿同祖与法律社会史研究——瞿同祖先生访谈录》,《中外法学》1998年第4期。
[2] 金岳霖在抗战时期完成了几十万字的《知识论》,但在躲空袭中不慎遗失了文稿,只能重写,终于在1948年年底写完。详见金岳霖:《知识论》,商务印书馆2000年版,"作者的话"。

是怀让磨砖作镜,朱熹会友论学之处。我们正遭受着与晋人南渡、宋人南渡相似的命运。可是我们生活在一个神奇的环境:这么多的哲学家、著作家和学者都住在一栋楼里。遭逢事变,投止名山,荟萃斯文:如此天地人三合,使这一段生活格外地激动人心,令人神往。"[1]或许,正是这种历史感通与文化自觉,乃维系中华民族多难兴邦、国祚不断之力量,也是瞿同祖们能安于困境、从容不迫甚至迸发出惊人能量的原因之一。

此时的何炳棣,仍处于打基础阶段,正默默地为其第二大志愿而努力,1940年第五届庚款留美考试失利、妹妹病逝、父亲去世,打击接踵而至,不得不返回沦陷区料理父亲遗产,接济家人。好在经历了"个人生命史上最不堪回首,最失败的篇章"[2]之后,命运终于否极泰来,1944年第六届庚款留美考试西洋史门一举中的,一偿平生夙愿,同榜生中,就有考取物理门、后来的诺贝尔奖得主杨振宁。留美庚款考试,每门只录取一人,各门总额全国不过十几或二十余人,可证其难度之高,历届考试中榜之人后来成为大家者,不知几何,可谓龙门之试也。

1945年,何炳棣来到了纽约,就读于哥伦比亚大学。巧的是,仍然是同一年,瞿同祖也来到了纽约,来到了哥大。他是受美国汉学家魏特夫之邀,担任该校的研究员。在哥大十年中,瞿同祖修订了《中国法律与中国社会》并将其翻译成英文,后来出版的《汉代社会结构》,也应该是在此期间打下的基础。当然,此段时间工作的重心,更可能是配合魏特夫的研究。对此,何炳棣在回忆录中就不无深意地写道:

---

[1] 冯友兰:《中国哲学简史》,北京大学出版社1997年版,第370—371页。
[2] 何炳棣:《读史阅世六十年》,第136页。

（哥伦比亚大学东亚图书馆的）书库及下一层较大的房间都被魏特夫（Karl A. Wittfogel）所主持的"中国历史研究室"所占用……当时这研究室人才济济。冯家升燕京老学长因与魏合写的《中国社会史：辽代》业经出版，已经回到北京；瞿同祖和王毓铨两位杰出学长负责两汉；房兆楹、杜联喆夫妇在国会图书馆完成《清代名人传记》的编纂之后立即加入魏氏的研究室，负责清代。所有搜译的各朝代资料原则上仅供魏氏一人之用，这是使我非常惊异不平的。①

　　中国学人利用国外的优越条件，以客卿身份开展研究，写出一流作品，这种合作模式，当然值得肯定。只是其背后，也不免有淡淡的惆怅，学术固然是公器，但在"客随主便"之下，研究的独立自主性，不免要打折扣，正所谓"自由共道文人笔，最是文人不自由"，一流的学人，也无法避免某种"洋打工"的尴尬，这或许是大时代背景下海外中国学人命运之折射。直至今天，海外中国研究不少高水准学术作品的背后，实际上有着无数优秀中国学者、学生所做的包括资料搜集、整理、翻译在内的基础性工作，外国学者通过这些"冰人"们的成果，兼以良好的学术传统与学术训练，写出好作品，自然水到渠成。心高气傲的何炳棣为何会"惊异不平"，应该是有感而发的。

　　据悉，此前在中国红得发紫的某美国汉学家，在阅读中文文献上不无困难，甚至需要借助翻译。笔者绝非否定其"学术畅销书"有值得充分肯定、学习之处，当年林纾不谙外文，不也可以"翻译"出一流的文学作品吗？唯需要反省的是国人不应该妄自菲薄，设

---

① 何炳棣：《读史阅世六十年》，第264页。

立双重标准来看待西方汉学与中国真正一流的学术著作（孙家红学兄一直强调此点）。更应该深刻检讨的是，为何在当代中国，古文甚至近代的白话文会越来越变成一门"外语"，进而使国人丧失对西方汉学著述优劣高下的基本判断力？可能是笔者孤陋寡闻，当年清华法学院的高才生、有"汉学警察"之称的杨联陞先生对西方汉学"把天际浮云误认为地平线上的丛树"[①]这种自信、中肯的批评，今天似乎难得一见了。

三、抉择

1948年，何炳棣在完成哥伦比亚大学西洋史的博士课程学习后，来到了另外一所哥大——加拿大的英属哥伦比亚大学（UBC）任教，并从1952年起进军其念兹在兹的中国史研究，"从此踏进国史研究辽阔无垠的原野"[②]，在关于扬州盐商、人口史、土地问题等领域佳作迭出，进入了其学术的高产时期，一举奠定了他在西方汉学界的地位。在1955—1962年期间，瞿同祖从哥伦比亚来到了哈佛东亚研究中心担任研究员，兼任讲师。在这里，他完成了另外一本重要的著作 Local Government in China under the Ch'ing（《清代地方政府》）。无独有偶，何炳棣也曾在1956—1957年期间在哈佛大学兼任研究员，其在1957年出版的 Studies On the Population of China, 1368—1953（《明初以降人口及其相关问题：1368—1953》）这本人口史名著的前言中，特别致谢瞿同祖"经

---

① 萧公权：《问学谏往录》，学林出版社1997年版，第226页。
② 何炳棣：《读史阅世六十年》，第266页。

常为我查考，有时甚至抄录不少这项研究所必不可少的资料"①，恰是两人一段惺惺相惜、学术友谊佳话的注脚。

在这段时期，两个人的生活中都出现了一个相同的主题：回国。

何炳棣最初接受英属哥伦比亚大学一年聘书，原本计划在第二年接受美国经济史学会的资助，前往英国收集资料、访问名家以完成哥大博士论文的写作，并作进一步的打算。但天有不测风云，这个原本在1948年唾手可得、因故延缓一年申请的资助在1949年突然经费无着，随后更因大学院系中的人事纠葛，加以祖国巨变的"精神号召"，烦闷之中，其曾作出了回国的决定，甚至向校方申请回国旅费不足的补助，后因同事劝阻而罢。②

也在1949年，瞿同祖的妻子赵曾玖携子女从美国回到了祖国。因中美的紧张关系，在无法直接从美回国的情况下，1962年瞿同祖来到了较为中立的加拿大，任教于英属哥伦比亚大学，并在1965年回国。③ 1962年是何炳棣学术生涯的关键节点，其收到了来自芝加哥大学的聘书，回归学术重心之地。有意思的是，他在英属哥伦比亚大学的"中国通史"课程，正是由瞿同祖接手。根据何氏的回忆录，他在1962—1963年学术休假，1963年秋季开始芝加哥大学教研，④不知在此期间，两人是否在温哥华有过短暂的相会？

1962—1963年间的一别，两人从此天涯相隔，再见已是二十

---

① 何炳棣：《明初以降人口及其相关问题：1368—1953》，葛剑雄译，生活·读书·新知三联书店2000年版，"前言"。
② 参见何炳棣：《读史阅世六十年》，第248—250页。
③ 参见瞿同祖、赵作栋：《为学贵在勤奋与一丝不苟——瞿同祖先生访谈录》。
④ 参见何炳棣：《读史阅世六十年》，第313、353页。

余年后(改革开放初期)瞿同祖访问芝加哥大学之时。作为一个学者,何炳棣在被动与主动之中放弃回国,却使得其学术生命得以延续并继续发展,正如在多年后,其深感1940年第一次留美考试失败反倒是塞翁失马焉知非福:"我如果那年考取,二次大战结束后我应早已完成博士学位,一定尽快回国了。以我学生时期的政治立场,加上我个性及应付人事方面的缺陷,即使能度过'百花''反右',亦难逃'文革'期间的折磨与清算。"①他的好友丁则良、罗应荣当年放弃学位匆匆回国后,历经各种"运动",或自杀,或病逝,下场凄惨悲凉,正是鲜明对照。因此,也就不难理解二十世纪八十年代开会时遇见吴于廑这位第五届庚款考试的胜出者时,他会脱口而出:"保安兄,我是你手下败将,可是你救了我的命!"②诚肺腑之言也。

而瞿同祖,则不能不让人惋叹其正处黄金年龄的学术研究之戛然而止。尽管回国时"满腔热情",却报国无门,焦虑之中,数度住院,危及生命,最后得良医力劝,不得不放弃"再写一本好书"之心愿。③遥想西南联大时虽说条件恶劣,但筚路蓝缕中仍可写作,此番却是"一片芳心千万绪,人间没个安排处"了。1998年米寿之际,中国政法大学出版社刊行其论著集,老先生在自序中提到:"读者从我的著作及演讲稿目录里可以看出,八十年代以后,我便无专著问世了,仅有少量的论文及为参加国际学术活动而作的讲稿。有些学者比我年纪还大,仍勤于写作。我自愧不如,这就只能归咎于疏懒了。古人说,'少小不努力,老大徒伤悲。'我则是老大不努力,无所建树。言念及此,感慨不已。"④光阴荏苒,约十年后再接

---

① 何炳棣:《读史阅世六十年》,第131页。
② 何炳棣:《读史阅世六十年》,第131页。
③ 参见瞿同祖、赵作栋:《为学贵在勤奋与一丝不苟——瞿同祖先生访谈录》。
④ 瞿同祖:《瞿同祖法学论著集》,"自序"。

受采访,或许是访谈者格外贴心,或许是人瑞已感生命之限,老先生道出大实话:"过去说回国后没能写出书,是自己的疏懒,那是谦虚,实际上,各方面的条件都不允许。"①端的让人不胜唏嘘!这里笔者只能一声叹息,不管多优秀的学者,在命运面前,也永远是大时代里的小人物!

进而追问,何种条件不允许呢?除了大的政治环境外,细节上的东西颇值注意。瞿同祖曾不止一次地谈到与回国时的资料条件相比,在国外图书借阅自由便利,而即便是抗战中在云南大学,也可不限册数,时间宽裕。②何炳棣同样比较、反思,坦言道:"我如果……二战后回国执教,恐怕很难做出现在累积的研究成果。政治和学风固然有影响,更基本的是国内大学图书设备(包括中国史籍)无法与美国第一流汉学图书馆比拟。北京图书馆……善本及一般中文收藏当然最为丰富,但不准学人进库自由翻检……这种措施不但大大减低研究者的便利,并且势必剥夺了研究者不时无意中遇到的新资料和开辟新思路的机会。"③诚哉斯言!此番英雄所见略同的诤言,对于当今试图建立国际一流大学的大大小小的主政者们,有着重要的参考价值。

应该指出,家国情怀是那个时代海外学人无法割断的心结。2004年瞿同祖终于开口谈及:"有时候人提问很不合理,像'文革'时你为什么回国来这样的问题,就无法回答。国内发生'文化大革命',我怎么知道呢?连刘少奇都不知道要发生'文化大革命',我怎么知道呢?而且我不了解国内情况,我回国,事先没有跟国内联

---

① 瞿同祖、赵作栋:《为学贵在勤奋与一丝不苟——瞿同祖先生访谈录》。
② 参见瞿同祖、赵作栋:《为学贵在勤奋与一丝不苟——瞿同祖先生访谈录》;王健:《瞿同祖先生治学之道》。
③ 何炳棣:《读史阅世六十年》,第393页。

系过,因为我一个中国人,回国来还要联系吗?!"①想来这番略带火气的话,先生深藏在胸中多时,郁结于心头多年,一抒胸臆,不吐不快。

1971年何炳棣和杨振宁、王浩、任之恭、陈省身五位旅美著名学者访华,写出《留美中国学者访华观感集》,对"文革"中的中国作出了今天看起来匪夷所思的高度评价,以至于后来何炳棣坦言"愿意把它忘掉",原因是"它虽有史实与感情,但对国内新气象只看到表面,未能探索新气象底层真正的动机"。② 对于这批学者的特殊言行,学人的解读颇为精彩:"他们强烈的民族情感不忍心让他们在西方那样的处境下,再来对自己的祖国提出批评。这种家国情感超越事实判断的历史现象,是中国知识分子对国家统一渴望的极端表现,以事实判断,他们不见得对当时中国的真实生活没有一点自己的独立观察,但对国家统一的强烈感情,让他们的理性失去了对事实的反省。"③诚哉斯言! 即便阅历丰富的历史学家,思维缜密的物理学家,也不可能在所有问题上都保持情感与理智的平衡,尤其在面对祖国时更是如此。当代学人包括鄙人在内因为历史时空的不同,或许很难完全理解和真正感受那个积贫积弱年代,中国学人内心深处波澜起伏的家国情愫及同样强烈的报国情怀了。但更深刻的问题或许是——借改电影《第一滴血》的经典台词——祖国会像他们爱她那样爱他们吗?

---

① 王健:《瞿同祖先生谈治学之道》。
② 参见何炳棣:《读史阅世六十年》,第476页。
③ 谢泳:《西南联大知识分子的时代困惑》,收入谢泳:《西南联大与中国现代知识分子》,福建教育出版社2009年版,第130页。另,汪荣祖提到在二十世纪七十年代,西方记者来中国后对中国印象非常之好,何先生因为爱国心感受则更加强烈,导致了误判。参见牟尼:《汪荣祖追忆何炳棣》,《法治周末》2012年10月16日。

余　思

从燕京大学、西南联合大学、哥伦比亚大学、哈佛大学到英属哥伦比亚大学，瞿同祖与何炳棣这两位近现代杰出学人的学研生涯竟然有如此相似、相交的轨迹，命运之手冥冥中的安排，真是让人感叹！

如果将两人打一比方，那么何炳棣是火，瞿同祖是水。

何炳棣如一团炽热的烈焰，在竞争激烈的西方学界，他可发出"看谁的著作真配藏之名山"①这样豪情万丈的狮子吼，对学术买办和装蒜者，他不假颜色，直面斥责，对学术论辩，他不崇权威，积极应战。这种性格，或许过于刚烈，过于攻击性，甚至不免意气之嫌，但不虚伪、不矫作、不善巧，正是君子坦荡荡的真性情。一直到逝世前，年近期颐的何氏还在进行先秦思想的攻坚，即便妻子过世，在"家无妇，不为家"②的感慨之余，仍能写出数十页篇幅的长文，一如既往地参与论战，实在可称为学术斗士。

瞿同祖如一股潺潺的清流，那是荣华阅尽宠辱不惊的淡定，这种"上善若水"的性格帮助他较为安然地度过后来那个不堪的年代，得享高寿。学术作品的生命实际上是与作者的伟大人格紧密联系在一起的，瞿氏的著述如同他的清流人品，没有时髦理论呈张牙舞爪，没有奇怪词汇来吸引眼球，有的只是资料广博娴熟、理论

---

① 何炳棣：《读史阅世六十年》，第301页。
② 2010年5月13日下午，何炳棣莅临清华作《国史上的"大事因缘"解谜——从重建秦墨史实入手》讲座时所说。其妻子邵景洛女士，已在几年前去世。

深化内敛的自然融合。① 在当今虚荣焦躁的时代,在没有持续作品的情况下,他的人性光辉,他的"桃李不言"仍能给予真正向往学术者以信心和力量。

必须指出,本文的目的绝非是为了孰优孰劣的比较,只是想从学术史的角度,补阙一段不应被遗忘的两位广义上的"法学家"、同时也是真学者之间的传奇故事。一言以蔽之,这团烈焰,这股清流,不是水火不容,而是水火交融。

(原载《比较法研究》2012年第3期)

---

① 即便是主张以社会科学观点和方法治史的何炳棣,后来也对不少此类著作不能满足历史学家对坚实史料的要求,以致理论华而不实、易趋空诞,感到失望与怀疑。参见何炳棣:《读史阅世六十年》,第477页。对何炳棣的这一改变,当今治学者值得特别注意与借鉴。笔者以为,有效承继古典乾嘉学风,合理融合现代理论方法,可能是法史学的出路之一。

附一

法者还是墨者开启帝国
——聆听何炳棣先生清华讲座有感

2010年5月13日下午,何炳棣先生莅临清华,作《国史上的"大事因缘"解谜——从重建秦墨史实入手》讲座。三点半我到达科学馆,得知因人数过多,地点改至西阶。幸一小友帮我占得一座,入座始定,发现有一老者坐轮椅,由年轻人陪同而至,似乎是数学家林家翘先生(后得确认)。林氏所谓"不管搞哪一行,千万不要作第二等的题目",是何先生心目中清华精神的最佳代表,[①]至此已感觉到今天除了演讲者之外,还会有一些重量级人物到场。与一般讲座不同,主办方很细心地准备了何先生演讲的论文发给大家,面对这份长达43页、渊博严谨的雄文,结合之前讲座通告时详细的内容说明,足可证今天的演讲,绝非应景,不由好生感慨。

四点钟,何氏到场,身材伟岸,如关西大汉,声若洪钟,完全符合我阅读《读史阅世六十年》已得之感觉,但走西阶的下行台阶时需要人协助搀扶,提醒我们岁月不饶人,其已经是九十三岁高龄。

---

① 何炳棣:《读史阅世六十年》,第104页。

掌声中,何氏与一干人等寒暄,特别值得注意的场景是其与九十五岁的林家翘先生的拥抱,清华大学的第九级和第十级,理科与文科两大翘楚,以这样的方式表达着惺惺相惜之情,再续同窗之谊。

讲座首先由杨振宁先生致辞,杨氏称何炳棣先生是"以近代方法研究中国历史的第一人",我想此处应该是指何先生以社会科学甚至自然科学的方法研究中国历史之故。杨先生同时介绍一典故,两人在台北某次讲座时,何炳棣曾专门提及当年考取第六届庚款留美,其分数要比杨振宁高2.5分,引来台下笑声一片。非常有意思的是,何炳棣先生可能因耳背没有听到此段介绍,在结束讲座时,仍再提2.5分一事。[1] 其实两人当年的科目一为西洋史,一为物理学,在每科只录取一人的时代,无疑皆是本专业中全国的最优秀者,这样"在意"的横向比较,也折射出当时打分的严肃严谨和何氏旺盛甚至老而弥坚的好强之心。

讲座开始,何先生首先纠正论文中的打印错误,甚是严谨。他以陈寅恪在冯友兰的《中国哲学史》审查报告中特别提出的"佛教经典言'佛为一大事因缘出现于世'"为引子,认为其本人心目中国史上的大事,是秦专制集权统一郡县大帝国的建立及其传衍,其间的"大事因缘"是墨者竭忠尽智协助秦国完成统一大业,而本身却消溶于时代政治洪流之中。

墨家与秦帝国的关系？这与以往认为秦在孝公时期,任用法家的商鞅实施变法,奠定其强盛基础的通说显然不同,马上引发听

---

[1] 笔者曾询问过同听讲座者,皆认为当时说的是2.5分。经匙文宇学棣查《国立清华大学第六届录取留美公费生一览表》(1944年8月)(收入《国立西南联合大学史料》第3卷,云南教育出版社1998年版),两人平均分:何为78.50,杨为68.71。当时考试共八科,除了党义、国文、英文为共同科目外,每门要考五个专业科目。参见何炳棣:《读史阅世六十年》,第127页。2.5分说是如何比较,尚有待考。

者的兴趣。何先生通过对墨家矩子的详细考证,在梳理其谱系的同时,认为墨者在城防及军械发明上的专业技能,严格的纪律操守,扶弱抑强、视死如归的高尚道德感,与早年曾被流放为人质,坎坷即位后面临强魏觊觎威胁,力图富国强兵的孝公之父秦献公一拍即合。正是在献公时代,墨者入秦,秦献公除了在军事城防上委之以重职外,当时所推行军政合一什伍之制的户籍改革及相应的连坐制度,也与墨家"尚同"的政治理念及相关主张密切相关。

所以,秦献公和墨者的风云际会,才是秦由弱转强的枢纽阶段。但墨者清教徒般的理想甚高,常人难以接受;秦国由防御型转为侵略型国家,与墨者"非攻"的良心信念冲突;墨者的专业技能,也被新型的官僚制度所汲取利用却无法彰显其名。这段特殊因缘,终于以泯然于历史的结局收场,坊间也多是仅知孝公,归功商鞅了。因此,何先生以饱含感情的话语结尾:"墨者原有兼爱非攻无私救世的清补良药,竟被时代巨变无情地化为本身生命的强酸消溶剂——这是国史和人类史上值得讴歌赞叹的永恒悲剧。"

当其说出结论的时候,我突然间觉得,这种譬喻,很可能与何氏当年曾读过化学专业有关,尽管后来由化学转历史,年轻时的专业影响,还是会在关键词显示一二。

但笔者觉得,墨家立意甚高的"兼相爱"理念,乃与"交相利"的功利主义考量关系甚密,唯其推行,又需依赖于在上者如奇理斯玛般上行下效的典范作用,但推崇"尚同"是否会导致过度的集权化,甚至为以后帝国的专制埋下伏笔?这种纠缠于现实与理想的法政理论,实有待从长而计之。我想,何先生肯定也会考虑到这些问题,只是限于今天讲座的主旨和时间,无法一一地道来。

立足于考据文章之讲座,很难通过风趣幽默的演说方式来进行,难得的是,九十三岁的何氏,以缜密的语言,将其思路清晰地表达出来,这足以消除我原先"是否有必要去看看那只下蛋的母鸡"之顾虑。在场的听众,也以高度的注意力,静静地聆听,看来思想的火花,绝不会因为语言的平实而有所逊色,润物细无声而非头脑风暴式的影响,或许才是真正持久的受益。

何先生治史,针对"唯有思想史才能画龙点睛"的流行说法,曾非常形象地指出"不画龙身,龙睛何从点起"。[1] 在晚年先秦思想攻坚中,他以考据的方式,对《孙子》《老子》等的年代进行了考察,得出了与众不同的结论。此番关于墨者的研究,同样可见其将考据的方法运用得虎虎生风。在中华文化的基础问题上,正是最基础的史学方法发挥了最重要的作用。尽管何氏的批评主张是针对新儒家,但对今天常见的理论先行、裁剪资料的法律史学乃至中国法学研究,也不无裨益的启示。思想/理论固然可以让人拥有翱翔的翅膀,但深刻的洞察应该建立在全面、坚实的史/资料基础上,唯有以"我注六经"的态度,真正透析思想-制度-社会-文化之间的关联,才能得出真正有说服力的结论,否则只能在"城头变幻大王旗"的他人理论中亦步亦趋,最多"各领风骚几年",最佳也就是很快沦为有"学术史上意义",而不再有"学术意义"的作品。从这一点上讲,考据才是真正的王道,只有以其为基础,才能避免野狐禅。

演讲结束时,林家翘先生先离开会场,两人拥抱告别。透过略显混乱的照相机丛林,看着这有着历史意义的瞬间,我突然间意识到:那批 1937 年前入学,见证了清华校史上的黄金时期,后在国难中辗转西南联大的青年才俊们,很多都已经不在人世了。何先生也说,当年的同学、后来成为其夫人的邵景洛女士,已在几年前去世,"家无妇,不为家",这怎不让豪情万丈、一直以斗士形象出现的

---

[1] 参见何炳棣:《读史阅世六十年》,第 481 页。

何氏，感慨万分呢！我并非言必称三代之人，亦非简单的历史进化论者，目睹此情此景，仍然不免有淡淡的惆怅：那个特殊时空下的教育奇迹，今天还能否复制？

(原载《中国社会科学报》2010年8月5日，第4版)

何炳棣先生2011年8月17日致笔者的亲笔信
（感谢范毅军教授、何可约先生惠允授权）

附二

时代的忧伤
——瞿同祖的回国记

1965年是瞿同祖先生学术生涯的转折点,这一年,他由加拿大回到祖国,随后,"文革"开始,当时正值学术壮年的瞿氏基本处于赋闲状态,这位有着《中国法律与中国社会》《清代地方政府》等传世之作的学者,从此远离学术一线,偶有翻译若干,唯有"斯人独憔悴"了。晚年尽管有《清律的继承与变化》这一开创清代"例学"研究先河的论文,但回国时"再写一本好书"的发愿终是无法实现。1998年八十八岁米寿之际,中国政法大学出版社刊行其论著集,老先生在自序中还自谦地说:"读者从我的著作及演讲稿目录里可以看出,八十年代以后,我便无专著问世了,仅有少量的论文及为参加国际学术活动而作的讲稿。有些学者比我年纪还大,仍勤于写作。我自愧不如,这就只能归咎于疏懒了。古人说,'少小不努力,老大徒伤悲。'我则是老大不努力,无所建树。言念及此,感慨不已。"但光阴荏苒,约十年后再接受采访,或许是访谈者格外贴心,或许是人瑞已感生命之限,老先生道出大实话:"过去说回国后没能写出书,是自己的疏懒,那是谦虚,实际上,各方面的条件都不允许。"此番学术上"有心无力"之总结,端的让人不胜唏嘘,不禁 僾僾。

那么,为何回国?2004年瞿先生开口谈及:"有时候人提问很不合理,像'文革'时你为什么回国来这样的问题,就无法回答。国内发生'文化大革命',我怎么知道呢?连刘少奇都不知道要发生'文化大革命',我怎么知道呢?而且我不了解国内情况,我回国,事先没有跟国内联系过,因为我一个中国人,回国来还要联系吗?!"想来这番略带火气的话,老人深藏在胸中多时、郁结于心头多年,终于一抒胸臆,不吐不快。的确,当时政治局势之风云诡谲、复杂多变,时代中人是难以预测与把握的,但需一分为二,抛开1965年这个"革命前夜"的特殊年份不论,那一代海外学人的心态与情结,仍有值得探讨之处。

首先是家。负笈海外,背井离乡,对于"父母在,不远游,游必有方"的传统国人而言,这种心理的惆怅,兼以"子欲养而亲不待"的负疚,结合成一股特殊的乡愁。黄仁宇在《母亲》一文中,便记述了这样一段往事:"1965年我与哈佛的杨联陞教授、普林斯顿的刘子健教授同在芝加哥大学的何炳棣教授家中晚餐。饭后何唱《霸王别姬》,刘唱《四郎探母》,都是慷慨悲歌。杨即席说:'我们为中国的母亲同声一哭。'不待解释,我们知道他所说意义。这样看来我们这一代在母亲面前感到罪愆的绝不限于我们兄弟,而是成万上千了。"对于瞿同祖而言,早在1949年时,夫人赵曾玖已经携子女回国,与黄仁宇、杨联陞、何炳棣等妻儿在畔的人相比,更有一种归家的迫切感。杨联陞的公子杨道申先生所辑《瞿同祖与杨联陞的交往记录》(取自杨联陞日记)中,便有两条此类情绪的记载:"1960年4月22日瞿近来心情不定,有八成想……""1961同祖未归……心情不定……想回国。"

其次为国。在积贫积弱之时代,建立一个强大的民族国家乃国人念兹在兹的使命,在目睹当时国民党政府的腐败之余,建设新中国对当时的海外学人无疑有巨大的吸引力。何炳棣就提到1949年给他带来的精神号召,一度试图回国。罗应荣、丁则良他们,即是在此种背景下放弃唾手可得的学位,匆匆回国的。瞿同祖由美国辗转加拿大任教,原因之一就是加拿大较为中立,便于回国。君不见,钱学森当年因欲回国,在美国身陷囹圄乎?当然,因为众所周知的原因,时代给这批归国的热血男儿开了无法承受的玩笑,其轻者靠边站、学术戛然中止,其重者遭构陷污名、生命凋零枯萎。此批海外精英们"多情却被无情恼"之不幸,在感慨命运之手的拨弄之余,国家与民族也应予以诚挚的道歉。

再有是业。许倬云先生在回忆录中便特别提到:"瞿同祖先生……是清光绪军机大臣瞿鸿禨的嫡孙,学问渊博,是一个了不起的学者。他在美国,由于受不了学术界种族歧视,在'文化大革命'前夕回到中国,从此以后没有著作的机会,实在非常可惜。"出生于1930年,学术代际小其一辈的许倬云坦言:"我到美国教书时,正是美国汉学界上升的时候,我这个世代,正是壮年的时候,比我们老一辈的学者运气要好,上一代受到相当大的歧视,到我们这一代就没碰到种族歧视了。"纵观瞿先生在海外教研履历,从哥伦比亚到哈佛,无一不是客卿的身份而非正式的教职,何炳棣在回忆录中就不无深意地指出当时的工作情形:"(哥伦比亚大学东亚图书馆的)书库及下一层较大的房间都被魏特夫(Karl A. Wittfogel)所主持的'中国历史研究室'所占用……当时这研究室人才济济。冯家升燕京老学长因与魏合写的《中国社会史:辽代》业经出版,已经回到北京;瞿同祖和王毓铨两位杰出学长负责两汉;房兆楹、杜联喆夫妇在国会图书馆完成《清代名人传记》的编纂之后立即加入魏氏的研究室，负责清代。所有搜译的各朝代资料原则上仅供魏氏一人之用，这是使我非常惊异不平的。"此外，即便已经获得正教授终身教职的黄仁宇，因所谓"人事缩编"被纽约州纽普兹州立大学解聘；杨联陞教授的抑郁症，也与所受的排挤压抑不无关系。凡上种种不公平之待见，瞿氏的回国，不妨借用胡适先生的话，乃"不愿在洋人手下讨饭吃，更不愿跟洋人抢饭吃"。

瞿同祖先生的回国记，是一个时代海外精英们履历的缩影，他们以加倍的努力，忍受各种歧视，为华人在国际学术圈中赢得荣誉，他们思慕家人，祈盼故土，雄心万丈而来却遭遇冷落不幸，这是时代的忧伤，也是国族的创痛。时至今日，这批出生于祖国大陆，负笈于海外，从学术脉络上融合了中西学统精华，从生命历程上目睹了抗战、中华人民共和国成立等历史大事件的特殊人才，正在慢慢退出历史舞台。但"老兵不死"，历史，更不应遗忘！

(原载《澎湃：私家历史》2014年9月1日)

法治的恪守者

——燕树棠先生的生平与思想

2009年,对于清华法学来说,是一个特别的时刻:1929年法学院建立,标志着清华法政教育之全面展开。可当光阴如白驹过隙,我们却发现,在80年后的今天,那个时代的法政人,对当代人而言,多数已成陌路。寻找这些历史的"失踪者",再现那个时代清华法政人之经历和问题,将是了解当时清华法学乃至近代法学和法治的途径之一。客观之评价,理性之总结,需要建立在坚实史料的基础上。有感于此,笔者将以传记法学之形式,回顾与清华渊源颇深的近代典范性的法学家、法律教育家燕树棠先生之生平典故,并围绕其对法治和法律教育的认识展开讨论,最后予以小结。

一

燕树棠,字召亭,河北定县人,1891年出生于一个书香门第的

燕树棠先生早年执教杏坛所摄

家庭,其父燕友三是前清举人,毕业于京师大学堂,后负笈东瀛入早稻田大学学习教育,回国后担任过河北大兴师范和顺德师范的校长。① 1914 年,燕树棠先生毕业于北洋大学法科,1916 年通过清华专科考试赴美。在清华建校初期,资金较为充裕而合格学生较少,为增加学生赴美学习,除留美预备部放洋学生之外,另有专科生、幼年生、津贴生和补助教部官费生。② 依据 1919 年《清华一览》所载《专科学生留美试验规则》,对报考对象的要求是:属本国籍,年龄在二十六岁以内,曾在国内外法、矿、电机、机械、土木工程、纺织、农林各专门学校毕业,能直接进美国大学院 Post-Graduate Course 各专科研究高深学问者。③ 其人数,每年多者不

---

① 参见戴克中:《法学泰斗》,收入燕树棠:《公道、自由与法》,清华大学出版社 2006 年版,第 528 页。
② 参见曹云祥:《清华学校之过去现在及将来》,《清华周刊》(清华十五年纪念增刊)1926 年 3 月,后收入清华大学校史研究室编:《清华大学史料选编》第 1 卷,清华大学出版社 1991 年版,第 42 页。
③ 参见清华大学校史研究室编:《清华大学史料选编》第 1 卷,第 224—225 页。

过十人,实属精英之选拔,与燕氏同期者,就有后来成为桥梁专家的茅以升先生。①燕氏先后在哈佛、哥伦比亚、耶鲁大学学习,于1917年获得哥伦比亚大学法学硕士学位(L. L. M.),1920年获得耶鲁大学法理学博士学位(J. S. D.)。②

归国后,燕氏于法学杏坛,贡献斐然。其曾担任北京大学法律学系教授暨系主任,武汉大学法律学系教授暨第一任系主任(曾三入武大,皆任系主任),清华大学法律学系、政治学系教授暨法律学系第一任系主任,西南联合大学法律学系教授暨系主任、系教授会主席。讲授国际私法、国际公法、宪法、法理学、民法概论、民法总则等课程。③沙滩红楼、珞珈山下、水木清华,见证了他著述育人之匆匆身影。

"以学术为业",在民初社会,对于富于实学色彩的法学而言,是需要奉献精神的。当时大学法科优秀专任教员匮乏,蔡元培先生在1917年就任北大校长的演讲中,就曾提到"我国精于政法者,多入政界,专任教授者甚少,故聘请教员,不得不聘请兼职之人,亦属不得已之举"。故燕氏的加盟,对于北大正是雪中送炭。对于武大,作为法律学系首任系主任,乃其法律教育的创始人之一。就清华而言,1929年成立的法学院,依当时《大学组织法》应设法律、政治、经济三系,唯因经费问题兼校长罗家伦的教育理念,法

---

① 参见《1911年清华学堂至1929年留美预备部时期各类学生名录》,收入清华大学校史研究室编:《清华大学史料选编》第4卷,清华大学出版社1994年版,第639页。
② 参见《清华同学录》,国立清华大学校长办公室1937年4月印行。唯《清华同学录》对燕氏耶鲁学位的记载是1919年的J. S. D.,根据笔者掌握的信息(由王志强教授向耶鲁查询),应为1920年的J. S. D.,此处依后者。于此向王教授谨表谢忱。
③ 参见李贵连等编:《百年法学——北京大学法学院院史(1904—2004)》,北京大学出版社2004年版,第86、120、122—123、170页;西南联合大学北京校友会编:《国立西南联合大学校史》,北京大学出版社2006年版,第231—233页;清华大学校史研究室编:《清华大学史料选编》第2卷,清华大学出版社1991年版,第603页。

律学系暂缓设立,法律课程由政治学系开设。后在梅贻琦主政时期,于1932年起筹建法律学系,并获教育部备案,燕先生被延聘为首任系主任。但形势比人强,同年因庚款停付引发的经费问题旋踵而至,加之当时政府"限制文法、发展理工"的教育政策等特殊的时代因素,法律学系被要求停止招生,尽管梅贻琦多番努力,燕树棠与冯友兰更到南京斡旋疏通,辛苦备尝,唯言者谆谆,听者藐藐,终是无可奈何,法律学系于1934年被裁撤,燕先生转入政治学系任教。1931年8月至1936年7月,是燕先生执掌清华教鞭之时光,其间筹备斡旋、杏坛耕耘之付出,实不容抹煞。① 随后在西南联大,国难之时,筚路蓝缕、步履维艰中之坚守,更是其伟大人格之体现。

传道授业之余,燕氏亦积极入世,曾兼任中央法制局编审、宪政实施协进会会员、监察院监察委员、第一届司法院大法官、联合国教育科学文化组织中国委员会第一届委员、中华民国法学会编辑委员会委员等诸多职务。他曾负责起草了《中华民国民法》亲属编草案,②参与《中华民国宪法》草案之修改、讨论,③在《现代评论》《太平洋》《东方杂志》等影响甚广的杂志上发表大量评论。燕氏虽为孙中山"特批"的国民党员,④在政治立场上,却趋于中立,更多秉承的是传统知识分子之道德勇气,铁肩道义,辣手文章,建言献

---

① 关于这段历史的详细介绍,可参见陈新宇:《近代清华法政教育研究(1909—1937)》,《政法论坛》2009年第4期。
② 参见谢振民:《中华民国立法史》,中国政法大学出版社2000年版,第749页。
③ 参见荆知仁:《中国立宪史》,第433—436页;燕树棠:《中华民国宪法草案的初稿》,收入燕树棠:《公道、自由与法》,第306—316页。
④ 据说当时入国民党需按手印,燕氏认为只有犯人才按手印,不愿履此手续,孙中山为其特别通融。参见燕今伟:《一个悄然走过的老人》,收入燕树棠:《公道、自由与法》,第4—5页。

策,针砭时政。1926年"三一八"惨案发生后,燕氏曾有状告段祺瑞之举;1945年抗战结束后的"反内战"运动中,其是《国立西南联合大学全体教授为11月25日地方军政当局侵害集会自由事件抗议书》的八名起草委员之一;在"一二·一"惨案发生后,其为联大法律委员会委员之一,对包括云南省前警备司令关麟征、第五军军长邱清泉在内的涉案人员提起诉讼。① 珞珈山下,亦有周恩来"燕先生的话比国民党的飞机大炮还厉害"之传闻。②

1949年,燕先生拒绝了南京政府送来的机票,选择留在大陆,他告诉家人:"我一辈子爱国,共产党不会杀我,我不愿意躲在外国军舰上当'白俄',改朝换代总还是要用人的。"③中华人民共和国成立伊始,其曾被武大军管会解聘,经韩德培等教授做工作,旋又复聘,④经历该短暂风波后,他人生的最后阶段乃在武汉大学法律系编译室、武汉大学图书馆工作,并兼任湖北省政协委员、湖北省政协政治学习小组副组长、中国对外文化协会武汉分会理事、中国政法学会理事会理事等职,⑤其间历经"运动",风雨如晦,残灯如豆,仍以顽强之生命力,守得平反之日。1984年2月20日,贤者其萎,享年九十有四。

燕氏笔耕不辍,著有论文、时评与书评多篇,所论既有对西学理论之引介梳理,又有对中国问题之研究阐发,内容涉及法理、宪法、国际法、民法、刑法、司法制度与法律教育诸多领域,并以法理学、国际法居多。其著述经笔者整理编辑,以《公道、自由与法》之

---

① 参见李贵连等编:《百年法学——北京大学法学院院史(1904—2004)》,第112、178—183页。
② 参见戴克中:《法学泰斗》,收入燕树棠:《公道、自由与法》,第530页。
③ 燕今伟:《一个悄然走过的老人》,收入燕树棠:《公道、自由与法》,第5页。
④ 参见戴克中:《法学泰斗》,收入燕树棠:《公道、自由与法》,第531页。
⑤ 此处诸项社会职务由燕树棠先生之子燕今伟先生告知,谨表谢忱。

名,收入许章润氏主编之"汉语法学文丛",于 2006 年在清华大学出版社刊行。

燕树棠先生晚年所摄
(感谢燕今伟教授提供)

二

晚清以降,以撤废领事裁判权为契机的法律改革渐次展开,近代法治伴随立宪在中国生根发芽。唯农业社会向工商社会的转型、传统文化与近代思潮的扞格,理想与现实之间不免有了差距,生了裂痕,秉承法律救国理念的近代法律人群体,也有着不同的选择。典型有如董康,这位清末"礼法之争"时法理派的旗手,民国时代却"觉曩日之主张,无非自抉藩篱,自溃堤防,颇忏悔之无地也","前之所谓新者,视同土饭尘羹,所谓旧者,等于金科至律"。① 彻

---

① 董康:《前清司法制度》。

底地主张回归传统,恢复旧制。有如杨荫航,这位当年《译书汇编》的创办者,在担任京师高等检察厅检察长时,将涉嫌贪污的交通总长许世英传讯拘押,虽然上级的电话一夜未停,仍坚持司法之独立,不准保释,反遭停职审查,心灰意冷,愤而辞职。[1] 有如吴经熊,这位二十世纪中国的伟大法学家,少年成名,历经法曹、执业律师等职,一路光明,一帆风顺,步入中年,却是"法律不足以慰藉心灵",转而皈依宗教。[2]

与上述几位不同,燕氏以比较客观的态度来看此问题,在他看来:

> 民国的根基在民治。民治制度,若无法治,是根本上不能存在。中华民国自成立以来,关于中央与地方政府的组织,关于人民与国家及官吏的关系,关于人民与人民彼此间的关系,都制定了许多法规、条例和章程。就是这几年的国内纷争,这派"毁法",那派"护法",这派"革命",那派"制宪",这派主张地方分治,要制定省宪,那派主张中央集权,力谋统一。虽个人团体的意见不同,私利冲突,然若平心静气地观察,其中皆含有尊崇法治的意味……这几年与法治相反的纷争,我们只认可过渡的状态,是社会进程的变态。但是这种纷乱情况之下,若是我们努力法治,这过渡期间可以缩短;若是我们不努力,这过渡期间必至延长。[3]

唐德刚先生曾以"历史三峡"来比喻中国长时间社会-文化转

---

[1] 参见杨绛:《回忆我的父亲》,收入《杨绛作品集》(2),中国社会科学出版社1993年版,第59—73页。
[2] 详见许章润:《当法律不足以慰藉心灵时——从吴经熊的信仰皈依论及法律、法学的品格》,《月旦民商法杂志》第3期,2004年3月。
[3] 燕树棠:《青年与法律》,收入燕树棠:《公道、自由与法》,第150—151页。

型的颠簸曲折。①民国以降的法治状况，不妨可以看成这一比喻在法律维度上之注脚。其有武人干政，宪法如同一纸之一面，但也有宋教仁案发生，上海地方检察厅厅长传票国务总理赵秉钧之举，平允而论，正反两面一直交汇于近代法治之中。光阴荏苒，时至当代，海峡那边结束"动员戡乱"，大陆这方提出"依法治国"，法治再次成为政治生活之主题，回头来再反省燕氏当年之言论，不得不让人感叹其远见和洞察力。

需要特别注意的是，燕氏的法治观，并非固执于"法治"与"人治"简单化的对立冲突，其持平允之论，通过反省历史与现状，深刻地指出：

> 清季民初之间，中国国势不振，渐渐丧失从前重人重德之自信力，而以为泰西各国盛强，多赖法律，于是渐次崇尚法律，而轻视"人"的问题，迷信人事之一切可以取决于制度。②

又云：

> 近年来我国对于司法之建议及改革，多制度之形式，而忽略司法之精神；以致法官创建之精神和人格之修养，反不及旧制时代之提倡与努力。这种状态造成之主因，是由于我们迷信了西洋思想上对于司法之沿习的错解；我们采用西洋法制，反而以误传误，变本加厉。③

---

① 参见唐德刚：《晚清七十年》，岳麓书社1999年版，第7页。
② 燕树棠：《法治与人治》，收入燕树棠：《公道、自由与法》，第93页。
③ 燕树棠：《法官之自由与责任》，收入燕树棠：《公道、自由与法》，第169页。

因此,燕氏是要摒弃简单的"法(制度)决定论"之成见,在坚持法治之前提下重新提倡"人"的重要性——"认真地对待人"。他认为:"在法律秩序之中,绝对的人治——绝对依个人之意思支配他人之行为,是事实上和逻辑上的不可能;绝对的法治——绝对依法律规则支配个人一切之行为,也是事实上和逻辑上的不可能……凡主张绝对人治主义或绝对法治主义都是思想家好为一贯之论之偏见……现代社会不容法外之人治,重要问题是在如何在法律上及立法政策上分配人治与法治之领域……即裁量与规则适用之限度。"①这样精彩的论断,即便在今天看来,也不乏启发意义。

传统中国其实一直存续"治人"与"治法"之论辩,"人"之重要性,典型如荀子从立法、执法、规则有限而人事无穷诸视角已有相当精辟之见解。帝制时代至明末清初,更有黄宗羲就"非法之法"的合法性问题提出质疑,随着帝制覆灭,民国肇建,黄氏的问题已得回应,其后虽有复辟余波,已属回光返照,法治(宪政)已成为政治共识,近代的法律体系经由大规模的立法移植已经确立,如何结合中国实际真正实现法治,使其深入人心,成为时代之迫切主题。燕氏关心的是具体法治的问题,他结合东西方理论和经验,反对法律机械主义之论,其赞同德国格梅林(Gmelin)所谓"法官执行职务,不只宜以其头,并宜以其心",认为"法官不但要有知识,并要有好心术。其说与中国旧有之人格修养之说正合。亦可见为人应世之情义,并无古今中外之别"。② 更举实例,认为裁量之权限、欧陆民法中的"条理"、英美法的"平衡"与大判官之"良心"、欧陆法官所

---

① 燕树棠:《法治与人治》,收入燕树棠:《公道、自由与法》,第104页。
② 燕树棠:《法官之自由与责任》,收入燕树棠:《公道、自由与法》,第173页。

谓的法规合理之适用,正是"无法之执法"的显著例子。①

系统的法学训练,使燕氏对西方法学的历史有全面之了解,对其最新动态有敏感之把握,比如通过《论法律之概念》《法律与道德的关系》《法律之制裁》诸文,我们可以窥得他庖丁解牛、举重若轻地勾勒出西方法学诸流派的发展演变;通过《英美分析学派对于法学之最新贡献》及多篇书评,我们可以看到如霍菲尔德(Hohfeld)的《基本法律概念》(Fundamental Legal Conceptions)、科曹雷克(Kocourek)的《法律关系》(Jural Relations)、古德哈特(Goodhart)的《法理学和普通法论说》(Essays in Jurisprudence & The Common Law)、庞德(Pound)的《法律史解释》(Interpretation of Legal History)、芒罗·史密斯(Munroe Smith)的《欧陆法律发达史》(The Development of European Law)、弗朗克(Frank)的《法律和现代精神》(Law and the Modern Mind)等当时成名大家或年轻新锐的最新力著甫一面世,即被引介到中国来。同时,既有的中学功底,又使其对传统文化有深刻的理解同情。在会通中西的基础上,他可以用平和而非偏执的心态去看待中国的问题,对中国法治的看法,即是鲜明例证。

三

"有其法者,尤贵有其人",法律人是沟通规范与社会事实之媒介,法治之理念,乃由他们的身体力行落诸实处,故法律人之素质,实乃一国法治成败之关键。在传统社会中,法律(律学)知识并非

---

① 参见燕树棠:《法治与人治》,收入燕树棠:《公道、自由与法》,第95页。

主流精英之学识,法律职业或只是士人暂时谋生之道(如幕友)、或社会地位不高(如胥吏),甚至是国家打击取缔之对象(如讼师)。近代以降,伴随法律移植的进行,法律教育迅速发展,唯转型之际,法科又往往容易成为如蔡元培先生所批判的"干禄之终南捷径",其间不免鱼龙混杂、泥沙俱下,甚至危害到民众对法律的信心,正如燕氏所指出:

> 民国成立以后,十余年间,学习法政的人们充满了国家的各机关,在朝在野的政客以及乡间无业的高等流氓,也以学习法政之人为最多。多年来官场之贪污、政治之勾结,许多造乱之源,当归咎于"文法",而且秩序日就纷乱也直接可以证明法律之无用和无力。一般人从前对于法律事业之奢望,渐变而成为失望了。①

但对于燕氏而言,这种现象,乃"被环境恶化,不是由于法律事业的不良。法律事业性质是高尚的,是为人的,为公的,不是为私为己的……我们只宜从抵抗环境方面想办法,不能归咎法律事业的本体"②。在长期的法律教育中,燕先生形成了系统的理念,他所追求的理想的法律教育,不仅仅是专门知识的传授,更要有"法律头脑"之养成。所谓"法律头脑",包括四方面内容:

> 第一,须要有社会的常识……法律问题都是人事问题,都是人干的事体问题……假设我们依据对社会的经验和视察而研究法律,我们了解法律的程度一定增进不少……第二,须要

---

① 燕树棠:《法律教育之目的》,收入燕树棠:《公道、自由与法》,第294—295页。
② 燕树棠:《青年与法律》,收入燕树棠:《公道、自由与法》,第153页。

有剖辨的能力……从事法律职务的人评判和处决事情的机会更多,虽有法律可以依据,若是缺乏相当程度之剖辨能力,就不能找到问题之肯綮,就不能为适当之处置。对于人事之剖析犹如对于物体之分析……其内情虽复杂,若剖辨起来,也不难知道人与人彼此关系之构成要素。分析是科学方法,是科学精神,学习法律的人若是得不到剖辨的能力,若是不注意培养自己剖辨的习惯和精神,那就是等于没有受过法律的训练。第三,须要有远大的思想……法律所支配所干涉的事体都是人与人之间常发生争端的事体,从事法律职业的人,直接处理那些争端,常常与坏事接触,常常与坏人接触,往往于不知不觉之中,熏陶渐染,淹没于坏人坏事之中,以致堕落而不能自拔者,所在皆是……办理俗事的任务而有超俗的思想,此乃法律教育不可少之要件。第四,须要有历史的眼光。法律问题是社会问题之一种……不明社会的过去,无以明了社会的现在,更无以推测社会的将来。学习法律必须取得相当程度的历史知识,才能了解法律问题在社会问题中所占之位置,才能对于其所要解决的问题为适当之解决。①

在燕先生看来,"法律头脑"的意义乃"在学习法规之外必须得到一种法学的精神",只有如此,"机械的法律知识才有了生机,有了动力,才可以说是死知识变为活知识,死法律变为活法律",具备这类素质的人,才可以说是"用之不竭的法律人才"。因此,其主张在法律教育中,"社会科学的功课,如政治学、经济学、社会学、政治思想史、经济思想史,以及伦理、心理、逻辑、哲学各项科目,应该与

---

① 燕树棠:《法律教育之目的》,收入燕树棠:《公道、自由与法》,第 296 页。

法律并重,作为必修的科目,以便使学生对于整个社会、全部的人生问题,得到相当的认识"①。

这篇《法律教育之目的》,刊行于1934年1月东吴大学《法学杂志》的"法律教育专号",当时"限制文法、发展理工"的教育政策已经出台,清华法律学系之筹建已处于无可挽回之局势,近代中国的法律教育正处在一个特殊的十字路口。燕氏试图纠正当局仅仅将法律教育当作专门知识之训练、局限于规范注释、应付各项考试的狭隘认识,力图培养出可以适应急剧变化社会的法律人才。

这种努力,要求学生不仅需掌握精深之专业知识,亦要兼备博赅之通识,拥有高尚之情操,培养学力、修心养性"两手都要抓,两手都要硬";这种努力,如老广煲汤,以文火加以时间,最后水到渠成;这种努力,在于治本,是解决具体法治之关键,乃妙手仁心之体现——借用吴经熊先生的话讲,就是"再妙不过"②。这种法律教育理念,与近代清华的通才教育颇有共通之处,可惜法律学系生不逢时,燕氏无法施展其抱负,清华的法律教育也失去了发展之契机而成历史一憾。时至当代,法律教育也面临着泡沫发展,追求实务教育而忽视伦理、素质修养等与近代时期相似之诸多问题,燕氏之言论,对于当代法律教育之定位和改革,有相当之裨益。

简短的结语

"法律不是长久不变更的,惟其变更,才有改良。但是在法律

---

① 燕树棠:《法律教育之目的》,收入燕树棠:《公道、自由与法》,第297页。
② 吴经熊:《法律教育与法律头脑》,收入许章润主编:《清华法学》第4辑,清华大学出版社2004年版。

未变更之前,必须遵守,必须服从。这一点是法治的真髓,法治的精神。从事法律的人,至少必须修养这点精神,这点习惯。"[1]唯法是据,服膺法治,已经溶入燕先生的血液和灵魂深处。他以法为剑,去维护国家权益,保障人权;他积极地论证法律职业高尚性,努力培养人格高尚与专业精熟两者兼备的法律人才,以解决法治中不可匮乏的人之问题。在他身上,有着法学家的严谨、冷静、保守之气质,又有着传统知识分子洁身自好、爱国忧国之风骨。今天,限于资料,我们很难完全把握燕氏在后来那个特殊时代中的心理,或许,《麦田里的守望者》中的一句话可以概括,那就是:"一个成熟男子的标志是他愿意为某种事业卑贱地活着。"

(原载《华东政法大学学报》2009年第4期)

---

[1] 燕树棠:《青年与法律》,收入燕树棠:《公道、自由与法》,第154页。

哲人已逝,典范永存
——缅怀徐道隣先生兼评《中国法制史论集》

1980年,普林斯顿大学出版社曾出版了一本《中国法律传统论文集》(*Essays on China's Legal Tradition*),扉页上赫然有:"谨以此书纪念徐道隣(1906—1973)——一位杰出中国法律史学者,他以三种语言写作,促进了我们对一个伟大传统的理解。"该书为哈佛大学东亚法律研究系列作品之一,乃当时海外汉学研究者对中国法律传统研究成果的集中体现,但不知是何缘故,在中国大陆的反应寥寥,[1]书中推崇的徐道隣先生,也似乎在以往研究中,渐行渐远,乃至鲜为人提,不免让人产生其乃"他乡遇故知"之感。好在

---

[1] 该书中收录的部分论文引起了大陆学者的关注,如兰德尔·爱德华兹(R. Randle Edwards)的《清朝对外国人的司法管辖》(Ch'ing Legal Jurisdiction over Foreigners),中译文收入高道蕴、高鸿钧、贺卫方主编:《美国学者论中国法律传统》,中国政法大学出版社1994版;苏亦工先生对其中陈张富美(Fu-mei Chang Chen)的《沈之奇〈大清律辑注〉对清代司法裁判的影响》(The Influence of Shen Chih-ch'i's *Chi-Chu Commentary* upon Ch'ing Judicial Decisions)有所介绍,参见氏著:《明清律典与条例》,中国政法大学出版社2000年版,第61—62页。但汉语世界关于该书的整体介绍仍付阙如。

近年来，海内外同好已逐渐认识到先生之价值，这位法学史上"失踪者"的形象，日趋丰满。① 笔者翻阅文集，发现导言之前，以《论语》"温故而知新"（Review the past to understand the present）为题记，似可推测为编纂者之基调，感叹之余，亦有所思，故在先生诞辰100周年之际，撰此小文，缅怀先哲。拙文分三部分，一是介绍先生的生平志业，二是评介先生的《中国法制史论集》，三是简短的余论。

一

先生一生，富有传奇色彩。

徐氏乃民国名将徐树铮之三公子，光绪三十二年（1906）出生于日本东京，原名审交，道隣本是其字，取《孟子》"交邻国有道乎"之意。后来他发现道隣乃史可法的号，拼成外国音时，亦比较好读，就以之为名。② 先生襁褓之时，曾失足坠地伤足，因乳媪匿而不告，数年后遂成痼疾，终生不良于行。③ 其自幼受私塾教育，奠定了扎实的国学基础。后于民国十三年（1924）随父赴欧美考察，并留德读书。民国十四年（1925）徐树铮先生回国后，被冯玉祥指使部下张之江谋害于廊坊。先生回国奔丧后返德国继续学业，并于1931年以《宪法

---

① 参见陈新民：《惊鸿一瞥的宪法学彗星——谈徐道隣的宪法学理论》，收入氏著：《公法学札记》，中国政法大学出版社2001年版；陈郁如：《宋代法制史的研究先驱——徐道隣先生》，十月法史节——民国法制历史与人物研讨会论文，台北，2004年；余钊飞：《为往圣继绝学——评徐道隣〈唐律通论〉》，收入中南财经政法大学法律史研究所编：《中西法律传统》第5卷，中国政法大学出版社2006年版；〔日〕松平德仁（Matsudaira Norihito）：《徐道隣对于卡尔·施米特（Carl Schmitt）的批判性接纳》，第六届东亚法哲学研讨会论文，台北，2006年。
② 参见徐道隣编述，徐樱补：《徐树铮先生文集年谱合刊》，台湾商务印书馆1989年版，第198页。
③ 参见程沧波：《徐道隣先生行述》，收入徐道隣：《中国法制史论集》，志文出版社1975年版，第432页。

徐道邻先生照片(感谢徐小虎教授提供)

的变迁》获得柏林大学法学博士学位,业师乃德国著名学者西门(Rudolf Smend)教授。黄莺初啼,即得德国大出版公司青睐,并于次年刊行问世,而同时代获得博士学位的青年才俊——以后乃德国公法学巨擘的胡柏(E. R. Huber)、毛恩茨(T. Maunz)等——却无此殊荣。难怪当代公法学者观其文后,亦赞叹:"不仅德文措辞精确、晓畅,尤其是氏所援引的文献是特别严谨、广博,实是无法令人相信是出自一位当年仅25岁的'非德国人'——中国之法学者之手。"[1]

未及而立之年,已是旧学新学融于一身。若继续潜心问学,假

---

[1] 陈新民:《惊鸿一瞥的宪法学彗星——谈徐道邻的宪法学理论》,第178—216页。蒋复璁先生回忆当年的留学生涯,亦讲道:"余于十九年赴德留学,识道邻于柏林,以九一八后留德同学会组织抗日委员会,余与姚从吾、道邻皆参加工作,宣传日本阴谋,引起德人注意,将日相田中奏折翻译德文,即由道邻任之,因道邻德文之佳为当时同学之冠也。"蒋复璁:《重刊徐树铮先生文集年谱合刊序》,收入徐道邻编述,徐樱增补:《徐树铮先生文集年谱合刊》,第1页。

以时日,俨然一代宗师的气象。但此时的徐氏,却有鲜为人知的另一番心路历程:

> 凡是读中国书,听中国戏,看中国小说的人,对于他,没有一件比替父亲申冤报仇更重要的。但是我那时知道,对于我,这却不是一件简单的事情。冯是一个手握重兵的大军阀。我是一个赤手空拳的孩子,怎么能谈报仇?想要报仇,必须努力向上,在社会上有了一点地位,然后才能作此想。因此我下定了决心:先拿报仇的精神去读书。等书读好了,再拿读书的精神去作事;等作事有点成就,再拿作事的精神去报仇!①

或许正是这样的发愿,才能使他动心忍性,但亦是这样的发愿,使他很快脱离书斋,更多地投入并不擅长的领域之中。归国之后,他先任职于国防设计委员会,后又担任过行政院政务处参议、中国驻意大利代办、考试院铨叙部司长、行政院政务处处长等职。② 抗战胜利后,徐氏辞去公职,投状于重庆地方法院、军事委员会,控告冯玉祥、张之江杀人罪。该案因诉讼时效问题而不了了之,但徐氏所表现出来之孝道伦理,让人感慨,其之公私分明,更让人感佩!③

---

① 徐道邻:《二十年后的申冤》,收入徐道邻编述,徐樱增补:《徐树铮先生文集年谱合刊》,第379页。
② 参见程沧波:《徐道邻先生行述》,第432页。
③ 参见徐道邻:《中国法制史论集》,"端木恺序",第3—4页。徐氏本人谈道:"七七事起,抗战八年,我已在中央服务。这时我很担心这件官司,因为我们在前方的部队,很多是冯的旧部。我不敢以告冯而引起了若干将领对中央的误会。"而其起诉之前,所以辞去公职,也是为了避免引起误会。参见徐道邻:《二十年后的申冤》,第379—380页。其之行事,亦颇为低调,旧交蒋复璁先生住所与之相近,却也是见报才知此事。相询之下,徐氏回答:"我衔哀忍俟者二十年矣,父仇不报,非夫也。如与人商,则事不能办矣。我学法律,故依法办理。如再不告,则追诉之年限已满,无法告诉矣,成败在所不计也。"蒋复璁:《重刊徐树铮先生文集年谱合刊序》,第1页。

徐道隣博士论文《宪法的变迁》(德国杜如意帮助扫描)

此后虽有偶涉宦海(任台湾省政府、江苏省政府秘书长),但先生之重心,已回归学术,其先出任上海同济大学法学院院长,赴台后任教于台湾大学、东海大学,又远渡重洋,任教于西雅图华盛顿大学、哥伦比亚大学、密歇根州立大学等校。唯先生自留学归国后,虽有如《敌乎？友乎？》这样重要的政论文章(一说是出自陈布雷,以徐道隣之名刊行),但总体而言,似乎淡出原来专攻的公法领域,其后人与朋友在介绍其专长时,亦不曾提及此项,难怪当代学人有"惊鸿一瞥的宪法学彗星"之叹。先生后期的研究重心主要在中国法律史学,兼将西方的学科如行为心理学、语意学等引介给青年学子。①

1973年圣诞前夕，先生因心脏病发作，逝世于西雅图家中，享年六十有八。

二

《中国法制史论集》乃先生驾鹤西归后，经徐夫人叶妙暎女士委托，由王靖献（杨牧）博士编辑而成。以先生散佚于各期刊的法史学论文为主，兼选择其代表性的时评、书评、散文、诗词，分为附录一、二，并附有张吴燕英女士编写的《徐道邻先生著述目录》。另有徐复观、端木恺先生的序文，程沧波先生的《徐道邻先生行述》，叶妙暎女士的《痛定思痛忆道邻》，从各自经历、视角，追忆先生。徐氏一生道德文章，经由此书，可见一斑。

以《论集》为中心，兼参考《著述目录》，分析徐先生于法史学上之研究旨趣方法，可得出如下判断：

（一）以唐、宋法律史为专攻，重心由唐入宋

《论集》正文共有文章二十篇，涉及唐、宋两朝的有十五篇。

关于唐律的研究，徐先生乃有《唐律通论》②之大作，而在《论集》开篇伊始的《中国法律制度》一文中，先生即指出：

> 我们要研究中国固有的法律制度，两三千年的历史，从何处说起？但是这里我们有一个简便的方法。就是就唐朝的法

---

① 参见程沧波：《徐道邻先生行述》、叶妙暎：《痛定思痛忆道邻》、张吴燕英编：《徐道邻先生著述目录》，皆收入《中国法制史论集》；徐小虎：《徐树铮先生文集年谱合刊》序三。

② 关于此书的评介，详见余钊飞：《为往圣继绝学——评徐道邻〈唐律通论〉》。

律制度加以研究。我们有两个理由要这样做：一、唐律是最能代表我们中国法律制度的；二、唐律是过去许多朝代中最好的法律制度。

徐先生于此处，乃将唐朝法制作为传统法制之典范。以唐为研究重心之一并推崇有加，几乎是薛允升、沈家本以降法史学者的不二之选。君不见，前者撰有《唐明律合编》，后者爬罗剔抉、重校刊刻《唐律疏议》。后来者有如董康氏写《科学的唐律》，有如戴炎辉先生撰《唐律通论》《唐律分论》，试图以近代法学之方法，重新对唐律加以诠释。当然，从法学之视角，唐律自然有其称道之处，而从另一方面讲，唐代的盛世风景，对于近代以来这一特殊时空中的中国士人，无疑有极大的感召力，唐之典章制度，自然也为之所重视。徐先生对唐律之研究，这种"为故国招魂"般情感之寄托，亦不可忽略不计。① 在唐律疏制定年代上，他特别提道：

> 我们现在所读的唐律疏，是永徽四年（公元六五三年）完成的。日本几个学者，发现书中有许多名称字眼，都是则天后及玄宗时的制度，因此他们说，我们现在所有的实在是开元（七一三）律，而不是永徽律。开元和永徽，相差不过六十年，而日本学者，如此斤斤着重的，因为如果是永徽律，那么他们的近江律（六八八）、大宝律（七〇一）都是晚辈，如果是开元律，近江大宝，它们不是叔叔辈，至少是哥哥辈了。本人对此曾经有过考证，因为律疏中有永徽年的进疏表，唐代史籍中很

---

① 此处笔者乃受王进文学棣之启发。

少提到开元修律一事,而其他所有修改法律的事实,虽微小的条文字句,史籍中有不少记载。断定现有的律疏,文字上曾经过开元间的一种窜改(Interpolation)(罗马法中常有的现象)而不是一种修订(Revision)。本人曾写过一篇《开元律考》(登在《新法学》杂志第三期),本人认为这个问题应当算是已经解决了的。①

可见,这场与日本学者的论辩,虽源自考据,但冷静的学术思考背后,亦能见徐氏的某种"意愿"。② 可见学术研究虽提倡所谓的"价值无涉",但研究动机却不可能无主观之色彩。唯如何在研究过程中避免"六经注我"式地裁减、臆断史料,则是学者必须审慎和内省的。我们更要注意到,徐氏的论断乃建立在扎实史料之基础上,包括其后期转向对宋代法制的推介,改变法史学崇唐之传统,亦是持之有据(详见下文分析),恰是真史家本色。

就唐律之特质,先生分析为礼教中心思想、社会本位的性质、官吏法的严格要求、法官断狱负有责任等。③ 与一般泛泛而论不同,先生更注意于细节之处辨析,比如就礼教和法律的关系,先生特别提到谈论法家理论的学者常犯之错误,即把一个法家之意见当作一切法家的意见。的确,唯有现代学科划分之引入,才会产生诸如"儒家法律思想"与"法家法律思想"之类的命题。其

---

① 《唐律中的中国法律思想和制度》,收入徐道隣:《中国法制史论集》,第 56—57 页。不过遗憾的是,《开元律考》这篇重要的考据性文章并没有收入《论集》之中。
② 徐氏在肯定日本学者是唐律功臣之余,仍要强调:"可是中国到底是唐律的家乡,抗战那一年,商务印书馆印行《四部丛刊续编》,居然找到了一部真真确确的宋版的《唐律疏议》。"《唐律中的中国法律思想和制度》,收入徐道隣:《中国法制史论集》,第 57 页。
③ 参见《唐律中的中国法律思想和制度》,收入徐道隣:《中国法制史论集》。

研究是否能有如朱子所谓"旧学商量加邃密,新知培养转深沉"之效果,而非画虎不成反类犬,需要考验论者的学养。有语意学功底的徐先生于此处清醒之意识,显然高人一等。就唐律所代表的法律思想,先生认为"是两汉以后成为传统的儒家的法律思想",虽在论证其内涵的过程中,先生也引用孔孟之言,唯笔者觉得,先生已在有意无意之间试图对儒家作出某种划分,其用"礼教中心思想"而非"儒家的法律思想"概括唐律之特质,更加精确。自瞿同祖先生提出"法律儒家化"之命题,后来者如何"接着说"? 儒家代际之划分及其诸子法律观上不同类型意见之辨析,可能会是比较有意义的尝试。道隣先生行文措辞上之严谨,的确不乏启迪之意义。

法学家之本色,亦使先生就唐律的分析,更具专业之内涵。就礼教观对法制之影响,先生强调"法律条文的引用及解释,可以不受严格形式主义的拘束",其注意到了"不应得为""轻重相举""比附"这样与法律适用紧密相关之条款,认为"有这样内容空泛的条文,和这样弹性的解释和引用的方法,再加上有特别案情,可以随时'上议请裁''廷讯''御审'等等,法律学家自然不会发觉'法律空隙'(Rechtslücken)的问题,社会上更不会觉得司法制度有什么不敷应用的地方了"[①]。对法律空隙之注意,先生受德国法学之影响,可见一斑。虽就上述规范之分析,徐氏仅浅尝辄止,法条间之联系,仍有待深入探讨,但以此视角分析唐律,先生属先驱者,当值肯定。其之论述,更不乏反思意义:首先,近年来法史学研究强调实践中的法律,虽可弥补以往单纯由法条出发,混淆规范与事实之弊端,唯法成具文,本是任何时空法制之共相(当然,程度有所不

[①] 《中国法律制度》,收入徐道隣:《中国法制史论集》,第4—5页。

同),如果仅偏执于所谓实然而无视规范之分析,忽略律典内部之逻辑,法学安身立命,将赖以何?① 其次,中国法律近代化之合理化依据之一,乃传统法律与近代社会不相适应,唯传统法制于立法与司法中的诸多技术与经验,可以适应宋代以降急剧变化的社会(故有谓宋代乃中国近世开始之论②),也是不争之事实,何谓法律,何谓社会,怎样界定其内涵外延而避免泛泛而论,更有待从长而计之。

我们仔细阅读先生的著述,会发现其学术脉络有一转变,即对传统法制的评价,由崇唐转为右宋。在《宋律中的审判制度》一文中,标题一即是"宋律为中国传统法的最高峰"。③ 其理由有三:一是法典经时代持续发展,日趋完善;二是宋代皇帝懂法律与尊重法律的,比其他朝代的都多;三是宋代的考试制度将法律当作一门重要的科目,科举中试者,亦需要先从事法律事务,故士大夫具备法律知识与实践经验。至此,先生在法史学上的重心转入了宋代,经由他的耕耘,我们得以窥见宋代法制璀璨之星空。

(二) 以司法为中心,多元视角探讨宋代法制

就宋代法制之研究,先生触角之广泛,角度之新颖,开风气之先,足让人一赞三叹。

---

① 其实徐氏本人,并非没有注意到"应然"与"实然"之区分,其分析唐代法制,于结论指出:"实际上执行的情况,是否和制度的理想,能相去不远,这就要看整个的政治情形为断。"《中国法律制度》,收入徐道邻:《中国法制史论集》,第 18 页。其分析明太祖,亦注意搜集正史刑法志以外的材料,加以比较论证。详见《明太祖与中国专制政治》,收入徐道邻:《中国法制史论集》,第 351—357 页。其关于法律制度之专题研究,更注意其实践之情况(详见下文分析)。
② 参见〔日〕宫崎市定:《宋元的经济状况》,收入中国科学院历史研究所翻译组编译:《宫崎市定论文选集》上卷,商务印书馆 1963 年版。
③ 在《宋代的县级司法》中,徐氏亦肯定,就司法制度而言,宋乃中国法制史上的黄金时期。

其中，有关司法制度，如《宋律中的审判制度》《鞫谳分司考》《宋朝的县级司法》《翻异别勘考》《推勘考》《宋朝刑事审判中的覆核制》；有关于法律教育与考试，如《中国唐宋时代的法律教育》《宋朝的法律考试》《宋仁宗的书判拔萃十题》；有关立法，如《宋律佚文辑注》《宋朝的刑书》；有关法学家之专题研究，如《法学家苏东坡》《东坡，常州和扬州题诗案》。

可见，先生延续以司法为中心之研究旨趣，其方法，乃由典章入手，分析制度之构成，确定运作之规范，进而寻找实例，加以印证，检验其实践之情况；其之风格，文字简朴，不作炫示之语，但求如史直书。法学之训练，使其逻辑表达清晰，国学之基础，使其史料驾驭娴熟。综之所述，主要意义有二：1. 复原了传统中国复审制度于宋代的具体面相，尤其是《鞫谳分司考》《翻异别勘考》，皆为考据的大文章，传统中国至少由唐代开始，乃采取复审制度，唯其运作，仅见于《狱官令》条文，多语焉不详，先生于此经旁征博引，得补其阙；2. 克服了以往法史学主要关注于中央审判之片面性，认识到基层司法之重要性与特殊性而予以微观考察，代表文章即是《宋朝的县级司法》[①]，经其研究，我们得以了解宋代基层司法的构成、特质及中央司法原则无法贯彻于基层之原因。这一研究视野的转向，为法史学开拓了豁然开朗之天地，传统法制的吊诡，亦有更多分析之视角。

"有其法者，尤贵有其人"，法律人之培养乃制度成败之关键。如果说近代以降，沈家本发此问题研究之端倪，后有董康氏加以梳理，著《我国法律教育之历史谭》，道隣先生则赓续其事，开始特定

[①] 当然，从其他专业来看，这一转向或许要更早。比如瞿同祖先生在1962年就出版了《清代地方政府》，对地方审判已有所涉及（徐先生则是于1972年完成此文）。

朝代与专题之研究。① 经其研究,我们得以对传统(主要是宋)法律教育的机构、法律考试的制度与内容以及法律在传统智识体系中的位置沉浮有更深刻的认识。在法制人物上,徐氏显然对苏轼情有独钟,他冠之以"法学家"之头衔,为其"读书万卷不读律"引起之误读翻案。经引用全诗,以下句"致君尧舜知无术"为据,证实东坡并非不重视法律,并由其奏折文书入手,兼比较宋代法条,论证其精通法律。经徐氏之笔,我们可以看到宋代士大夫阶层诗词歌赋的才情之外,兼备法律素养之另一面。至于对东坡之偏爱,除了法律之因素外,或许是相似之才气与命运,使徐氏更有惺惺相惜之感吧!②

至此,我们可以窥得宋代于中国法制史上的特殊地位,我等自然会有这样的疑问:有这样意美法良之制度和德才兼备的法律人才,何以后世不能坚守?徐先生于此,似乎只提道:

> 元人入主中原之后,宋朝优良的司法制度,大被破坏,他们取消了大理寺,取消了律学,取消了刑法考试,取消了鞫谳分司和翻异移勘的制度。明朝把元人赶走,但是承袭了他们的专制政治。所以恢复了一些旧有的制度,而最不彻底的就是司法。清朝在这一点上,也完全接受了明朝的衣钵。所以有关宋朝的优良司法传统,七百年来,知道的人不多,就是有

---

① 关于法律教育学术史的梳理,参见王健:《中国法律教育研究文献述要》,收入贺卫方编:《中国法律教育之路》,中国政法大学出版社1997年版,第376页。
② 徐先生的女公子谈道:"在我心目中,我父我祖结合了我国宋代文武两大伟人苏东坡与岳武穆的精神,一心一意为国效命,结果却遭到杀害和流放的命运。他们从来没为自身的利益着想,更不用说为他们的家人打算了。"徐小虎:《徐树铮先生文集年谱合刊》序三,第12页。

人知道的,也不敢多讲。①

这样的答案,显然是不能令人完全解惑的,至少明清会审的逐步完善,乃制度上的发展,私家注律的繁荣,乃律学进步之体现。我们发现,徐先生晚期的研究中,已开始涉及明代法制,唯天妒英才,在生活稍为安定,正是学术上大可作为之时,先生竟撒手西去,留给我们无尽的遗憾。

三

历史(研究)与法律(司法审判),颇有相似之处,皆需经事(史)实讨论和价值评价。对传统法制"温情与敬意"也好,"同情之理解"也罢,首先需要把握史实,唯有在扎实史料上得出之评价,才不会是无本之木,无源之水。这一过程,需要敏锐之观察与思辨,更需要一丝不苟之考据。细细阅读徐氏的论文,似乎可穿透时空,看见一位学者于青灯古卷中爬罗剔抉、如史直书之身影,他的精神与才气,并不会因生命的消逝而终结,而是通过他的著作,感染熏陶着后学者。

徐复观先生曾谓:"道邻尝有志于事业,而其才又足以副之。然当未可直道而行之世,道邻辄欲直道而行;遇本未可与言之人,道邻常甘冒交浅言深之诮;于是屡试屡踬,殆亦势所必然。及憬然有觉,转身从事学问,则迷途已远。岁月蹉跎,掷少壮之宠笔,入侵循之迟暮,此余与道邻所同悲,竭万年而终莫能挽。然道邻所蓄者

---

① 《鞫谳分司考》,收入徐道邻:《中国法制史论集》,第124—125页。

甚厚,用力亦倍勤,又多得妙暎女士之鼓荡激励,其成就遂远越余而上之,此道隣平生不幸中之大幸。"①徐氏一生,由学术而入政治,再回归学术,"寂寞一生,从未得意"②,时代因素,个人境遇,造就其命运,君心如镜,以为然否?

(原载《政法论坛》2007 年第 4 期)

---

① 徐道隣:《中国法制史论集》,"徐复观序",第 1 页。
② 徐道隣:《中国法制史论集》,"端木恺序",第 4 页。

附

君子的复仇

民国三十四年（1945）八月十五日，日本宣布无条件投降，八年抗战结束。在中华民族举国欢腾的身影中，有一儒雅清瘦、步履微跛的中年男子，其脸上既有国耻得雪之喜悦，更有终得抉择后如释重负的超脱。"这一天，终于要来了"，他喃喃自语。

这位中年男子，名叫徐道邻，是以宪法和法制史研究传世的著名法学家，时任行政院政务处处长。这一天，是他苦等二十年的复仇之日。

十一月三日，阴霾细雨，常见的山城天气，徐道邻出家门，但并非往行政院履职。在此之前他已经递上辞呈，此行的目的地是重庆北碚法院和国民党中央军事委员会。他递上的，是一纸诉状，控告的对象分别是张之江和冯玉祥，当时的国民党中央执行委员会委员和军事委员会副委员长。控告的罪名：杀人罪。

二十年前，徐道邻的父亲徐树铮遇害于廊坊，凶手是自称"为父报仇"的陆承武。但徐道邻知道，陆承武只不过是个傀儡，"稀里糊涂地唱了一出孝子的戏"而已。幕后的黑手，实是当时手握京畿兵权的冯玉祥。杀人案的执行者，则是冯的下属张之江。

这是民国时代的一件名案。其背后,是一位法学家的复仇故事。

故事须从徐道邻之父徐树铮谈起。徐树铮(1880—1925),字又铮,北洋名将,人称"小徐",以便与曾任民国总统的"大徐"徐世昌区分开来。徐树铮是清末秀才,弃文从武,为段祺瑞所赏识,被着力栽培,成为段最为信赖的股肱之臣。段视其如己出,为了推荐他,甚至不惜当面与袁世凯翻脸。

民国八年(1919),官任西北筹边使的徐树铮兵不血刃,使受沙俄控制而"自治"的外蒙回归祖国怀抱。这是他人生的高峰,功劳之高,连孙中山先生也认为堪比汉代"不入虎穴,焉得虎子"的班超和"犯强汉者,虽远必诛"的陈汤等卫戍边疆之名将。

徐氏书法遒劲,诗词雅致,精通经史,与当时名士林琴南、张謇、柯绍忞、马通伯谈学论道,相交甚笃,并擅昆曲。1925年访英,在皇家学院以"中国古今音乐沿革"为题进行演讲,连《泰晤士报》亦大表钦佩。可见民国时的武人,既有如"狗肉将军"张宗昌那样粗鄙不堪者,也有如徐树铮一般文武双全之人。

有才者不免恃才,恃才者则易傲物,傲物者往往跋扈,乃古今才士的通病。徐树铮之张扬,甚至连总统都不放在眼里。据说某次人事任命,黎元洪偶然问到被任命者的出身历史,时任国务院秘书长的徐树铮竟然很不耐烦地说:"总统不必多问,请快点盖章,我的事情很忙。"这一性格缺陷,为其人生的悲剧结局埋下伏笔。

民国七年(1918),徐树铮在天津先斩后奏,以《惩治盗匪法》为由,枪毙了同为北洋袍泽的陆建章。陆建章是天津小站练兵出身,曾任军政执法处处长,杀人如麻,有"屠夫"之称。据说他曾请人吃饭,送客时从背后将人开枪打死,故其请客红帖有"阎王票子"之谓。

陆建章为人固非善类,被传有通匪之嫌,但徐树铮忌之杀之,难免牵涉背后派系之间的利益冲突,遂不经审判,即就地正法。而陆建章的儿子陆承武，原是徐树铮在日本士官学校的同学，夫人亦是同学，两家关系本不疏远。所以徐树铮此举，于法于理，均未允当。徐道邻回忆，出事后他的母亲非常难过，徐树铮也从不谈及此事，从此亦未再杀人。

陆建章之死，震动官场，不免人人自危，引起恐慌。仇恨的种子，更在一个人的心中深深地埋下，他就是陆建章的外甥，颇受其恩厚的冯玉祥。

民国十四年（1925），徐树铮考察欧美、日本之后回国。其时北方局势不稳，但顾于考察成果丰硕，他正踌躇满志，执意回京复命。至京述职完毕，他又不听劝阻，执意南返。据说当日段祺瑞案前曾出现"又铮不可行，行必死"的字条，段急派人送徐，徐并不介意，并拒绝军队护送。一而二，二而三，生机一失再失，命乎？

十二月三十日凌晨，徐树铮的专车行至廊坊，被冯玉祥指使部下张之江挟持而去。风雪之夜，随着一声枪响，一代枭雄，竟曝尸荒野，终年四十有六。徐是政府专员，身为同僚的冯玉祥自然不会承认自己杀人，而是电报政府，云："徐上将有功国家，不幸在路上为匪人劫害，其死甚惨，请政府优予裹恤。"其间，更有陆承武呼啸而至，自称为父复仇之一幕。冯之杀徐，据徐道邻事后分析，原因有三：一是徐访欧筹得款项，有望东山再起，冯对此颇为忌惮，先下手为强；二是徐反共立场鲜明，冯当时已经与共产党合作；三是冯欲报陆建章的知遇提携之恩。

古经"父之仇弗与共戴天"，春秋公羊亦有"父不受诛，子复仇可也"，复仇的重任，便落到了徐道邻的身上，这是他需要去做也必须去做的。亲属复仇，是贯通不同类型文明，贯穿人类社会不同阶段的伦理法则，国家出现后，固然会通过法律来限制私力救济，但是情法的辩难，不会因为制度日趋精致而消减，却是长时间地存在着。一方面固然是制度并非万能,另一方面也可能是人之本能就不是能够被制度化的。此时的徐道邻,弱冠之年,正在德国留学,回国奔丧,再默默返德继续学业,其内心果真平静如斯乎？非也！他暗中查明真凶后,复仇便成了他以后人生的主题。在其提出诉状之前的二十年间,未曾开口说过一次"冯"字,这样的仇恨,何等的彻骨！其内心深处,何等的翻江倒海！

徐道邻曾在《二十年后的申冤》一文中总结自己的心路历程:

> 凡是读中国书,听中国戏,看中国小说的人,对于他,没有一件比替父亲申冤报仇更重要的。但是我那时知道,对于我,这却不是一件简单的事情。冯是一个手握重兵的大军阀。我是一个赤手空拳的孩子,怎么能谈报仇？想要报仇,必须努力向上,在社会上有了一点地位,然后才能作此想。因此我下定了决心:先拿报仇的精神去读书。等书读好了,再拿读书的精神去作事;等作事有点成就,再拿作事的精神去报仇！

所以,尽管他以《宪法的变迁》顺利地拿到柏林大学法学博士学位,尽管当时他的公法学造诣甚至超过了同时期的德国学人(其中不乏后来执德国公法学牛耳之才俊),但从此,他再也没有踏上公法的学术之径。等他数十年后再执教鞭的时候,已经转向中国法制史的研究。

尚在襁褓之时坠地伤足,因乳媪匿而不告,数年后遂成痼疾,终生不良于行,故无法如父亲一样投笔从戎,这是徐道邻的憾事。那么要"作事",就只能是从政了。

民国二十一年(1932)徐道邻回国。因徐树铮与蒋介石的交谊,他被蒋招至麾下,任职于国防设计委员会,后历任行政院参议、中国驻意大利代办、考试院铨叙部司长、行政院政务处处长。十几年间，职务几换，也曾忝列智库，也曾叱咤外交，也曾司局干部，似乎很活跃、很风光，但书生参政，个中滋味，恐怕如鱼饮水，冷暖自知了。在三十年后发表的《论政治家与学人》中，他谈道："世上竟有不少有前途的学者，放弃了他们有把握的学问不做，而到没有把握的政治里去翻筋斗，真是使人难解。"这番感慨，叹息的是自己，还是别人？

复仇的机会并非没有，韩复榘曾找上门来，愿助"一臂之力"，但徐道邻何等聪慧之人，如陆承武般的假孝子，他是不愿意做的。"七七事变"，民族抗战，前线部队不乏冯玉祥的旧部，一个中央现职人员若状告冯玉祥，会对军队产生什么消极影响？他们是否会误解中央？他犹豫了。从政并没有给徐道邻带来期待的权力，反倒束缚了他的拳脚，国仇家恨，他需要斟酌衡量。

二十年，杀人罪的追诉年限转瞬即到，好在天可怜见，倭寇已灭，他终于可以心无旁骛地提起诉讼了：父亲，今天的复仇，是以法之名。

军事委员会的批示下来，依据民国十四年（1925）适用的刑法，杀人罪的诉讼时效是十五年，也就是说，法律以技术手段，委婉地拒绝了徐道邻的诉讼请求。徐氏马上以抗战八年时效中断为理由提出抗诉，但无论是军事委员会还是法院，再无下文。意料之外，也是意料之中！徐道邻谈道：

> 我在递状子时，原就担心不会有结果。但是我一定要向社会指出，谁是那个一直躲在他人背后指使杀人的主凶。他纵然有胆子行凶，但是在二十年后，有人指出他杀人罪行时，他却没有胆子承当，他这种狼狈吃瘪的情形，也使我略感安慰。只是含冤二十年，既未能手刃父仇，也未能使犯人正法，终不免抱恨终天，惟有祷告和希望历史的制裁，永远在人间发挥其正直的力量。

与古典时期一样,民国时代的子女复仇,仍然具有很强的伦理正当性,在舆论上也颇能获得支持。所以施剑翘杀孙传芳,郑继成杀张宗昌,乃至所谓陆承武杀徐树铮,抛开其背后或许隐藏的政治阴谋不说,杀人者或被特赦,或不被追究,皆可说明此点。与施、郑的快意恩仇不同,徐道邻的复仇显得比较独特,或许这与徐受过法学教育,受其规训不无关系吧。他的隐忍,他的坦荡,他的气节,是这个并未成功的复仇故事中让人最为印象深刻之处。我又想,当他投出诉状的一刻,不管成败,他都已经获得了心灵的解脱,"以直报怨",这是君子之风。

法律的婉拒,或谓不幸,又何尝不是幸运?

段祺瑞在爱将徐树铮被害后的沉默和不作为,曾使徐道邻颇为不满,但后来对情况的了解使他逐渐释怀,相信段并非无情之人,相信段自有他的分寸,其中就包括了解到段祺瑞信奉"轮回""因果"。佛家学说与古典思想的结合,使得中国的"报"具有宿命与来世的更深刻的意涵,这或许多少能缓和现世的情法冲突,抚慰孝子们内心的愤懑吧。

当陆建章送出"阎王票子"的时候,可曾想到徐树铮背后的一枪。当徐树铮下令就地正法的时候,可曾想到廊坊的风雪之夜。当冯玉祥发出截杀密令的时候,可曾想到黑海上的阴谋……我想,谁都不曾想到。但报应的因果,已经种下。

据说小徐死时,大徐的挽联是"道路传闻遭兵劫,每谓时艰惜将才",吊诡的是,之前祭奠陆建章时,他亦曾送同样的挽联,是徐世昌的有意为之,还是无心之为,堪耐玩味。

因果循环,报应不爽,这或许就是拨弄芸芸众生的命运之手。

(原载《方圆律政》第 15 期,2010 年 1 月)

从邵循恪到端木正

——清华法政研究生教育的薪火传承

1930年,清华法学院设置法科研究所,包括政治学部与经济学部。政治学部的设置,乃清华法政研究生教育之滥觞。在清华的法学史上,由于特殊原因造成了法律学系长时间缺位,法科研究所中的法律学部也一直没有建立,所以政治学部实际上就是清华法政研究生培养的主体机构。本文试图利用一些珍贵难得的资料,来考察当年政治学部的情况,同时结合其所培养的优秀学生、彼此间有着师承关系的两位杰出学人——邵循恪和端木正学习历程的素描,勾勒出清华法政研究生教育较为全面的面相。

一

依据1937年《清华大学一览》上的《法科研究所·政治学部》和《法科研究所·政治学部学程一览》(民国廿五年至廿六

年度)①,政治学部的制度设置可概括为如下7点:

1. 政治学部的工作方针为:(一)确定研究范围;(二)侧重本国题材;(三)着重材料之搜集;(四)实施严格训练与培养认真切实之风气。

2. 研究生毕业期限,最少三年(按:后于1934年5月遵教育部令改为最少两年,实际上并无人能于两年内完成)。对研究生的修学要求是:(一)第二外国语考试及格;(二)选修学科至少满24学分;(三)毕业初试应考及格(考试委员会应有经教育部核准之校外人员参加);(四)毕业论文经研究导师认可,本部预审合格,再经论文考试委员会(组织同前条)考试及格。

3. 研究生于第一学年始业时,应于部中导师及部主任切实商定整个研究计划,包括选修课程、认定学科、预备各项考试、决定论文题目等。导师及其指导范围如下:萧公权(中国政治思想)、王化成(国际公法及国际关系)、沈乃正(中国地方政府)、陈之迈(中央政治制度)、张奚若(西洋政治思想)、浦薛凤(近代政治思潮)。

4. 研究生要求就下列三种专门选读与研究选修一门:(一)公法(宪法或国际公法)专门选读与研究;(二)政治制度专门选读与研究;(三)政治思想专门选读与研究。其意在使研究生初步专门化,并期于研究过程中,能获得一适当之论文题目。

5. 第二外国语(除导师及部主任特许者外,应于德法语文中,选择其一)考试最迟须于入学后一年内应试及格。及格程度以等于已曾修习该项文字至少两年以上,能译读流利为准,未及格者,不得参与毕业初试。

---

① 收入清华大学校史研究室编:《清华大学史料选编》第2卷(下),清华大学出版社1991年版。

6. 凡应毕业初试者,应于下列五项学科中,择一为主科,择二为副科,共计三项,为其初试范围。(一)政治制度;(二)宪法与行政法;(三)国际公法及国际关系;(四)政治思想;(五)市政。凡应毕业初试得下等者,得于三月后,补考一次。凡应毕业考试不及格者,其所著论文,研究部概不接受审查。毕业初试至迟应于毕业前六个月应试及格。

7. 论文考试之范围,得包括主科。

从这些要点中,可得如下三点感受:

第一,政治学部的研究生可分为规范、制度和思想三个方向,每个方向的导师,皆堪称中国该领域最优秀的学者,其大都受过较为系统的中国古典教育,并在西方一流大学中取得学位或有长时间的游学经历,且当时正是年富力强的年龄。

第二,政治学部的培养考核相当严格,除了相关课程的学习,第二外语、毕业初试、论文考试,环环相扣,一项不过关就无法进入下一项。

第三,在专业智识的训练上,非常注意奠定学生扎实之基础,再养成其专精。学生貌似只需就三种研究方向中选择一门进行研究,进而形成论文,但毕业初试中的主、副科内容,实际几乎涵盖了各个方向的内容,且毕业论文考试,实际也不只限于论文本身,而是可包括主科这一更广阔之范围。

据史学家何炳棣先生回忆,当年靳文翰(按:1935年清华政治学系毕业,同年考上政治学部研究生)曾对他大谈基本功的重要性,谓其把奥本海姆(Oppenheim)的国际公法包括小注,已经读了八遍。[①] 可证当时的政治学系严谨扎实、注重基础之学风。

---

① 参见何炳棣:《读史阅世六十年》,第99页。

二

　　从现有资料上看,1930—1937年政治学部研究生有:邵循恪、谢志耘(1930)、万异、陈春沂(1932)、王铁崖(1933)、罗孝超、楼邦彦(1934)、靳文翰(1935)、宋士英、池世英(1936)、张天开、刘信芳、陈明翥、鞠秀熙等人。[①] 但有意思的是,从现有的资料上看,1933—1943年清华授予硕士学位的学生中,政治学部只有1933年毕业的邵循恪一人。[②] 其原因主要有:一是考核非常严格,可能有中途辍学者;二是不少学生考取中美、中英庚款考试,未完成学业即出国留学。其中有如王铁崖(第四届中美庚款留学考试,1936年,专研国际公法)、楼邦彦(第四届中英庚款留学考试,1936年,专研行政法)、张天开(第五届中英庚款留学考试,1937年,专研社会立法)、谢志耘(第六届中英庚款留学考试,1938年,专研近代史)、陈春沂与靳文翰(第七届中英庚款留学考试,1939年,专研行政法)。[③] 这类庚款考试难度颇高,一般每个方向全国仅有一个名额(第七届中英庚款考试可能是例外),高中者无疑是这个领域全国的佼佼者,清华政治学部录取名额之多,可证明其培养学生之优秀。

---

① 参见1930—1936年的《研究生院新生名单》(《国立清华大学校刊》第200、305、436、514、592、676、765号),收入清华大学校史研究室编:《清华大学史料选编》第2卷(下)。
② 参见《清华研究院1933—1943年授予硕士学位人数报告》,清华大学档案,具体卷宗号不详,收入清华大学校史研究室编:《清华大学史料选编》第3卷(上),清华大学出版社1994年版,第102页。
③ 参见孙宏云:《中国现代政治学的展开:清华政治学系的早期发展(1926—1937)》,生活·读书·新知三联书店2005年版,第154页。

邵循恪(1911—1975),字恭甫,福建闽侯(福州)人,1930年毕业于清华法学院政治学系,同年考入政治学部研究生。有意思的是,邵循恪的哥哥邵循正也是同年毕业于清华政治学系,其考上的是历史学部的研究生,后来成为著名的历史学家。

作为政治学部当时硕果仅存的毕业生,邵氏的成绩单无疑具有重要的史料价值,其具体如下:

1. 历年选修学分:第一年18,第二年8,第三年6

学分成绩总平均:平均成绩1.097,按25%计:0.273

2. 第二外语考试:及格

3. 毕业考试:

考试日期:二十二年(1933)三月三十日下午二至五时

考试委员:浦薛生、钱端升、王化成、萧公权、张奚若、燕召亭、蒋廷黻、萧叔玉

应考学科:一、国际公法与国际关系

二、宪法与行政法

三、政府

评定成绩:上,1.1,按25%计:0.275

4. 论文考试:

考试日期:二十二年(1933)十月十六日

考试委员:王化成、浦薛生、张奚若、钱端升、萧公权、沈乃正、蒋廷黻、燕召亭

论文题目:The Clausula of Rebus Sic Stantibus(《现状如恒条款》)

评定成绩:上,1.1,按50%计:0.550

5. 总成绩：1.098①

因为邵氏成绩特优，由学校遵照章程公决，遣送留美，邵循恪后来在芝加哥大学获得博士学位，②并于1939年回校任教。

对优秀学生无微不至的关照，并积极地为其成长创造机会，也是清华重要的传统。从邵循恪的成长经历上看，既保证了清华正在逐渐形成的学术传统之延续，也避免了可能的近亲繁殖之弊端。当然，更必须指出，正如何炳棣所讲，"旧中国"的知识分子是"重趣味重性情而轻利害"，"道德"水准较高，没有鱼目混珠、自欺欺人、互相吹捧、树立利益集团等不良风气。③ 这是我们在借鉴那个时代的经验时，应该首先了解的前提。

三

邵循恪回国时的清华，因为日寇侵华，被迫南迁至昆明，正处于特殊的战时状态——与北京大学和南开大学共同组成西南联合大学。

1939年6月27日，西南联大常委会第111次会议决议："本校暂不举办研究院，由三校就现有教师设备并依分工合作原则酌行恢复研究所部。其研究生奖金等费用亦由各校自筹拨发。"④ 即此，开始恢复长沙临时大学时暂时停止的研究生教育，其培养上采

---

① 参见《二十二年度研究院毕业生成绩一览表》，清华大学档案，全宗号1，目录号2-1，案卷号52，收入清华大学校史研究室编：《清华大学史料选编》第2卷（下），第645—646页。
② 参见《法科研究所·政治学部》，《清华大学一览》，1937年，收入清华大学校史研究室编：《清华大学史料选编》第2卷（下），第597页。邵氏出国时间，该处写是"二十二年六月"（考虑其论文考试时间是"二十二年十月"），恐怕有误，仍有待考。
③ 参见何炳棣：《读史阅世六十年》，第162页。
④ 《国立西南联合大学史料》第2卷，云南教育出版社1998年版，第96页。

取各校相对独立的方式。

1940年,开始恢复法政研究生的招生。依据《国立西南联合大学清华、北大、南开研究院二十九年度招生简章》,清华的法科研究所设有政治学部,组别及考试内容如下:(1)政治制度组;(2)国际法组。a. 国文、b. 英文(作文及翻译)、c. 近代政治制度、d. 西洋政治思想史、e. 国际公法。北京大学的法科研究所设有法律学部,组别及考试内容如下:(1)中国法律史学及中国法律思想史组、a. 国文、b. 中国经文解释、c. 英文(作文及翻译)、d. 罗马法及法理学、e. 民法、f. 刑法;(2)国内司法调查组,a. 国文、b. 英文(作文及翻译)、c. 民事诉讼法、d. 刑事诉讼法、e. 民刑法。①

1942年,规模扩大,法科研究所的法律学部分为三组,分别是:(1)中国法律史学及中国法律思想史组(北大);(2)国内司法调查组(北大);(3)犯罪学组(北大)。政治学部分为四组,分别是:(1)政治制度组(清华);(2)国际法组(清华);(3)行政组(北大);(4)国际关系组(北大)。②

依据《国立清华大学、国立北京大学、私立南开大学研究院暂行办法》,研究院学生学费暂免,可担任本校半时助教(半时助教者不给予津贴,但仍得领受奖学金)。成绩及格者得请求津贴(每年每人600元),成绩优异者给予甲种(总平均分80分以上,300元)、乙种(总平均分75分以上,150元)奖学金。③津贴与奖学金虽然有人数限制(如清华津贴名额以20人为限,每部以4人为限,奖学金以10人为限),但考虑到研究生人数甚少,只要成绩符合标

---

① 参见《国立西南联大大学史料》第3卷,云南教育出版社1998年,第443页以下。
② 参见《国立西南联大大学史料》第3卷,第456页。
③ 参见《国立西南联大大学史料》第3卷,第445页以下。

准,皆有机会获得津贴和奖学金。

从现有资料来看,北京大学的法律学部研究生有 4 人,1940 年入学者为贺祖斌,1941 年入学者为闻鸿钧,1942 年入学者为张挹材,1943 年入学者为崔道录。[1] 其中,张挹材的论文是《司法调查》,崔道录的论文是《隋唐法律思想与法律制度》,指导教授皆为燕树棠先生。[2]

清华政治学部的研究生有 7 人,1940 年入学者为瞿维熊、吴明金、屈哲夫,1941 年入学者为胡树藩,1942 年入学者为钟一均、罗应荣,1943 年入学者为端木正。[3] 从目前的资料可知,罗应荣于 1946 年毕业,论文是 The International Relation of Outer Mongolia in Relation to Russia and China,导师是邵循恪;端木正于 1947 年毕业,论文是《中国与中立法》,导师是邵循恪;钟一均于 1948 年毕业,论文是《不列颠自治领的宪法地位》,导师是甘介侯。

学术薪火传承,以邵循恪的学生端木正在西南联大的教育历程为例,可见该时期研究生培养之一斑。

端木氏大学时本欲报考清华,因战时清华考试无法如期举行,转考燕京大学。后借读武汉大学,1942 年毕业于该校政治学系。1943 年 9 月,端木氏考入清华研究院政治学研究所国际法组,1945 年 6 月修满 26 学分后,进入相关的考试阶段。

首先是外语考试,1946 年 4 月 2 日在西南联大外国语文学系通过第二外国语考试(法文),主试人吴达元,成绩为及格。

其次是学科考试,1946 年 5 月 7 日,在清华大学会议厅(昆

---

[1] 参见清华大学档案,全宗号1,目录号4-2,案卷号79,页码13。
[2] 参见《国立西南联大大学史料》第 3 卷,第 468 页。
[3] 参见清华大学档案,全宗号1,目录号4-2,案卷号79,页码8。

明)举行学科考试,考试范围为:国家公法与国际关系、各国政府及政治、西洋政治思想,考试委员7人,主试委员是张奚若,委员有钱端升、赵凤喈、刘崇鋐、邵循恪、潘光旦和王赣愚,成绩为81分。11月份起,端木正成为半时助教。

最后是论文考试。在其论文《中国与中立法》获得导师邵循恪认可后,进入考核的最后一关:论文考试。

该论文考试于1947年7月16日下午3时至6时,在图书馆楼下文法学院讲讨室举行。考试委员9人,其中本系教授4人:邵循恪(主试委员)、张奚若、赵凤喈、甘介侯,本校外系教授3人:吴泽霖(社会学系教授)、刘崇鋐(历史系教授)、邵循正(历史系教授),校外委员2人:崔书琴(北大政治系教授)、王铁崖(北大政治系教授)。端木正论文考试的成绩为81.5分。端木氏论文的审查意见摘要为:"取材虽未完备,论断则颇为精审。本文能对中立法方面作初一步的历史叙述,实为尚有学术价值之作。"①

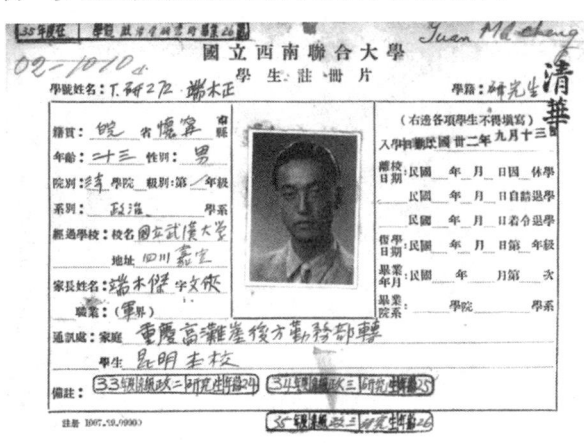

端木正先生在西南联大的学籍卡

---

① 根据清华大学档案,全宗号1,目录号4-2,案卷号80-1、80-2相关内容整理。

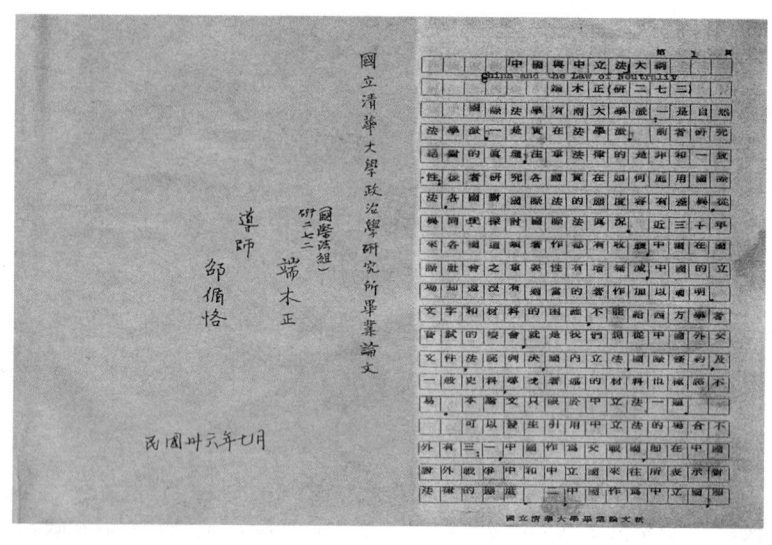

端木正先生的硕士论文封面及大纲第 1 页

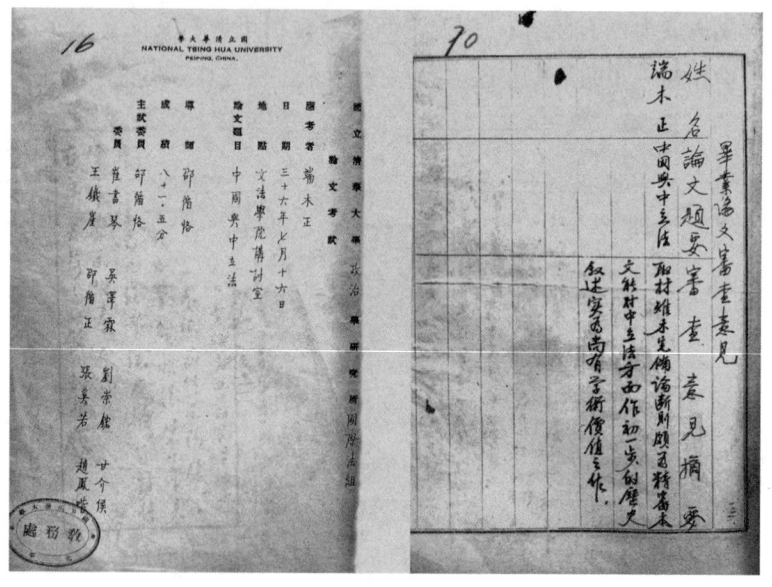

端木正先生的硕士论文成绩及审查意见(感谢端木美教授和清华档案馆、图书馆惠允与提供)

其培养考核,无论是程序方面还是具体内容,皆保持着与战前清华相当的连续性。考试委员的阵容强大,是让人印象深刻的一面。其中学科考试7人,论文考试甚至高达9人,各位考试委员的专业背景也各不相同,来自政治学、法律学、社会学、历史学各个领域。想必其所提之问题,也会从各自的专业出发,考生如果知识背景不够广博,不具备"舌战群儒"的实力,准备不充分,在数个小时多对一的轮番"轰炸"下,实际上是很难过关,非常容易被"烤糊"的。

作为端木正的导师,邵循恪参与了学科考试和论文考试的全过程,在论文考试中,其甚至担任了主试委员,这里并无今天答辩制度设计上的所谓导师回避问题,联想到邵循恪当年考试,其导师王化成也是全程参加,大家似乎习以为常,此可以从一角度说明了学生和论文的水准才是考试的关键,亦让人再次感叹前引何炳棣关于当时知识分子的评价,实不无道理。

端木氏的两次考试,成绩皆在80分以上,实际上已达当时甲种奖学金的标准,可证其在联大相当优异的表现,但对其论文的审查意见仍然相当谨慎(按:笔者怀疑是出自其导师邵循恪之手),对论文未尽完美之处毫不客气地指明,褒奖之处也留有余地。笔者以为,这样的评价无损端木先生的声望,反倒是会让人对那个时代严谨、严肃、严格的学风好生敬仰。西南联大堪称中国乃至世界教育史上的一个奇迹,这种奇迹的基础正是建立在这种笃实的学风之上,端木先生在该时期所受教育的过程,正是其有力佐证。

如同其导师邵循恪,端木正也选择了毕业后赴国外深造之路。1947年,其考取留法公费,并在巴黎大学顺利地获得博士学位。不免有憾的是,1952年的院系调整,形势比人强,他无法如邵循恪一样,在其念兹在兹的清华大学,施展其本身所学。

简短的结语

从邵循恪到端木正,见证了清华法政研究生教育的薪火传承。少而精,是其人员构成的整体特征;高标准、严要求,是其培养考核的重要特点;广博且专深,是其培养人才素质的突出体现。这股学术与教育的薪火,虽非炙热,却足以持久地温暖;虽非熊熊,却能永恒地绚烂——那个时空下的那些人、那些事,将是近代中国法学不朽的传奇。

(原载《鸿迹:纪念法学家端木正教授》,
清华大学出版社 2011 年版)

一生求索惟公正　人品文品入清流
——记比较法学家潘汉典先生

潘汉典先生1948年在上海获东吴法学院法学硕士学位时所摄

潘汉典先生2002年在中国政法大学校庆50周年被授予"学科建设开创者"时所摄（感谢潘汉典先生惠允、白晟教授提供）

这是一个暖秋的上午，当阳光掠过窗帘，轻轻地洒在书桌上的时候，我正在东总布胡同一所普通的寓所中，而对面坐着的，就是我今天要拜访的人——比较法学家、法学翻译家潘汉典先生。我并非先生的学生，没有耳提面命的机会，无法更多地从学术的角度来考察他的思想，也不能侈谈对他的理解。和大多数人一样，我通过读先生翻译的书和文章开始认识他，和先生的初次见面，也仅仅是一次偶然的机遇。老人的随和使我有更大的勇气和更多的机会去接近他。每次和潘老交谈时所感染的那种内心平和的喜悦，以及所受的颇多鼓励，都使我对潘先生，甚或他们这一代知识分子的淡泊名利和社会责任感有了更深的体悟。在法学成为显学却又摆脱不了"幼稚"之名的今天，当它在一派繁荣的场景中高歌猛进却又迷失自我的时候，这份淡泊尤其显得可贵，这份责任感更加令人感动。也许，我们通过回顾潘先生所走的路，会悟出点什么东西。

一、书香贝叶但求公正

　　潘汉典先生祖籍广东广州。1920年出生于广东汕头。祖父是清朝的进士,在东北为官,告老还乡之际,当地百姓夹道相送,祖母见此景对潘先生的父亲说:"当官就要当这样的官,要不然就别做。"(此即所谓"当官就要为民做主")祖母的话无疑有决定性的影响,潘老的父亲从广东法政学堂毕业后,到汕头任检察官,后感到检察官不能很好地为民申冤,遂离职做律师,并被选为当地律师公会的主席。虽然父亲在46岁就英年早逝,当时甚至是在他曾帮助过的当事人的资助下,才有一副棺材入葬,但父亲好打抱不平的秉性、职业上的成功和在当地的受人爱戴,对潘先生的性格乃至职业的选择产生巨大的影响。尽管父亲的初衷是想让潘先生将来去日本读士官学校,投笔从戎,为国家出力,但法律所寄寓的公平正义理念,已经在其心中留下深刻的烙印。冥冥之中,似乎有一股力量在驱使着他走上法学之路。父亲去世后,潘先生随家人回到广州,就读于中国教徒办的学校——培正学校。作为一所教会学校,培正有着其独特之处:它既有数理化等西学课程,也有传统的四书五经的教育,但不拜孔子。① 同时学校也注重学生综合素质的培养,开设有音乐、绘画等课程。先生有很高的艺术修养,在先生的书房"小书斋"中,可以看到他的一些绘画作品,笔锋细腻秀美,这些爱好就是在此时培养起来的。需要特别指出的是,培正的很多教员是留学回来的华侨子弟,这在英语的教育上,有其特殊的优势。其

---

① 关于培正学校的介绍,高旭晨的文章有些出入,特此纠正。参见高旭晨:《潘汉典先生访谈录》,《环球法律评论》2001年第2期,第178页。

中有的是在美国拿到法律博士的学位,经他们的介绍,霍姆斯等法官的形象让年轻的心悠然而神往,走上法律的道路(The Path of Law)①,已是水到渠成的事。可以说,在培正所受的教育,为潘先生后来的学术生涯打下坚实的基础。

1940年,在以最优成绩从培正中学毕业后,潘先生进入东吴大学学习法律。二十世纪三四十年代的中国,正处于内忧外患之中。在日寇入侵,上海沦陷后,东吴大学法学院曾假租界一隅之地得以幸存。但在日美关系交恶以后(东吴大学法科为美国人兰金创立),东吴大学迁往重庆,留在上海的法学院,根据其英文校名改称"中国比较法学院",继续坚持了下来。作为一个有强烈的社会责任感的知识分子,生活在国家积贫积弱的年代,内心所受的煎熬,可想而知。在众多的强国之路中,潘先生选择的是一条法律之径,原因在于他认为:法律可以坚持社会正义,主张人权,对现代社会的重要性不亚于军事。也就是这种信念,使得在那个特殊的年代,潘先生能全力以赴地投入到学习之中。也就是这个特殊的年代,老师和学生的关系更加地密切。当时的很多老师,从司法实务中退出,全心投入到教学之中。时任主任的费青先生(费孝通先生的胞兄,德国柏林大学法学硕士,中国政法大学德国法研究中心现保存有费青先生当时赠送燕京大学的德文书若干),不仅努力使得学校在困难的时期坚持正常的办学,更在生活上给予潘先生很多帮助。其他的如郭云观先生(曾任上海高等法院院长,哥伦比亚大学法学博士)、鄂森先生、刘世芳先生等也给了潘先生很多的提携。东吴大学实行双轨制教育。在这里,潘先生不仅学习了中国法的知识,对普通法也获得了系统的了解,他的视野也因此更加地开

---

① 借用霍姆斯的一篇著名文章的标题。

阔。此时的潘先生,因为博学而被同学称为"潘博士"。

从东吴毕业后,先生到一家华侨银行——中南银行当法律顾问。随着抗战胜利,东吴大学开始招研究生,1946年,他又回到学校,开始了他的研究生生涯。在大学期间,潘先生已经通过苏联使馆的宣传栏接触到马克思主义的思想,1947年,日本著名学者平野义太郎的《马克思恩格斯关于历史唯物论与法律》一书进入了先生的世界。这本书至今仍保存在潘先生的家中。打开这本因为年代久远而略显破旧的书,扉页上仍清晰地记录着主人购书的时间(1947年某月某日)和地点(内山完造书店)。书中有许多德文的加注,先生告诉我,这本书因为国际形势的关系,有许多删节,为了更好地学习,他特地查阅了德文的原著补了上去。马、恩用经济、政治的观点对法律进行全面、深刻的论述,很快就获得了这个喜爱法理学的年轻人的认同。而此时的国民党政府,因为贪污和腐败已经失去了爱国青年的心。在1949年,先生本来可以到耶鲁大学法学院深造,但由于美国支持国民党,他毅然放弃了这个机会,留在国内参加中华人民共和国的法制建设。

二、大师何如文德与人

潘先生是个语言的大师,他精通德、法、日、俄、意、英六门外语。他学习外语的动机很单纯,一是为了学习先进的东西,比如对德语的学习,那是因为他在东吴大学时看到很多民法书都引用日本人的著作,而日本的民法更多地源自德国,所以他想,为何不直接学习德国人的东西呢?对俄语的学习也是如此。另一原因是为了排除歧义,达到真正了解。比如对意大利语的学习。在这里,请允许我引用潘先生在马基雅维里《君主论》译后记中的一段话：

> 1958年商务印书馆将此书列入世界学术名著选题计划，即向译者约稿。译者根据英译本译出后，为了译文的信达起见，曾取英、美、法、德、日各国译本互相核对，发现文义莫衷一是，定稿甚难，决定以意文本为准据另译。为此苦攻意文。其后借到《君主论》卡塞拉(Mario Casella)审订本及列宁格勒外文图书馆藏本，即根据此两个版本，对照英、美、法、德、日各国多种译本（见参考书目）重新译出，第一稿于六十年代初完成。七十年代陆续借到：马佐尼(M. Mazzoni)审订本及邦凡蒂尼(M. Bonfantini)审订本，又根据两者，同时对照各国译本，先后进行两次较大的修改，择善而从，不拘泥于一个版本。这是第二稿和第三稿。1982和1984年，笔者先后在加拿大麦吉尔大学法学院及东京大学法学部进行学术交流研究，搜集到各国关于马基雅维里的研究资料，对译稿又进行了两次修改，成为现在的这第四稿。[①]

跨越近30年的光阴，四易其稿，伴随的是对一门语言从了解到精通，我想，语言的学习不排除天赋的因素，但对一门乃至数门外语的精通也许更需要一种不带任何功利色彩的纯朴心灵，以及那孜孜不倦的"钝功"。记得和潘先生一起编写《英汉法词典》的薛波师兄曾讲到，在他对某个词条很有把握的情况下，潘先生仍要他拿来不同词典，反复推敲，再三求证，尤其对单词的不常用的用法，更要仔细比较，慎之又慎。往往词条中的某一个单词，就要花去一

[①] 〔意〕尼科洛·马基雅维里：《君主论》，潘汉典译，商务印书馆1985年版，第129页。

两个小时甚至更长时间。而结果往往是先生的怀疑是有道理的。有一回，我在先生家中看到他为《比较法研究》的一篇庞德的译文进行校对，文中有一句，译者采取了直译"如同爱尔兰岛上的蛇一样"，但这种译法显得和全文的意思不相符合。先生此时已有意译的想法，但为了求证，他甚至找来了《不列颠百科全书》，结果果然符合他的猜想：爱尔兰岛上是不产蛇的，此句是一个隐喻。在这一刹那间，我体会到翻译的困难（需要太多的背景知识）和一个学者的谨慎和求实的精神。在这一刹那间，我理解了薛波所描述的"潘先生看外文书很慢，对一个封面都要端详很久"这句话背后的深层次涵义。也在这一刹那间，我知道了为什么潘先生主持翻译的《比较法总论》会是最好的法学译著之一。

一代的学者有其时代的使命，语言方面的优势和时代的特殊，使得潘先生更多地通过翻译，为中国的法治事业鼓与呼。在中华人民共和国成立后，潘先生曾到北大任教，随后到中央政法干校学习，其间下放到河南农村，参加"四清"。回来后因为外语能力被董必武先生看中，调入中国政治法律学会（中国法学会的前身）工作。在此期间，他曾翻译了恩格斯的《英吉利宪法》《英格兰状况》等著作，为中华人民共和国宪法的制定提供了大量的参考资料。"文革"期间，潘先生到湖北"五七干校"劳动。"九一三"事件后回到中国社会科学院法学研究所。二十世纪八十年代后由于工作需要，潘先生来到中国政法大学，并担任了比较法研究所的第一任所长。不论是在开始恢复介绍外国法律时期对南斯拉夫、东欧等国家的法律情况的介绍，还是在七十年代后期中美建交后对美国法律制度的介绍，以及在八十年代修改宪法时期对世界各国宪法的介绍，都离不开潘先生和《法学译丛》的辛劳和汗水。值得一提的是，现在已被中国法学界所熟悉的德沃金、富勒等人，比较法、法律文化等概念，正是通过潘先生的翻译而被引入中国。2001年中国政法大学50周年校庆,潘先生被授予"学科建设开创者"的荣誉,我想这是对他最好的肯定。

记得喜欢"泡"外文图书馆的郭琛师兄曾对我说过,他在那里最常碰见的老师就是潘先生。这很让我吃惊,因为先生毕竟已是高龄,而且家离学校很远,也没有专车。潘先生对个人的问题似乎总是考虑得很少。当我问及他在"文革"中有无受冲击时,老人坦言说很少,他聊得更多的是他被下放到河南时和在"五七干校"时了解的农民的艰苦,言语之间,我体会更多的是一种知识分子的社会责任感。潘先生不是一个喜欢出风头的人,对于我的访谈请求,他也一再地婉拒。但对于一些基础性的工作,他则不遗余力地参与和帮助。我想特别提到的是即将完工的《英美法词典》,这部耗时9年的法律词典,潘先生不仅参与了翻译和校对,而且还帮忙联系译者。这些译者中很多是潘先生的学长,因为时代的原因,他们没有机会更多地展示他们的才智,也许我们将只能从这部词典中第一次见到他们的名字。使我深深为之感动的是潘先生在表明他之所以倾其全力参与校译《英美法词典》工作时所说的一句话:"这就算是我们东吴人对社会作的最后一份贡献吧。"我可以想到,先生说这话时肯定也是很自然平淡,但在我的内心却有如一声春雷,因为我由此看到的,是一颗美丽的心灵。在这世事迅速变迁的时代里,在这嘈杂纷扰的尘世中,在这充满各种诱惑的社会里,先生恬静淡泊,不求名利,不事权贵,不媚世俗,仍然以他那童真般的执着信念追求并实现着其人生的价值,真正体现了一个老学者的高风亮节与品德,令人仰之弥敬。我们或者可以这样概括他:一生求索惟公正,人品文品入清流。

(原载《比较法研究》2003年第1期)

康有为伪造阔普通武的戊戌奏折了吗？
——兼论戊戌时期的君主立宪问题

引　言

　　光绪十七年（1891），康有为作《新学伪经考》，认为刘歆伪作古经，淆乱孔子改制的圣法。① 历史仿佛与康圣人开了个玩笑，在二十世纪七十年代，黄彰健先生通过比较宣统三年（1911）五月麦仲华编的康有为之《戊戌奏稿》与国家档案局明清档案馆编的《戊戌变法档案史料》等原始资料，发现两者内容差别之处甚多，经过史料钩沉，考据推理，认为康有为有诸多作伪。② 这一重要的发现提升了戊戌变法相关研究的广度与深度，引发了分别以黄彰健先生与孔祥吉先生为代表的两派学者关于戊戌变法的史实、性质与人

---

① 参见康有为：《新学伪经考序》，收入汤志钧编：《康有为政论集》上册，中华书局1981年版，第92—93页。
② 详见黄彰健：《戊戌变法史研究》，"中央研究院"历史语言研究所1970年版。其增订版增加4篇文章，分上、下两册，刊行于上海书店出版社2007年版。

物评价问题的学术论辩。这场讨论从法学的视角看，又以康有为是否假借《请定立宪开国会折》(简称奏稿折)来伪造内阁学士阔普通武的《变法自强宜仿泰西设议院折》(简称档案折)为争论点,有关君主立宪问题,最值得予以关注。或许因为专业旨趣不同,相对于史学界对资料的高度敏感,法学界对此反应比较迟缓。① 根据笔者的观察,一直到 2005 年史学家茅海建先生在《戊戌变法史事考》中引用黄彰健先生的观点,认为康有为伪造了阔普通武的奏折,戊戌时期并无君主立宪之说,②在近十年来立宪问题逐渐成为法学界关注热点的大背景下,法学同仁才开始注意并接受了黄彰健、茅海建先生的观点。笔者不揣浅陋,认为这场围绕着阔普通武奏折的著作权问题展开的学术论争,无论是史实还是义理,仍然大有探讨的余地,笔者试图通过新证据与新解读,达到解决学界争议问题,引申其背后深意,反思研究方法的目的。

拙文由以下五部分组成:首先,列出康有为的奏稿折与阔普通武的档案折之关键区别,梳理学界论争双方的观点与论据。其次,提出两则新的证据,即在文本方面,更早发表的梁启超的《古议院考》与阔普通武的档案折具有高度的相似性,在程序方面,档案折的"(议院)议妥由总理衙门代奏"与康有为的上书经验相符合,指出奏折的著作权人应该是梁启超与康有为。再次,补充与修订历史细节,探讨阔普通武与康有为、梁启超之间的关系,考察康、梁关于开设议院的态度变化,最终推测他们代拟奏折事件的真相。复次,爬梳康有为的奏章中有关"议院""宪法"范畴的叙述,分析这两

---

① 以代表性的作品为例,夏新华等整理的《中国近代宪政历程:史料荟萃》(中国政法大学出版社 2004 年版,第 16—17 页)仅注意到《戊戌奏稿》而忽视了《戊戌变法档案史料》;荆知仁的《中国立宪史》(联经出版事业公司 1984 年版,第 84 页)同样如此。
② 参见茅海建:《戊戌变法史事考》,生活·读书·新知三联书店 2005 年版,第 286 页。

个重要概念在戊戌时期的历史境遇与表现形态，考察康有为在放弃议院模式后转而提出的"制度局"之渊源与特质，在此基础上达到对戊戌时期君主立宪问题更深刻的认识。最后，结论部分对论文命题予以回应，对创新之处进行总结，对研究意义加以引申。

一、《请定立宪开国会折》与《变法自强宜仿泰西设议院折》之比较

宣统三年(1911)五月《戊戌奏稿》所收光绪二十四年(1898)六月《请定立宪开国会折》(代内阁学士阔普通武)：

> 奏为请定立宪开国会，以安中国，恭折仰祈圣鉴……臣窃闻东西各国之强，皆以立宪法开国会之故，国会者，君与国民共议一国之政法也。盖自三权鼎立之说出，以国会立法，以法官司法，以政府行政，而人主总之，立宪法同受治焉。……伏乞上师尧舜三代，外采东西强国，立行宪法，大开国会，以庶政与国民共之，行三权鼎立之制，则中国之治强，可计日待也……①

《戊戌变法档案史料》所收光绪二十四年(1898)七月初三日《变法自强宜仿泰西设议院折》(军)：

> 内阁学士兼礼部侍郎衔奴才阔普通武跪奏，为变法自强，

---

① 中国史学会主编：《戊戌变法》(二)，上海人民出版社1957年版，第236—237页。

宜仿泰西设议院，以期上下一心事……拟请设立上下议院，无事讲求时务，有事集群会议。议妥由总理衙门代奏，外省由督抚代奏，可行者酌用，不可行者置之。事虽议于下，而可否之权仍操之自上，庶免泰西君民争权之弊……①

奏稿折与档案折两者对比，差别甚大，一目了然。前者是君主立宪政体，君主在宪法之下，立法、行政、司法三权明晰，后者是名实不符的政治架构，虽有所谓泰西"议院"，但其定位语焉不详，功能方面类比智库，所作决议需要通过总理衙门或者地方督抚以达上听，最终仍需乾纲独断，除了广开言路之外，与传统帝制的政治决策似乎无本质上区别。

对此，黄彰健先生认为："戊戌七月三日阔所上疏仍系阔本人意见，非康代拟，戊戌奏稿所收代阔普通武《请定立宪开国会折》全系无中生有，不可信。"②笔者归纳其所举证据，主要有三方面。1. 资料之间存在矛盾。康有为在《自定年谱》《日本变政考》中的记载与《戊戌奏稿》冲突。例如康有为《自定年谱》谈道："内阁学士阔普通武尝上书请开议院，上本欲用之，吾于《日本变政考》中，力发议院为泰西第一政，而今守旧盈朝，万不可行，上然之。"③2. 旁人佐证康氏嬗变。戊戌变法的亲历者王照谈到，康有为在戊戌四月得光绪召见以后，一变而言尊君权。这与光绪三十一年（1905）胡汉民批评康有为在光绪帝召见后主张可以不开议会，可相印证。④ 3. 康、阔

---

① 国家档案局明清档案馆编：《戊戌变法档案史料》，中华书局1958年版，第172页。该书中此奏折的标题是《内阁学士阔普通武折》，其中"（军）"，指军机处。
② 黄彰健：《戊戌变法史研究》下册，上海书店出版社2007年版，第688页。
③ 中国史学会主编：《戊戌变法》（四），上海人民出版社1957年版，第158页。
④ 参见黄彰健：《戊戌变法史研究》下册，第689页。

两人交谊不深。康有为《自定年谱》中没有记载康氏与阔普通武之来往,也未说康曾代阔拟折。①

孔祥吉先生认为:"康氏代阔之《请定立宪开国会折》,则是确有其事。康氏代草时间,当在丁酉冬与戊戌春季之间。光绪帝召见之后,康氏关于开议院之思想起了变化,故《年谱》不以阔折为然。"②其证据同样可归纳为三方面。1. 理据相似。档案原折为论证设议院的合理性,从古代典籍中寻找论据,多有与康有为历次上书引用相合者。2. 观点相似。原折谈到"议郎"问题,康有为《上清帝第二书》《第三书》中也有论及;原折请求设立的"议院",与康有为代宋伯鲁草拟的《请设议政处折》的"议政处"、康有为《上清帝第六书》的"制度局"大同小异。③ 3. 人情之常。康有为倘若不曾为阔氏草拟过请开议院的奏疏,他何必非要假阔普通武之名,大发议论。④

两位学者对史料用功之深,批阅之细,让人一赞三叹,但双方恰恰是在最核心的问题即奏折著作权的归属上,针尖对麦芒,各执一词。笔者以为,对该问题的解决,需要提出新的有力证据。首先,在双方皆关注康有为而且几乎穷尽其当前可见著述的情况下,不妨转移一下视线,关注康氏身边的人员。梁启超作为康有为门下最杰出的弟子,甚至在当时康、梁并称一体⑤的情况下,在他那

---

① 参见黄彰健:《戊戌变法史研究》下册,第929页。
② 孔祥吉编著:《康有为变法奏折辑考》,北京图书馆出版社2008年版,第347页。该书是孔祥吉《救亡图存的蓝图——康有为变法奏议辑证》(联合报系文化基金会1998年版)一书的增订版。
③ 参见孔祥吉编著:《康有为变法奏章辑考》,第346—347、155—157页。
④ 参见孔祥吉编著:《康有为变法奏章辑考》,"台版序言",第8页。
⑤ 梁启超自称在三十岁(按:1902年)后,与康有为思想发生分歧。参见梁启超:《清代学术概论》,收入梁启超:《中国历史研究法》(外二种),河北教育出版社2002年版,第457页。那么至少在戊戌时期,两者的思路是一致的。

里很可能发现重要的线索。其次,先前研究主要聚焦在"议院"这一政治机构的内涵外延等实体问题上,忽视了奏折中的具体程序安排。程序问题关乎政治决策,不可谓不重要,奏折作者往往煞费苦心,看似不经意的安排,往往蕴含机锋,对此进行考察推敲,有可能发现线索端倪。根据上述思路重新梳理资料,我们可以发现梁启超的《古议院考》和康有为的上书经验这两则重要的新证据。

二、两则新证据:梁启超的《古议院考》与康有为的上书经验

(一)《古议院考》与《变法自强宜仿泰西设议院折》之比较

早在光绪二十二年(1896),梁启超已经发表了《古议院考》,将该文与光绪二十四年(1898)阔普通武的档案折对比,相似处与相异处如下:

1. 相似处:文字、方法与观点

首先,文字、方法的相似性。这是最为重要的证据,特列举如下。

《古议院考》:

> 议院之名,古虽无之,若其意则在昔哲王,所恃以均天下也。其在《易》曰:"上下交泰,上下不交否。"其在《书》曰:"询谋佥同。"又曰:"谋及卿士,谋及庶人。"其在《周官》曰:"询事之朝,小司寇掌其政,以致万人而询焉。一曰询国危,二曰询国迁,三曰询立君。以众辅志而蔽谋。"……其在《孟子》曰:"国人皆曰贤,然后察之;国人皆曰不可,然后查之;国人皆曰

不可,然后察之;国人皆曰可杀,然后杀之。"……故虽无议院之名,而有其实也。汉制议员之职有三:一曰谏大夫,二曰博士,三曰议郎。……郑人游于乡校,以议执政,子产弗禁。汉昭帝始元六年,诏公卿问贤良文学民所疾苦,遂以盐铁事相争议,辩论数万言,其后卒以此罢盐铁……西国每邦、每城,皆有议会,即此意也。①

《变法自强宜仿泰西设议院折》:

考议院之义,古人虽无其制,而实有其意。其在《易》曰:"上下交泰,上下不交否。"其在《书》曰:"询谋佥同。"又曰:"谋及卿士,谋及庶人。"其在《周官》曰:"询事之朝小司寇掌其政,以致万人而询焉。"其在《孟子》曰:"国人皆曰贤,然后察之;国人皆曰可杀,然后杀之。"春秋时郑人游于乡校以议其政,子产弗禁。汉昭帝始元六年,诏公卿问贤良文学民所疾苦。议员之职,有谏大夫,有博士,有议郎。由是征之,泰西风气近古,其议院之设,缉有古风也。②

梁启超采用托古改制之法,认为中国古代虽无西方议院之名,却有其意。他在论证中,所引典籍如《易》《书》《周官》《孟子》,所举子产、汉昭帝之例,所列汉代"议员"称谓,阔普通武的档案折皆与之高度雷同,甚至连文献排列次序也有不少一致(当然,整体上梁

---

① 吴嘉勋、李华兴编:《梁启超选集》,上海人民出版社1984年版,第32—34页。据编者说明,该文原载于《时务报》第10册,1896年11月5日(光绪二十二年十月初一日)出版。
② 国家档案局明清档案馆编:《戊戌变法档案史料》,第172页。

文的论据比阔折多,如《礼记》《通典》《汉旧仪》《汉官解诂》《史记》等,阔折无)。而与上述孔祥吉所举证据(1)康有为的相关论述相比,梁启超的文章与档案折无疑相似度更高。①

其次,观点的相似性。

(1)议院的渊源:中国古代虽无其名,但有其实。(此点如前述)

(2)议院的功能:西方强国之因,上下同心之道。梁启超自问自答:"问泰西各国何以强?曰:议院哉,议院哉!问议院之立,其意何在?曰:君权与民权合,则情易通;议法与行法分,则事易就。二者斯强矣。""强国以议院为本。"②阔普通武提出:"变法自强,宜仿泰西议院设议院,以期上下一心事。""闻中日之役,日本上下议院,议之交符,故三军同心,一战必胜……议院之功,不甚巨与?"③

(3)议员的素养:选自出身学校(堂)者。梁启超倡导"议院以学校为本"④,阔普通武认为"泰西议员,必由学堂出身者,一取其学贯中西,一信其风有操守,亦防弊之深意也"⑤。

(4)议院的构造:两院制。阔普通武提出"设立上下议院"⑥,梁启超虽无明示,却是其文应有之义,他认为"滕文公欲行三年之

---

① 康有为与此最相似的表达可见《上清帝第二书》和《上清帝第三书》(两书此部分也基本相同),其为:"夫先王之治天下,与民共之。《洪范》之大疑大事,谋及庶人为大同。《孟子》称进贤、杀人,待于国人之皆可。盘庚则命众至庭,文王则与国人交。《尚书》之四目四聪,皆由辟门,《周礼》之询谋询迁,皆合大众……昔汉有征辟有道之制,宋有给事封驳之条。伏乞特诏颁行海外,令士民公举博古今,通中外,明政体,方正直言之士,略分府、县,越十万户而举一人,不论已仕未仕,皆得充选,因用汉制,名曰议郎。"孔祥吉编著:《康有为变法奏章辑考》,第39、66—67页。
② 吴嘉勋、李华兴编:《梁启超选集》,第32、34页。
③ 国家档案局明清档案馆编:《戊戌变法档案史料》,第172—173页。
④ 吴嘉勋、李华兴编:《梁启超选集》,第34页。
⑤ 国家档案局明清档案馆编:《戊戌变法档案史料》,第173页。
⑥ 国家档案局明清档案馆编:《戊戌变法档案史料》,第172页。

丧,而父兄百官皆不悦,此上议院之公案也。周厉无道,国人流之于彘,此下议院之公案也"①,可见他已经有上下议院的认识与设想。

2. 差异处:议院应该缓开还是速设

梁启超虽然反复强调议院的重要性,却反对在社会舆论、教育水准、民众素质达不到要求时速开议院,其谈道:"凡国必风气已开,文学已盛,民智已成,乃可设议院。今日而开议院,取乱之道也。"②这种观点与阔普通武提倡开设议院的主张正好相反。当然我们也要注意到,两文刊行时间,相隔已近两年,时局有所不同。

两文统计分析,阔普通武的档案折凡812字,与梁启超《古议院考》有高度相似性的达195字之多,近四分之一的比例,更兼有方法、观点上的相似性。那么,到底是"英雄所见略同",还是阔普通武"参考"了梁启超的文章? 对此问题的判断,还需要进一步展开讨论。

(二) 梁启超的心理分析

梁启超在1897年春给严复的信中,曾谈到该文的写作经过与感受:

> 《古议院考》乃数年前读史时偶有札记,游戏之作,彼时归粤,倚装匆匆,不能作文,故以此塞责。实则启超生平最恶人引中国古事以证西政,谓彼之所长,皆我所有。此实吾国虚骄之结习,初不欲蹈之,然在报中为中等人说法,又往往自不免。③

---

① 吴嘉勋、李华兴编:《梁启超选集》,第33页。
② 吴嘉勋、李华兴编:《梁启超选集》,第34页。
③ 梁启超:《与严幼陵先生书》,收入吴嘉勋、李华兴编:《梁启超选集》,第40页。

从中可以看到两则重要的信息：首先，《古议院考》中的种种古典论据，是梁启超读史时有感，抄录所得。其次，梁氏本人对这种托古改制的方法颇不以为然，只是因为宣传需要，不得已而为之。需要指出，这种旧瓶装新酒，甚或"醉翁之意不在酒，在乎山水之间也"的手段并非梁氏私人独有，毋宁说是改革者们为了减少阻力而有意为之的时代潮流，其并非个案，君不见晚清修律大臣沈家本的名著《历代刑法考》中，就多可得见。

梁任公之为人，不妨借用何炳棣先生的一个术语来概括，可谓具有高度"安全感"[1]的人。他不仅在私隐性的通信中承认不足，甚至在公开性的出版物中也开诚布公、自揭其短，例如：

> 有事虽非伪，而言之过当者……吾二十年前所著《戊戌政变记》，后之作清史者记戊戌事，谁不认为可贵之史料？然谓所记悉为信史，吾已不敢自承。何则？感情作用所支配，不免将真迹放大也。[2]

又如：

> （按：对清代学术的评价）当时多有为而发之言，其结论往往流于偏至。[3]

---

[1] 何炳棣对钱端升、冯友兰、赵守愚、胡适等师友的评价，详见氏著：《读史阅世六十年》，第173、191、202、321页。
[2] 梁启超：《中国历史研究法》（外二种），第114页。
[3] 梁启超：《清代学术概论》自序，收入氏著：《中国历史研究法》（外二种），第362页。

对于梁启超这种"不惜以今日之我,难昔日之我"[①]的行径,我们可以批判其善变,但也要承认其胸襟确实是"君子坦荡荡"(《论语·述而》),有值得肯定之处。需要特别指出,梁任公专门在学术性的著述《中国历史研究法》中举《戊戌政变记》之例,以史学家的立场、当事人的身份提供了对当年事件的看法,他虽然承认有感情成分掺杂其中,但并非无中生有——"非伪"——这也可以给当代学者指责康有为作伪提供另外一种角度的思考。

(三) 有关议院的时代作品与时人感受

关于奏折的著作权问题,是否存在另外一种可能,即梁启超和阔普通武两人都参考了相关主题的某些先前作品,然后各自表述呢?

首先,爬梳、比较戊戌变法之前影响甚巨、涉及议院问题的著述,例如徐继畲的《瀛寰志略》、王韬的《弢园文录外编》、郑观应的《盛世危言》《泰西诸国设立议院源流》、汤震的《危言》、许象枢的《议院利害若何论》、杨史彬的《议院十难》、陈翼为的《议院得失论》、陈虬的《治平通议》、陈炽的《庸书》、何启与胡礼垣的《新政真诠》等,可以发现观点和方法等方面或有相同、类似之处,但文字上则很难有如梁文与阔折两者一样高度契合者,而且托古的论据也远远没有《古议院考》所罗列的多。

其次,看时代中人对于议院古典渊源之认识。以孙宝瑄为例,其在光绪二十四年(1898)六月十八日的日记中写道:

> 观《周礼》司寇一职所述,询国迁,询国危,询立君,皆询及士庶人。而当询之时,自公卿大夫以至士庶人,皆有所立之

[①] 梁启超:《清代学术概论》,收入氏著:《中国历史研究法》(外二种),第457页。

法。又凡决狱,亦往往询及庶人。则古人似有议院之法。章枚叔云。①

孙宝瑄出身清末官宦世家,其父孙诒经是光绪朝户部左侍郎,其兄孙宝琦是清廷驻法、德公使暨顺天府尹,其岳父李翰章是两广总督,其本人曾在工部、邮传部、大理院等处任职,笃志向学,交游甚广。② 以他的家世背景和知识视野,在当时的士大夫阶层中应该算是佼佼者,但其在戊戌年也只是从章太炎(字枚叔)口中听到古人有议院的例证,并且专门在日记中记下这些内容,可证明当时印象深刻。据此可以间接地看出,有关议院的托古论据如果不是平日有心留意,是很难获得像梁启超《古议院考》那样丰富素材的。

据此可以认为,相比于"英雄所见略同",阔普通武"参考"了梁启超文章的可能性显然更大。从这个角度讲,我们很难说阔普通武对档案折具有完全的著作权。

(四)"(议院)议妥由总理衙门代奏"与康有为的上书经验

重新梳理阔普通武的档案折,我们还可发现先前研究中皆没有指出的与康有为颇有渊源的一则证据,即决策程序上"(议院)议妥由总理衙门代奏"。笔者以为,这很可能是康有为根据自身上书经验作出的安排。

依据孔祥吉先生编著的《康有为变法奏章辑考》进行统计,从戊子(1888)到戊戌(1898)十年间,康有为以自己名义一共上奏了23份奏章。笔者通过表格进行梳理,以便清晰地显示其关键点。

---

① 孙宝瑄:《忘山庐日记》(上),上海古籍出版社1983年版,第239页。
② 参见孙宝瑄:《忘山庐日记》(上),"前言"。

序次	时间	身份	奏章	所经衙门/人	是否代递	备注
1	光绪十四年(1888)十月	布衣	上清帝第一书	翁同龢	否	翁同龢拒绝代递
2	光绪二十一年(1895)四月	举人	上清帝第二书	都察院	否	遇阻未递交都察院
3	同年五月	进士	上清帝第三书	都察院	是	
4	同年闰五月初八日	工部主事	上清帝第四书	工部、都察院、督办处	否	工部等拒绝代递
5	光绪二十三年(1897)十一月	工部主事	上清帝第五书	工部	否	工部拒绝代递
6	光绪二十四年(1898)正月初八日	工部主事	请大誓臣工,开制度新政局折(上清帝第六书)	总理衙门	是	
7	同年二月二十日	工部主事	译纂《俄彼得政变记》成书呈请代奏折(上清帝第七书)	总理衙门	是	
8	同年二月二十七日	工部主事	为胁割旅大,覆亡在即,乞密联英日,坚拒勿许折	总理衙门	是	
9	同年三月二十日	工部主事	进呈《日本变政考》等书,乞采鉴变法以御侮图存折	总理衙门	是	
10	同年三月二十日	工部主事	请照经济科例,推行生童岁试片	总理衙门	是	
11	同年五月初一日	工部主事	为恭谢天恩,请御门誓众,开制度局,以统筹大局折	总理衙门	是	

续表

序次	时间	身份	奏章	所经衙门/人	是否代递	备注
12	同年五月初一日	工部主事	请商定教案法律,厘正科举文体,听天下乡邑增设文庙,并呈《孔子改制考》折	总理衙门	是	
13	同年五月初八日	工部主事	请以爵赏奖励新艺新书新器新学,设立特许专卖,以励人才而开民智折	总理衙门	是	
14	同年五月二十二日	工部主事	请改直省书院为中学堂,乡邑淫词为小学堂,令小民六岁皆入学折			情况不详
15	同年五月二十二日	工部主事	请将优拔贡朝考改试策论片			情况不详
16	同年六月初五日	工部主事	条陈商务折	总理衙门	是	
17	同年六月十三日	工部主事	为恭谢天恩条陈办报事宜折			情况不详
18	同年六月十三日	工部主事	请定中国报律片			情况不详
19	同年六月二十六日	工部主事	为万寿庆辰,乞许士民庆祝,并刊贴新政诏书,嘉惠士农工商折			情况不详
20	同年六月二十六日	工部主事	为万寿大庆,乞复祖制,行恩惠,宽妇女裹足,以保民保国折			情况不详
21	同年七月初二日	工部主事	请开农学堂地质局,以兴农殖民,而富国本折	总理衙门	是	

续表

序次	时间	身份	奏章	所经衙门/人	是否代递	备注
22	同年七月十三日	工部主事	恭谢天恩并陈编纂群书以助变法,请及时发愤速筹全局折			情况不详
23	同年七月十三日	工部主事	为厘定官制分别官差,以高秩优耆旧,以差使任贤能折			情况不详

按照清朝的制度规定,凡文官,京官自三、四品京堂以上和翰詹科道官员,地方官按察使以上,或者负有特殊使命的钦差官员,例如学政、海关监督、织造等官可以使用奏折,武官须总兵以上官员才可使用奏折。① 因此,康有为无论身为布衣、举人、进士,还是进士及第后作为工部的六品主事,皆没有直接上奏的权利。

康有为曾提到光绪帝授予他直接上奏权利,其《自定年谱》记载:"(戊戌五月)初三日总理大臣代递谢恩折,上命曰:何必代递,从此康有为有折,可令其直递来。"②但这一说法不符合史实。如果康氏真的在戊戌年(1898)五月获得直接上奏权利,其后的奏折就无需经过总理衙门代递了,对照上述表格显然不是。另外,据军机处随手登记档记录,康有为在光绪二十四年(1898)三、五、六、七

---

① 参见中国第一历史档案馆编:《光绪朝朱批奏折》,中华书局1995年版,"前言",第2页。
② 中国史学会主编:《戊戌变法》(四),第148页。关于所引"初三日",《自定年谱》并没有标明月份,茅海建先生认为是"三月初三",指总理衙门第二次为康代奏之事。参见茅海建:《戊戌政变的时间、过程与原委——先前研究各说的认知、补正、修正(一)》,《近代史研究》2000年第4期,第220页。但笔者认为可以商榷,理由是《自定年谱》乃按时间为序,康氏的习惯是每月开始标明月份,同月事件则只注明日期,关于此"初三",前文已经有"五月"之字样(第147页),后文"六月"之字样(第151页),如果是指"三月初三"不符合行文习惯。

月四次上书,全是总理衙门代递,[1]亦是他不曾获得直接上奏权利的重要佐证。

如果康有为选择代奏,在当时的制度框架下,可供他选择的路径有三:第一,所属衙门的主管官员代为上奏。《大清律例·礼律·仪制》"上书陈言"律规定:"若内外大小官员,但有本衙门不便事件,许令明白条陈合题奏之。本管官实封进呈,取自上裁。"第二,特定衙门代为上奏,例如都察院。《养吉斋丛录》记载:"康熙十年,宪臣奏请停止,凡非言官而建言为越职,例当降调。至言路大开之时,即非言官亦许陈奏,其不应具折者,准胪举条陈,赴都察院呈请代奏。"百日维新的很多士人上书,清季立宪代表的速开国会请愿运动,皆通过都察院来向朝廷表达意见。第三,深受皇帝信任与器重的中枢权臣代为上奏,例如雍正时期怡亲王允祥,大学士张廷玉、蒋廷锡等,曾被授予此权。[2]

康有为是工部主事,其是否同时也隶属总理衙门呢?在其《自定年谱》中有一条线索,记载康氏在戊戌四月二十八日蒙光绪召见后的情况:

> 既退出,军机大臣面奉谕旨,著在总理衙门章京上行走,时李合肥谢恩同下,面色大变,对我叹息,谓荣禄既在上前面劾我,又告刚毅上欲赏官勿予,当予微差以抑之。上问枢臣以位置吾时,廖仲山将欲言请赏五品卿,而刚毅班在前,请令在

---

[1] 参见国家档案局明清档案馆编:《戊戌变法档案史料》,"前言",第1—2页。
[2] 参见张群:《上奏与召对——中国古代决策规则和程序研究》,上海人民出版社2011年版,第37—41页;《大清律例》卷17,田涛、郑秦点校,法律出版社1999年版,第283页;[清]吴振棫:《养吉斋丛录》,王涛校点,浙江古籍出版社1985年版,第36—37页;荆知仁:《中国立宪史》,第128—129页。

总理衙门章京上行走,盖欲以屈辱我也。于是发书告宋芝栋令其即上废八股之折,盖早已为草定者。乃与幼博游西山,既还,将议诣宫门谢恩,以诸臣忌甚,又无意当差,于初一日乃具折谢恩,并再陈《大誓群臣,统筹全局,开制度局》三义。①

按照康有为的说法,他曾被授予"总理衙门章京上行走"之差,但这是刚毅、荣禄等保守势力嫉之妒之,试图屈辱他的手段,所以他没有接受。这一说辞,可能有康有为自我抬高的嫌疑,但其没有到总理衙门就职,应该也是事实。从他后来所上的奏章看,皆只列出"工部主事",从未曾见"总理衙门章京上行走"的头衔,而对比和康氏同日获得召见的张元济,其所上奏章乃标明"总理各国事务衙门章京、刑部主事臣张元济跪奏"②。因此,康有为与总理衙门之间,应该无隶属关系。

综上分析,从康有为所上 23 份奏章的情况看,其可以说尝试了制度允许代奏的三种路径,即所属衙门(工部)、特定衙门(都察院)和中枢权臣(翁同龢),但仅仅有《上清帝第三书》一次通过都察院代奏获得成功,其余的四次皆被拒绝。一个耐人寻味的现象是,与制度内的举措基本无功而返相比,反倒是打破常规,通过并无隶属关系的总理衙门多次实现了目的。

在等级森严的帝制时代,品秩不高的康有为的奏章之所以能够上达天听,除了其确有过人之处外,总理衙门无疑起到关键性的作用,甚至为其代奏有违制之嫌。根据学者考证可知,幕后的推手

---

① 中国史学会主编:《戊戌变法》(四),第 147 页。
② 《变法自强,亟宜痛陈本病统筹全局折》,收入孔祥吉编著:《康有为变法奏章辑考》,第 447 页。该折乃康有为所拟,以张元济名义上奏。

应该是总理衙门大臣张荫桓,这位康有为的贵人乃署中的当家人物,而且深得光绪帝的信任,正是他建立了康有为与光绪帝沟通的重要渠道。[①] 除了张荫桓之外,倾向变法改革者张元济、李岳瑞等作为总理衙门章京,也有可能施以奥援。

因此,阔普通武的档案折以总理衙门作为议院议妥后的代奏机关,而不是制度上具有代奏职能的都察院,很可能不是无心之举。考虑到康有为上书的经历,在广开言路的时代背景下,由总理衙门代奏更能使其或者其同盟者的观点脱颖而出,这一做法应该是其深思熟虑之结果,毋宁为路径依赖的体现,可谓"康有为的选择"。

三、代拟奏折事件真相的推测

(一) 若即若离:阔普通武与康有为、梁启超关系的再探讨

我们根据梁启超的《古议院考》和康有为的上书经验这两则新发现的证据,基本上可以推定梁启超、康有为对档案折具有著作权。当然,考虑到梁启超、康有为代阔普通武起草奏折这一历史证据链的完整性,还应该考察康、梁与阔之间的关系问题。关于阔氏的履历及其与康、梁的关系,已经有学者作过介绍,但在细节上还可修订与补充,在此基础上的推论能够更有力地佐证笔者的观点。

阔普通武,字安甫,满洲正白旗人,光绪丙戌科进士。[②] 光绪

---

① 参见马忠文:《张荫桓、翁同龢与戊戌年康有为进用之关系》,《近代史研究》2012年第1期。
② 参见胡思敬:《戊戌履霜录》卷4,收入《续修四库全书·史部·杂史类》第446册,上海古籍出版社1995—2002年版,第342页。

二十二年(1896)八月十七日,因内阁学士钟灵升任出缺,时任詹事府詹事的阔普通武被补授为内阁学士兼礼部侍郎,①其在光绪二十四年(1898)七月初三日所上《变法自强宜仿泰西设议院折》,正是以此头衔上奏。同年七月十九日,礼部六位堂官即尚书怀塔布、许应骙,左侍郎堃岫,署左侍郎徐会澧,右侍郎溥颋,署右侍郎曾广汉因违抗谕旨阻挠礼部主事王照上书,被一并革职,②七月二十二日,阔普通武迁任礼部左侍郎。③需要注意,从以内阁学士身份兼任礼部侍郎到专任的礼部堂官,虽然品秩都是从二品,但前者乃虚衔,后者乃实权职务,可谓升迁。康有为认为与阔普通武上书主张开议院有关,"(皇帝)虽不用阔言,犹拔为礼部侍郎,上于言必酬如此,知人之明,鼓励维新,莫不颂我圣明也"④,这一说法应该是符合史实的。戊戌政变后,阔普通武为守旧势力弹劾排斥,⑤同年十月二十八日,为西宁办事大臣。⑥

　　阔普通武曾经参与维新派的活动。胡思敬的《戊戌履霜录》谓其"结交康有为,入保国会"⑦,但此说不够精确。光绪二十四年(1898)戊戌闰三月廿三日《国闻报》刊登的《京城保国会题名记》,

---

① 参见国家历史档案馆军机处录副奏折 03-5345-035。需要指出,关于阔普通武的生平介绍,汤志钧的《戊戌变法人物传稿》(上册,中华书局1982年版,第343页)和林增平、李文海主编的《清代人物传稿》(辽宁出版社1987年版,第11页),仅仅提到阔普通武任内阁学士,没有注意其兼礼部侍郎。
② 参见《光绪宣统两朝上谕档》第24册,广西师范大学出版社1996年版,第343—344页。
③ 参见钱实甫编:《清代职官年表》第1册,中华书局1980年版,第523页。
④ 康有为:《自定年谱》,收入中国史学会主编:《戊戌变法》(四),第158页。
⑤ 参见林增平、李文海主编:《清代人物传稿》,辽宁出版社1987年版,第13页。
⑥ 参见钱实甫编:《清代职官年表》第1册,第523页。
⑦ 胡思敬:《戊戌履霜录》卷4,收入《续修四库全书·史部·杂史类》446册,第342页。

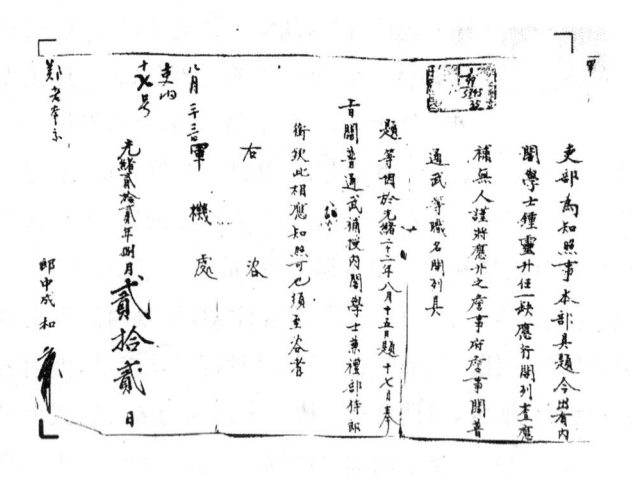

阔普通武光绪二十二年（1896）八月十七日被任命为内阁学士兼礼部侍郎

有第一次会议的与会者名单，阔氏赫然榜上有名，[1]但隔日《国闻报》同样以《京城保国会题名记》为标题，罗列保国会的会员名单，阔氏则不在列，[2]可见阔普通武只是参加了保国会的成立大会，但没有成为该会的正式会员。这些历史细节可以证明阔普通武与康有为之间存在交集，在某种程度上阔普通武对康有为的政治理念有认同之处，但也保持着一定的距离，交谊未必很深。因此，梁启超、康有为代阔普通武起草奏折存在可能性，但阔普通武是否愿意马上以自己名义上奏，则要打个问号或者折扣。双方这种微妙的关系，可以用一个词来形容，就是"若即若离"，其很可能造成了起草到上奏之间的时间差，导致当代学界的争议。

---

[1] 参见《国闻报》第 191 号，光绪二十四年戊戌闰三月廿三日（1898 年 5 月 13 日）。
[2] 参见《国闻报》第 192 号，光绪二十四年戊戌闰三月廿四日（1898 年 5 月 14 日）。

光绪二十四年（1898）戊戌闰三月　　　　光绪二十四年（1898）戊戌闰三月廿
廿三日《国闻报》刊登的《京城保国会题　　四日《国闻报》刊登的《京城保国会题名
名记》与会者名单中有阔普通武　　　　　记》正式会员名单无阔普通武

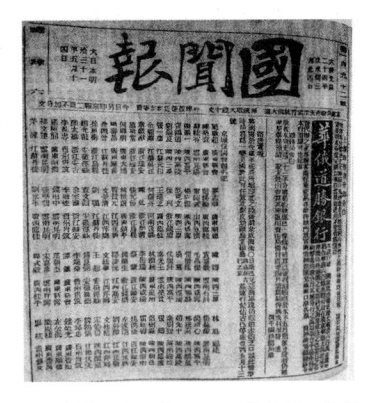

（二）欲说还休：康有为、梁启超关于开设议院的态度变化

阔普通武在档案折中提道："恭读六月二十三日上谕，遇有交议事件，内外诸臣，务当周谘博访，详细讨论，及力除壅蔽，上下以一诚相感等因，钦此。仰见皇上宵旰勤劳，舍旧图新之至意。"[①]可见其受到戊戌年（1898）六月二十三日光绪上谕的激励，所以上奏此折。该上谕内容为：

> 目今时局艰难，欲求自强之策，不得不舍旧图新。前因中外臣工，半多墨守旧章，曾经剀切晓谕，勖以讲求时务，勿蹈宋明积习，谆谆训诫，不啻三令五申。惟是朝廷用意之所在，大小臣工，尚恐未尽深悉。现在应办一切要务，造端宏大，条目繁多，不得不采集众长，折衷一是。遇有交议之件，内外诸臣，务当周谘博访，详细讨论，毋缘饰经术，附会古义，毋胶执成

---

① 国家档案局明清档案馆编：《戊戌变法档案史料》，第172页。

见,隐便身图;倘面从心违,希冀敷衍塞责,致令朝廷实事求是指意,失其本旨,甚非朕所望于诸臣也。总之,无动为大,病在痿痹,积弊太深,诸臣所宜力戒。即如陈宝箴,自简任湖南巡抚以来,锐意整顿,即不免指责纷乘。此等悠悠之口,属在缙绅,倘亦随声附和,则是有意阻挠,不顾大局,必当予以严惩,断难宽贷。至于襄理庶务,需才甚多,上年曾有考试各部院司员之谕。著各该堂官,认真考察,果系有用之才,即当据实胪陈,候朕录用。如或阘茸不识,亦当立予参劾,毋令滥竽。当兹时事孔棘,朕惩前毖后,深维穷变通久之义,创办一切,实具万不得已之苦衷,用在明白申谕。尔诸臣其各精白乃心,力除壅蔽,上下以一诚相感,庶国是以定,而治理蒸蒸日上,朕实厚望焉。钦此。①

戊戌年(1898)四月二十三日,光绪皇帝颁布《明定国是诏》,正式拉开变法维新的序幕。但改革举步维艰,进展缓慢,在这种背景之下,两个月之后,这位年轻的皇帝再次颁布谕旨,要求臣工积极响应革新自强。从因果关系来看,很可能阔普通武就此揣摩圣意,认为皇帝改革之心弥坚,而且此前的二月初八日,已经有御史宋伯鲁的《请设议政处疏》中提到"今拟略师泰西议院之制,仍用议政名目,设立议政处一区"②,倡议仿行议院,因此这时将梁启超、康有为的奏折上呈,不仅可以积极响应皇帝的号召,而且也可能降低政治风险。

---

① 收入孔祥吉编著:《康有为变法奏章辑考》,第320页。
② 孔祥吉编著:《康有为变法奏章辑考》,第156页。需要指出,该折同样由康有为代拟。

但此时开设议院,已经不是康有为的意旨。康氏在戊戌年(1898)四月二十八日获得光绪召见,思想发生转变,按照王照的说法是"即变其说,谓非尊君权不可"①。应该指出,这种因为政治机缘对改革者思想主张产生重大影响的事例并不鲜见,孙中山当年求见李鸿章而不得,促使其由改良转向革命,便是典型的例证。②康有为在《自定年谱》戊戌年中曾专门记载他反对阔普通武开议院一事:"内阁学士阔普通武尝上书请开议院,上本欲用之,吾于《日本变政考》中,力发议院为泰西第一政,而今守旧盈朝,万不可行,上然之。"③类似的举动,还可见《自定年谱》所记录的他在戊戌年阻止谭嗣同和林旭开议院一事:"于时复生(按:谭嗣同)、暾谷(按:林旭)又欲开议院,吾以旧党盈塞,力止之。"④当然,他最为旗帜鲜明地表明立场的证据,是戊戌五月二十八日的《答人论议院书》。

　　承见教责以不建言请开议院,所以督责者甚至,此诚大君子忧国救民之盛心而爱人以德之高义也。然仆之愚,讲求变通宜民直故,窃有所斟酌焉,非苟为采袭已也。夫议院之义,为古者辟门明目达聪之典,泰西尤盛行之,乃至国权全畀于议院而行之有效,而仆窃以为中国不可行也。该天下国势民情地利不通,不能以西人而例中国。泰西自罗马教亡后,诸国并立,上以教皇为共主,其君不过如春秋之诸侯而已。其地大者,如吾中国两省,小者如丹荷瑞比乃如吾一府,其臣可以仕

---

① 王照:《关于戊戌政变之新史料》,收入中国史学会主编:《戊戌变法》(四),第331页。
② 参见唐德刚:《晚清七十年》,远流出版事业股份有限公司1998年版,第179页。
③ 中国史学会主编:《戊戌变法》(四),第158页。
④ 中国史学会主编:《戊戌变法》(四),第159页。

他国,其民可以游外邦,故君不尊而民皆智,其与我二千年一统之大,盖相反矣,故中国惟有以君权治天下而已。顷皇上聪明神武,深通外国之故,戒守旧之非,明定国是,废弃八股而举行新政,目不暇给,皆中旨独下,不假部议,一诏既下,天下盛行,虽有老重大臣,不敢阻挠一策,而新政已行矣。若如足下言,则定国是,废八股,开学堂,赏新书新器,易书院,毁淫祠诸事,足下故怦怦鼓舞喜出望外者也,然下之九卿詹事科道会议,又下之公车诸士会议,此亦西人之上下议院也,三占从二,然后施行,试问驳者多乎,从者多乎。方今士大夫能知变法维新以保危局者,百不得一,其稍有所知者,亦皆模棱两端,然已不可见矣。虽以皇上之毅然变法,然犹腹诽者众,泄沓如故……然以此辈充议员,凡此新政必阻无疑,然则议院能行否乎,不待言矣。故今日之言议院,言民权者,是助守旧者以自亡其国也。夫君犹父也,民犹子也。中国之民,皆如童幼婴孩,闻一家之中,婴孩十数,不由父母专主之,而使童幼婴孩主之议之,能成家自养否乎?必不能也。君犹师长也,中国之民,皆如蒙学,试问蒙馆之中,童蒙数千,不听师长主之教之,而听童蒙共主之自学之,能成学否乎,必不能也。敬告足下一言:中国惟以君权治天下而已。若雷厉风行,三月而规模成,三年而成效著。泰西三百年而强,日本三十年而强,若皇上翻然而全变,吾中国地大人众,三年可成。况圣上天锡勇智,千载罕逢,有君如此,我等但夙夜谋画,思竭涓埃,以赞圣明足矣……①

---

① 《国闻报》第255号,光绪二十四年戊戌五月二十八日(1898年7月16日);又可见孔祥吉:《戊戌维新运动新探》,湖南人民出版社1988年版,第62页。

此番言论,要点有三:一是强调中国历史、地理等国情的特殊性,认为不能盲目模仿西方;二是认为中国士大夫阶层的素质不高,见识有限,如果参与议政只会成为改革的阻力;三是推崇光绪帝的领袖魅力,认为其足可担当领导改革之任。一言以蔽之,中国自强只能走君主主导的"开明专制"①之道,不能走西方式的议院之路。因此,阔普通武在戊戌七月开设议院的建议与康有为当时的理念相悖,而且所提的"拟请设立上下议院",更不符合康有为这个时候关于"议院"的设计(详见下文),成为他不惜"以今日之我反对昨日之我"的对象。

从反对开设议院的《自定年谱》与主张立宪开国会的《戊戌奏稿》的写作/刊行时间看,前者"编者按"谈到"此年谱系根据赵丰田所藏钞本录下,后经与康同璧所藏钞本对校,原文至光绪二十四年为止"②,可见其主要完成于1898年前,后者则印行于辛亥(1911)五月。

综上所述,事件的真相很可能是:康有为、梁启超很早就认识到议院的重要性,但开设与否取决于他们对政治局势的判断和政治地位的变化,呈现出一种欲说还休的态势。③他们曾经以阔普通武的名义起草了请开设议院的奏折,但是阔普通武因某些顾虑并没有立即上奏,而是斟酌再三,观察时局,直至戊戌六月二十

---

① "开明专制"一词出自陈天华,梁启超加以诠释。梁启超主张中国应实行开明专制,并认为其与立宪主义不相矛盾,"中国今日当以开明专制为立宪制之准备"。在他看来,"凡专制者,以能专制之主体的利益为标准,谓之野蛮专制;以所专制之客体的利益为标准,谓之开明专制"。参见吴嘉勋、李华兴编:《梁启超选集》,第450、460、459页。梁启超发表《开明专制论》的时间虽然已经是1906年,但这种思想其实可以回溯到戊戌时期。
② 中国史学会主编:《戊戌变法》(四),第107页。
③ 有学者已经注意到:"随着康有为身份地位的变化和光绪帝对康氏历次上书的态度与反应不同,康有为议会思想的表现形式也发生一些微妙的变化。"〔韩〕李春馥:《戊戌时期康有为议会思想研究》,人民出版社2010年版,第108页。

三日光绪颁布倡导革新的谕旨后才决定上奏,但这时康有为已经有登"庙堂之高"的机会,政治思想已经发生重大变化,忌讳与民权关系密切的"议院"一词,因此不再认可阔普通武的提议,《自定年谱》《答人论议院书》成为他表明心迹、划清界限的方式。而到了辛亥年,局势早已经大变,1906年清廷宣布"仿行宪政",1908年清廷颁布《钦定宪法大纲》和九年预备立宪计划,1909年作为议院基础的资政院正式开会,到了1911年时,"国会"与"宪法"早已经成为政治正确和朝野共识,在这一背景下,康氏为了避免落后于时代,于是重作冯妇,窜改当年的奏折。

四、戊戌时期的君主立宪问题

(一)康有为的奏章中有关"议院""宪法"范畴的叙述

对该奏折引申出来的戊戌时期的君主立宪问题的探讨,不能满足于单个奏折的考证分析,从法学的角度看,需要对法政关键词的表达样态、发展演变展开深入的探讨。笔者依据孔祥吉先生编著的《康有为变法奏章辑考》,通过表格梳理了从戊子(1888)到戊戌(1898)十年间,康有为以本人或者他人名义上奏的奏章中有关"议院""宪法"范畴的叙述,在此基础上展开分析与论证。

序次	时间	奏章	关键词	内容
1	光绪十四年(1888)十月	上清帝第一书	议郎、议训之官	周有土训、诵训之官,掌道地图、地慝、方志、方慝,汉有光禄大夫、太中大夫、议郎,专主言议。今若增设训议之官,召置天下耆贤,以抒下情,则皇太后、皇上高坐法宫之中,远洞万里之外,何奸不照,何法不立哉?

续表

序次	时间	奏章	关键词	内容
2	光绪二十一年(1895)四月	上清帝第二书	议郎、武英殿、顾问、太和门	伏乞特诏颁行海内,令士民公举博古今,通中外,明政体,方正直言之人,略分府、县,约十万户而举一人,不论已仕未仕,皆得充选,因用汉制,名曰议郎。皇上开武英殿,广悬图书,俾轮班入直,以备顾问。并准其随时请对,上驳诏书,下达民词。凡内外兴革大政,筹饷事宜,皆令会议于太和门,三占从二,下部施行。所有人员,岁一更换,若民心推服,留者领班。著为定制,宣示天下。上广皇上之圣聪,可坐一室而知四海;下合天下之心志,可同忧乐而忘公私。
3	同年五月	上清帝第三书	议郎、武英殿、顾问	与第二书基本一致。无"于太和门"字样,"著为定制"改为"著为定例"。
4	同年闰五月初八日	上清帝第四书	议院、顾问	设议院以通下情也。筹饷为最难之事,民信上则巨款可筹。 开门集议。令天下郡邑十万户而推一人,凡有政事,皇上御门,令之会议,三占从二,立即施行,其省、府、州、县咸令开设,并许受条陈,以通下情。 辟馆顾问。请皇上大开便殿,广陈图书,每日办事之暇,以一时许亲临燕坐,顾问之员,轮二十员分班伺值……其顾问之员,一取于翰林……一取于荐举……一取于上书……一取于公推。

续表

序次	时间	奏章	关键词	内容
5	光绪二十三年(1897)十一月	上清帝第五书	国会、宪法	自兹国事付国会议行,纡尊降贵,延见臣宦,尽革旧俗,一意维新,大召天下才俊,议筹款变法之方,采择万国律例,定宪法公私之分。
6	光绪二十四年(1898)正月初八日	请大誓臣工,开制度新政局折(上清帝第六书)	制度局、待诏所、集贤延英之馆	考日本明治维新之始,凡有三事:一曰大誓群臣以革旧维新,而采天下之舆论,取万国之良法;二曰开制度局于宫中,征天下通才二十人为参与,将一切政事、制度重新商定;三曰设待诏所,许天下人上书,日主以时见之,称旨则隶入制度局。伏愿皇上采而用之……择吉日大誓百司僚属于太庙,或御乾清门,下诏申警,宣布天下维新更始,上下一心,尽革旧弊,采天下之舆论,取万国之良法……然后用南书房、会典馆之例,特置制度局于内廷,妙选天下通才十数人为修撰,派王大臣为总裁,体制平等,俾易商榷,每日值内,同共讨论,皇上亲临,折衷一是,将旧制新政斟酌其宜,某政宜改,某事宜增,草定章程,考核至当,然后施行。其午门内设待诏所,派御史为监收,许天下人上书,皆与传达,发下制度局议之,以通天下之情,尽天下之才;或与召见,称旨者擢用,或擢入制度局参议。其将来经济特科录用之才,仿行唐制,开集贤、延英之馆待之,拔其尤者,选入制度局。其他条陈,关涉新政者,皆发制度局议行。其新政推行,内外皆立专局以任其事:一、法律局……二、税计局……三、学校局……四、农商局……五、工务局……六、矿政局……七、铁路局……八、邮政局……九、造币局……十、游历局……十一、社会局……十二、武备局……十二局立,而新制举。凡制度局所议定之新政,皆交十二局施行。

续表

序次	时间	奏章	关键词	内容
7	同年二月初八日	请设议政处疏(代御史宋伯鲁)	议院、议政处、议政员	今拟略师泰西议院之折,仍用议政名目,设立议政处,与军机、军务两处并重。令各省督抚举实系博古通今、洞察时务、体用兼宏者各一人,令京官一品以上,共举十人,无论已仕未仕,务限一月内出具考语,咨送吏部,引见后即充当议政员,以三十员为限。月给薪水,轮流住班,有事则集,不足则缺。凡国家大政大疑,皆先下议政处,以十日为限,急则三五日议成,上之军机大臣;不可,则再议,军机复核无异,乃上之皇上,而裁断施行焉。盖合众通才而议一事,可决其算无遗策矣。办有成效,请旨按级迁擢,疆枢之任,皇华之选,皆于是乎取之。此后,京外各三年一举,外省不再咨送,听候调取。将来经济特科得人,亦可充入。
8	同年三月二十日	进呈《日本变政考》等书,乞采鉴变法以御侮图存折	宪法、制度民政之局	日本变法,日异月殊,经百十之阻挠,过千万之丛弊,刮垢除旧,改良进步,乃得以成今日之宪法。皇上乾纲独揽……但开制度民政之局,拔天下通达之才,大誓群臣,以雪国耻,取日本更新之法,斟酌草定,从容行之,章程毕具,流弊绝无,一举而规模成,数年而治功著……
9	同年四月二十九日	变法先后有序乞速奋乾断以救艰危折	参议局、立法院、宪法	日本变法之始,特立参议局于宫中,选一国通才为参与。今欲改行新政,宜上法圣祖仁皇帝之意,下采汉、宋、日本之法,断自圣衷,特立法院于内廷,选天下通才入院办事。草定章程,酌定宪法,如周人之悬象魏,如后世之修会典。

续表

序次	时间	奏章	关键词	内容
10	同年五月初一日	为恭谢天恩,请御门誓众,开制度局,以统筹大局折	制度局	日本变法之始,盖能定规模、画图样,而后举行,故能骤致富强,故非特开制度局于内廷,妙选通才入直,皇上亲临,日夕讨论,审定全规,重立典法,何事可存,何法宜改,草定章程,维新更始,此所谓先写图样,而后鸠工庀材也。若其粗迹,若法律、度支、学校、农工、商矿、铁路、邮政、海军、民兵及各省民政诸局,臣前者既言之;变科举,开学会,译西书,广游历,以开民智,臣面对已略举之;皆制度局条理之一端而已。臣愚以为,皇上不欲变法自强而已,若欲变法而求下手之端,非开制度局不可也。
11	同年五月	《日本变政考》序	议院、宪法	日本……立议院以尽舆论。大隈重信、伊藤博文实为会党之魁首,草定议院之宪法。宪法既定,然后治具毕张,与万国通流合化矣。
12	同年七月初三日	变法自强宜仿泰西设议院折(代内阁学士阔普通武)	议院	为变法自强,宜仿泰西设议院,以期上下一心事……拟请设立上下议院,无事讲求时务,有事集群会议。议妥由总理衙门代奏,外省由督抚代奏,可行者酌用,不可行者置之。事虽议于下,而可否之权仍操之自上,庶免泰西君民争权之弊。
13	同年七月十三日	为厘定官制分别官差,以高秩优耆旧,以差使任贤能折	宪法	夫立政变法,有先后轻重之序,若欲厘定新制,须总筹全局,若者宜增,若者宜改,若者宜裁,若者宜并,草定宪法,酌定典章,令新政无遗,议拟安善,然后明诏大举,乃有实益,若稍革一二,无补实政,似非变法先后轻重之序也。

续表

序次	时间	奏章	关键词	内容
14	同年七月二十八日	选通才以备顾问折（代御史宋伯鲁）	懋勤殿	该折暂阙。

（二）作为敏感热词的"议院"

笔者拟提出"'议院'在戊戌时期是一个敏感热词"之观点，如果要从现代的视角更好地理解体会，可以说彼时谈论"议院"一词好像我们曾一度对待"人权"一词的态度，可谓"却愁说到无言处，不信人间有古今"。

在甲午之后，国人对西方的学习，已经从"器物上感觉不足"转而为"制度上感觉不足"，①变法逐渐成为时代的共识和主题。在这一背景下，议会问题成为舆论的热点。根据学者考察，近代议会思想进入中国，可分为四个阶段：1. 1840—1870 年这 30 年间是知识性的介绍，只是一些初步的了解，并无袭用的观念。2. 1871—1895 年这 25 年间，士人视议会有"君民一体""下情上达"的功能，可以团结人心，众志成城，已含有价值观念。3. 1895—1904 年这 10 年间，民权说兴起，强调议会是人民权力表现的场所，"不出代议士不纳税"的观念取代"君民一体"而风行。4. 1905 年以后，议会思想根植国内，人民要求付诸实现，因此有清政府之派遣五大臣出洋考察宪政，不仅深入议会理论，同时考求实施的技术，至此中

---

① 参见梁启超：《五十年中国进化概论》，收入吴嘉勋、李华兴编：《梁启超选集》，第 833—834 页。

国进入紧锣密鼓的实行时期。①

康有为、梁启超有关议院的论述,介于第 2 与第 3 阶段之间,因此议院既是君民上下同心的自强之道,又体现分权与限权的理论学说,在这种时代背景下,一方面,民间可以谈论"议郎""议院""国会""宪法"等词汇,这些词汇甚至是舆论热词,不算"触犯时忌",但另一方面,"议院"一词所承载的思想尤其是"民权"观念,又不可避免与传统大一统的君权有着天然的紧张关系,这使得时人谈论需要区分场域,因此在上书言事时,对"议会"这一可能的特洛伊木马之处理尤为谨慎。从数据上分析,有学者就发现在其掌握的 275 份士民上书中,论及议会的仅有 10 份(包括支持、反对以及与议院相关者),②约占 3.6%,可见比例甚低。

对此,康有为、梁启超的应对方式包括以下三个方面:

第一是在称谓上大做文章,或者托古改制,在传统资源中寻找中西暗合的论据,同时利用古典的词汇,例如"议郎""议政处""武英殿""太和门""懋勤殿""集贤馆""延英馆"等来旧瓶装新酒,此点前文已经谈及。或者借助外来资源,尤其是参照日本明治维新,使用其相对中性的词汇,例如"顾问""参议局""立法院""制度局"等来缓解压力。③

第二是调适"议院"的具体内容,尤其是小心翼翼地处理其与君权的关系。例如议郎(即议员)的选举,在《上清帝第二书》《上清

---

① 参见张朋园:《议会思想之进入中国》,《华东师范大学学报》(哲学社会科学版)2004 年第 6 期。
② 参见茅海建:《戊戌变法史事考》,第 287—292 页。
③ 孔祥吉认为康有为替他人草折,为避免雷同起见,故机构之花样不断翻新,议政处与制度局名异而实同。参见孔祥吉编著:《康有为变法奏章辑考》,第 157 页。这也是名称多种的重要原因。

帝第三书》中是"士民公举",比例是"约十万户而举一人"[1],到了《上清帝第四书》,其比例虽然相同,"令天下郡邑十万户而推一人",但方式则大相径庭,更强调君主的人事权。"至会议之士,仍取上裁,不过达聪明目,集思广益,稍输下情,以便筹饷。用人之权,本不属是。乃使上德之宣,何有上权之损哉。"[2]比较之下,可以判断前者为民选议员,后者为钦定议员。

第三是机制建设的重心从议院模式转向特别内阁模式。以《上清帝第六书》为分界点,前者冠以"议院""国会"之名,人数为"十万户而举/推一人",或民选或钦定,着重于建设近代议院机制,后者冠以"制度局""议政处""立法院""懋勤殿"之名,人数为"十数人""三十员为限",着重于建设近代日本的特别内阁机制,[3]这一变化,体现了康有为从理想进路到历史进路的转变。所谓理想进路,就是模仿立宪国家的既有制度进行建设,例如其所提倡的议员"十万户而举一人"、表决"三占从二"等内容,便是受到《德国议院章程》及其译序的影响。[4] 所谓历史进路,就是模仿立宪国家的历史经验进行制度建设,这方面的影响以《日本变政考》为代表。该书是一部关于日本明治维新的编年体史书,在戊戌年间康有为曾先后两次进呈光绪帝,[5]为康氏提供了政治改革的思路与养分。

---

[1] 孔祥吉编著:《康有为变法奏章辑考》,第39页。
[2] 孔祥吉编著:《康有为变法奏章辑考》,第83、85页。
[3] 汪荣祖指出,参议局、制度局和议政处皆是康有为及其同僚提出的内阁型机构的设想。See Young-Tsu Wong, "Revisionism Reconsidered: Kang Youwei and the Reform Movement of 1898", *The Journal of Asian Studies*, Vol. 51, No. 3 (August 1992), p. 527, note 2.
[4] 参见〔韩〕李春馥:《戊戌时期康有为议会思想研究》,第69—71页。依据《德国议院章程》的按语,德国当时是每十万人选一位议员,康有为将"人"改为"户"。如果将当时人口总数以4亿人计,每户以5人计,那么康有为所设想的议院规模约是800人。
[5] 参见康有为:《日本变政考》(外二种),姜义华、张荣华编校,中国人民大学出版社2011年版,"编者按",第3页。

从日本近代的立宪历程看，明治十六年(1883)伊藤博文完成在欧洲关于宪法及相关制度的调查归国后，开始以宪法体制为取向的制度改革，明治十七年(1884)三月十七日成立由其担任长官的制度取调局，负责起草与设计内阁制和相关各种官制、官吏任用制度、地方制度、行政裁判制度，以及国会、皇室、华族的各种制度，明治十八年(1885)十二月二十二日废除太政官制，建立内阁制，由内阁总理大臣和外务、内务、大藏、陆军、海军、司法、文部、农商务、通信大臣组成，凡十人，伊藤出任首任内阁总理大臣。十二月二十三日，废除制度取调局，在内阁中设法制局。明治十九年(1886)十一月，伊藤开始组织人员秘密起草宪法，经数番修订，在明治二十一年(1888)四月将宪法草案上奏天皇，并于四月三十日成立枢密院，同样由伊藤担任议长，审议宪法、皇室典范和其他重要法案。明治二十二年(1889)二月一日，天皇发布钦定宪法及议院法、众议院议院选举法、会计法和贵族院令，并宣布以明治二十三年(1890)议院开会之时为宪法生效日期。[①]

在这一过程中，从个人层面而言，伊藤博文纵横捭阖的领导能力起到关键作用；从制度层面而言，其领导的内阁发挥了重要的作用。伊藤内阁不仅是行政机关，其作为内阁总理大臣所管辖的法制局，还具有某些立法甚至司法的职能，该局下设行政、法制和司法三部。"行政部，掌外交、内务、劝业、教育、军制、财务、递信之命令起草、审查之事。法制部，掌民法、诉讼、商法、刑法、治罪法及命令之起草、审查。司法部，掌恩赦特典及诸裁判所之官制及行政裁判。"[②]即

[①] 参见〔日〕牧英正、藤原明久编：《日本法制史》，青林书院1993年版，第339—348页；〔日〕川口由彦：《日本近代法制史》，新世社1998年版，第193—198页。
[②] 康有为：《日本变政考》(外二种)，第203页。

是说,立宪之前的伊藤博文内阁乃天皇制下国务(立法、行政、司法)最高辅弼机关,不同于立宪以后,《明治宪法》第55条规定的作为天皇行政权辅弼机关的内阁。① 其体现出某种议行合一的特质,是一种特别内阁模式,可谓宪政中枢机构。伊藤博文关于近代立宪的理论与实践,对康有为产生重大的影响。

(三)康有为的"制度局"考释

康有为念兹在兹的制度局,其名称很可能出自庆应四年(1868)"三职七科"及后来"三职八局"体制下的"制度事务局"、明治四年(1871)太政官体制下的"制度局",②其组织结构和人员编制乃模仿伊藤博文的内阁制,其理论基础乃三权分立学说和伊藤博文的人体功能论,并有所改造与发展。③

从组织结构上看,康有为的制度局下设"法律、税计、学校、农商、工务、矿政、铁路、邮政、造币、游历局、社会、武备十二局"(《上清帝第六书》),或者"法律、度支、学校、农工、商矿、铁路、邮政、海军、民兵诸局"(《为恭谢天恩,请御门誓众,开制度局,以统筹大局折》),④

---

① 参见〔日〕牧英正、藤原明久编:《日本法制史》,第341页。
② 马洪林认为:"开制度局的方案,也是从日本引进的一种资本主义制度,康有为以日本'太政官制'为参照系,竭办谋求设立内阁雏形的制度局。"马洪林:《戊戌维新与中国近代化》,《上海师范大学学报》(哲学社会科学版)1989年第1期。这种判断大体是对的,但没有注意到更早的"制度事务局"也是渊源之一,对伊藤内阁的特质也没有予以揭示。
③ 李春馥认为:"源自日本的'制度局'进入中国后在康有为的变通下,其地位和职能也发生了根本性的变化,成为带有明显康氏烙印的'制度局'。"〔韩〕李春馥:《戊戌时期康有为议会思想研究》,第198页。这一说法很有启发意义,但在制度局的定位上,李春馥认为其为上议院,与笔者观点不同。
④ 关于制度局与十二局之间的关系,康有为曾说诸局乃"制度局条理之一端"(《为恭谢天恩,请御门誓众,开制度局,以统筹大局折》),胡思敬认为康有为"意在夺枢府之权归制度局,夺六部之权归十二分局"(《戊戌履霜录》卷3),可证明两者是某种管辖关系。需要指出,康有为提出的是一种宏大粗疏而非精致且具有严谨逻辑关系的政治制度设计方案,笔者也侧重从整体上把握其关系。

这与伊藤博文内阁的设置颇多相似。

从人员编制上看,康有为的制度局"妙选天下通才十数人为修撰"(《上清帝第六书》),同一范畴的议政处"以三十员为限"(《请设议政处疏》),前者与伊藤博文内阁成员的人数(10人)相近,后者恰好是伊藤内阁成员(10人)加上其法制局参事官(20人)的人数之和。

从理论基础上看,首先,康有为通过近代立宪的三权分立学说,赋予制度局立法权,这与日本近代法制史上曾两次设立的制度局具有的立法职能相似。例如制度事务局负责"撰叙官职、制度、名分、仪制、考课诸规则事"[1],制度局负责"撰修制度律例"[2]。在康有为的语境里,立法权与"议政""论议"等词汇通用。例如"臣考泰西论政,有三权鼎立之义。三权者,有议政之官,有行政之官,有司法之官"[3],又,"实未知泰西之强,其在政体之善也。其言政权有三:其一立法官,其一行法官,其一司法官。立法官,论议之官,主造作制度,撰定章程者也;行法官,主承宣布政,率作兴事者也;司法官,主执宪掌律,绳愆纠谬也。三官立而政体立,三官不相侵而政事举"[4]。对于制度局名称渊源之一的"制度事务局",康有为的按语就是"制度一局,议政之司也"[5]。所谓"议政""论议",指的是中国古典政治中"议"的传统,即作出政治决策之前,安排有制度性的臣工讨论。康有为奏请设立议政处的理由就是认为清朝初期曾设立议政处,但在军机处设立后,这种集体讨论的旧制基本被取

---

[1] 康有为:《日本变政考》(外二种),第12页。
[2] 康有为:《日本变政考》(外二种),第62页。
[3] 康有为:《变法先后有序乞速奋乾断以救艰危折》,收入孔祥吉编著:《康有为变法奏章辑考》,第243页。
[4] 康有为:《日本变政考》(外二种),第24页。
[5] 康有为:《日本变政考》(外二种),第9页。

消,仅存于朝审,因此亟需恢复。① 以上例证一方面可以证明"制度局""议政处""立法院"三者确实是名异实同,另一方面可以看到康有为作为近代今文经学家的方法论,他将近代西方的政治理论与传统中国的政治实践加以比附,进而达到理论的自洽。

其次,康有为模仿伊藤博文的人体功能论,彰显立法的重要性。伊藤博文的人体功能论是将国家比喻为一个人的身体,天皇为头脑,各种国家机构为人体各个器官,从而论证天皇总揽统治权的必要性和合理性。② 康有为独辟蹊径,将其运用到三权关系之中,并将立法视为心思,行政视为手足,司法视为耳目,在这种譬喻下,立法成为三权中最重要的一环。

> 夫国之有政体,犹人之有身体也。心思者主谋议,立法者也;手足者主持行,行法者也;耳目者主试听,司法者也。三者立以奉元首,而后人事举。而三者之中,心思最贵。心不思而信足妄行,不辨东西,不避险阻,未有不颠仆者。三官之中,立法最要。③

以此对照中国的政治体制,在康有为看来,最大的问题正是专门的议政(立法)者的缺失。

---

① 参见康有为:《请设议政处疏》(代御史宋伯鲁),收入孔祥吉编著:《康有为变法奏章辑考》,第155页。
② 参见〔日〕伊藤博文:《日本帝国宪法义解》,牛仲君译,中国法制出版社2011年版,"译者序",第9页。伊藤博文的理论,很可能是来自伯伦知理。关于伯伦知理的学说,可见梁启超:《政治大家伯伦知理之学说》,收入范忠信选编:《梁启超法学文集》,中国政法大学出版社2000年版。
③ 康有为:《日本变政考》(外二种),第24页。

今万几至繁,天下至重,军机为政府,跪对不过须臾,是仅为出纳喉舌之人,而无论思经邦之实。六部总署为行政守例之官,而一切条陈亦得以议,是手足代谋思之任,五官乖宜,举动失措。①

又,

六部为行政之官,掌守例而不任出议,然举行新政无例可援,军机出纳喉舌,亦非论道行邦,跪对顷刻,岂能讨论?总署困于外交,且多兼差,簿书期会,刻无暇晷。变法事体大,安有无论思专官而可行乎?周公思兼三王,仰思待枕。《中庸》称博学、审问、慎思、明辨、而后笃行。今有办事之官,而无议论之官,譬有手足,而无心思,又以鼻口而兼耳目。不学问思辨,而徒为笃行,夜行无烛,瞎马临池,宜其丛脞也。②

因此,康有为乃将法律局列为制度局下属十二分局的第一局,法律分局所对应仿效的,应该是伊藤内阁后来增设的由总理所管辖的法制局,这种改造可以看成是上述强调立法的思维逻辑的表现。

康有为设计的以制度局为核心的政治改革方案,体现了分权与集权两种趋势的吊诡并存。一方面以近代立宪的权力分立理论来论证制度局享有"立法权"的合法性与合理性,以具有近代知识

---

① 康有为:《变法先后有序乞速奋乾断以救艰危折》,收入孔祥吉编著:《康有为变法奏章辑考》,第243页。
② 康有为:《请大誓臣工,开制度新政局折》,收入孔祥吉编著:《康有为变法奏章辑考》,第138—139页。

的人员("通才")组成的机构专门负责国家政策法令、制度规章的制定,"治人"与"治法"并重,相辅相成,试图改变旧有官僚体制权限不分、职任不明的弊端;另一方面,制度局与下属十二分局这种"修撰/参议-专局"议行合一的体制建构,乃试图整合与统一当时军机处与六部的权力,恰如时人胡思敬所说:"窥其隐谋,意在夺枢府之权归制度局,夺六部之权归十二分局。"①康有为试图通过制度局凝聚权力,建立近代政府体制,摆脱旧有官僚体制对改革的掣肘,这不可避免会引发保守势力激烈的反弹,制度局的方案最后没被光绪皇帝采纳,应该是权力博弈的结果。

需要指出,康有为关于立法权的中国诠释并不符合学理,康氏的制度局所享有的"立法权"只是某种起草法令、提出议案的权力,可以说是具有某种立法的职能,却非近代立宪主义之下通常由议会所享有的立法权。造成这种现象的原因可能来自三个方面:一是学术素养,戊戌时期的康有为对立宪的相关理论很可能尚未清晰地把握,实际上一直到1902年,梁启超才发表《论立法权》,区分"立法部"与"立法权"两个概念,辨析立法权的归属,在学理上澄清此问题;②二是政治体制,在皇权一统之下,立法权最终乃由皇帝所掌握,即便是当时已经立宪的日本,其《明治宪法》第5条也规定由天皇行使立法权,议会只是起到协助参赞的作用,③因此对此无需专门辨析;三是个人品性,对于有着强烈个人自信,更倾向"六经注我"的康有为而言,这种有心抑或无意的解读正是康氏风格的体现。

---

① 胡思敬:《戊戌履霜录》卷3,收入《续修四库全书·史部·杂史类》第446册,第317页。
② 参见梁启超:《论立法权》,收入范忠信选编:《梁启超法学文集》,第10—16页。
③ 参见〔日〕伊藤博文:《日本帝国宪法义解》,第5—6页。

(四) 尚未正式登场的"宪法"

如果说有关议院、制度局的设计虽然粗疏但仍有具体内容的话,相比之下,"宪法"在奏章中呈现出两个特点。一是比重、分量较轻。14份奏章中"宪法"仅出现5次,而且有2次专指日本宪法。从时间上看,该词首次出现是在《上清帝第五书》(1897),前四书中皆不见踪影,很可能是康有为通过编辑《日本变政考》了解日本的立宪过程后,才将"宪法"写入奏章之中。[①]《为恭谢天恩,请御门誓众,开制度局,以统筹大局折》中没有"宪法"的内容,在1911年出版的《戊戌奏稿》中,根据该折另写的《敬谢天恩并统筹全局折》中才增添"宪法如何而定"内容,[②]这种变化显然与后来立宪已经成为时代主题有关。综上可见,在戊戌时期,"宪法"并不是康有为关注的重点。二是内涵语焉不详。在关于中国的3处"宪法"中,其中2处只是简单提到"定宪法",只有1处通过譬喻的方式加以解释,即"立法院……草定章程,酌定宪法,如周人之悬象魏,如后世之修会典"(《变法先后有序乞速奋乾断以救艰危折》),其更多地从"宪法"一词的中国古典语义即公布法令、法典、法度,[③]用以昭示臣民,寄寓良法图治的角度来理解立宪与宪法,缺乏对近代意义的"宪法"之把握。

---

① 参见〔韩〕李春馥:《戊戌时期康有为议会思想研究》,第141—142页。
② 参见孔祥吉编著:《康有为变法奏章辑考》,第255页。
③ 权威辞书中关于"宪法"一词的解释:《辞海》是"国家的根本法"(上海辞书出版社2001年版,第2324页);《辞源》(修订本)是"国法,根本大法"(商务印书馆1980年版,第1164页);《汉语大词典》(缩印本)是"公布法令;法典,法度;国家的根本法;效法"(上海辞书出版社2007年版,第4375页)。从所举的例证看,《辞海》是从近代意义上去理解宪法(资本主义国家宪法、苏俄宪法、中华人民共和国宪法),《辞源》是从古典含义上去解释宪法("赏善罚奸,国之宪法也"等),《汉语大词典》则两者兼有。三者比较,以《汉语大词典》最为全面。需要指出,关于《辞源》的"赏善罚奸,国之宪法也"一例,《辞源》解释为"国法,根本大法",《汉语大词典》则解释为"法典、法度"。

关于宪法的认识，戊戌变法失败后，流亡日本的梁启超在1899年的《各国宪法异同论》中，才从根本法的角度谈到对宪法的理解：

> 宪法者，英语称为 Constitution，其义盖谓可为国家一切法律根本之大典也。故苟凡属国家之大典，无论其为专制政体（旧译为君主之国）、为立宪政体（旧译为君民共主之国），似皆可称为宪法。虽然，近日政治家之通称，惟有议院之国所定之国典乃称为宪法。①

但即便梁启超已经意识到宪法作为根本法的地位，仍然纠结于政体与宪法的关系，因此这种意识还是停留在似是而非、似懂非懂的阶段。一直到1901年的《立宪法议》，他才认识到近代宪法关涉君民共守、根本法源、有限政府、人民自由等问题，对其有了比较清晰完整的把握：

> 宪法者何物也？立万世不易之宪典，而一国之人，无论为君主、为官吏、为人民，皆共守之者也，为国家一切法度之根源。此后无论出何令，更何法，百变而不许离其宗也。西语原字为 The Constitution，译意犹言元气也。盖谓宪法者，一国之元气也。立宪政体，亦名为有限权之政体……有限权云者，君有君之权，权有限；官有官之权，权有限；民有民之权，权有限。故各国宪法，皆首言君主统治之大权及皇位承袭之典例，明群之权限也；次言政府及地方政治之职分，明官之权限也；

---

① 梁启超：《各国宪法异同论》，收入范忠信选编：《梁启超法学文集》，第1页。

次言议会职分及人民自由之事件,明民之权限也。①

综上可见,在戊戌时期近代意义上的"宪法"尚未正式登场,但也可以看到,其即将登上历史的舞台,并且取代"议院"成为时代关注的焦点。

结　　论

笔者仿效冯友兰先生的"照着讲"与"接着讲",试图对学界关于"康有为是否伪造内阁学士阔普通武戊戌奏折"之争论作出回应,在澄清史实的基础上理解与反思时代中人与时代变迁。

拙文从研究思路上引入了对梁启超与程序问题的观照,并发现了重要的线索。从两则新证据发现,更早发表的梁启超的《古议院考》与阔普通武的档案折在文本上具有高度的相似性,康有为的上书经验与档案折在程序上"(议院)议妥由总理衙门代奏"的安排相符合,可以推定该折是梁启超、康有为代为起草,梁启超在其中起到关键的作用。康有为后来在《戊戌奏稿》中对奏折内容进行改动,但并非伪造。我们固然可以从道德层面加以批评,但作为政治人物,语焉不详甚至巧言善辩原本就是特性之一,对其评价需要一分为二,更要防止矫枉过正。

康有为、梁启超在是否设立议院问题上的欲说还休,最终转向了试图设立具有议行合一特质、类似日本近代特别内阁模式的制度局,这种从民主到开明专制的复调式变化,从儒家传统看,所谓

---

① 梁启超:《立宪法议》,收入吴嘉勋、李华兴编:《梁启超选集》,第148—149页。

"假君权以雷厉风行"正是其"得君行道"理想的实现方式,①这种"得君行道",无论上古的孔子、孟子,还是中古的朱熹、陆九渊,乃至近代的康有为、梁启超,可谓儒家一以贯之的历史理性选择。从方法策略看,反映了康有为从理想进路到历史进路的转变,前者乃模仿立宪国家的既有制度进行建设,后者则模仿立宪国家的历史经验进行制度建设,其糅合传统中国政治实践与近代西方政治理论,进行创造性的设计与诠释,制度局的方案可谓这种近代今文经学方法的产物。

由于制度局的方案胎死腹中,其所承担的立宪任务自然无法完成,当时康有为对宪法的理解,也更接近于中国古典的而非近代意义上的含义,从这个角度讲,戊戌时期并没有君主立宪。但如果我们不拘泥于对某一历史事件或者时间节点进行定性判断,而是将视野放宽的话,我们可以看到康氏的制度局与后来晚清新政中作为宪政中枢机构的宪政编查馆颇为相似,而晚清新政的种种措施,官制改革为先也好,学习日本法政亦然,皆在康有为的改革方案之中。从这个角度讲,对戊戌变法的研究,应该有与晚清新政对比参照的方法自觉,才能有更客观公允的评价。康有为作为时代的先行者,在清末民初的历史中,早期更多地被讥为异端邪说,后来则被贬为陈腔滥调,甚至未曾享有这两极之间短暂胜利的喝彩。②

---

① "得君行道"乃儒家古老的观点,余英时教授予以诠释,用来概括宋代士大夫阶层作为具有政治主体意识的群体所期许的政治理想。详见余英时:《朱熹的历史世界——宋代士大夫政治文化的研究》,生活·读书·新知三联书店 2011 年版,第421—455 页。

② 此处评价改自叔本华的话,原文是:"每一个法学家必须顺其自然,他的工作必然面临每一种认识、每一种真理所遭遇的命运:开始之际,被讥为异端邪说,最后则被贬为陈腔滥调,他所享有的,只是此两极之间短暂胜利的喝彩!"转引自王泽鉴:《法学上的发现》,收入氏著:《民法学说与判例研究》(4),中国政法大学出版社 1997 年版,第 25 页。

从1898年的《变法自强宜仿泰西设议院折》到1911年的《请定立宪开国会折》，从1896年的《古议院考》到1901年的《立宪法议》，恰好反映了从十九世纪末到二十世纪初，中国近代政治话语的关键词从"议院"转向"宪法"。以是否有"议院"为标准区分君主与君民共主的政体类型学说（君主、君民共主、民主），被以是否有"宪法"为标准区分专制与立宪的政体进化学说（君主专制、君主立宪、民主立宪）所取代，[1] 在立宪具有正当性的时代背景下，对于晚清中国而言，面临的是先有宪法还是先有议院的问题，而康有为"请定立宪开国会折"的标题在两者次序上已经给出了他自己，同时也是晚清新政时清廷的答案：

> 大凡立宪自上之国，统治根本，在于朝廷，宜使议院由宪法而生，不宜使宪法由议院而出，中国国体，自必用钦定宪法，此一定不易之理。故欲开设议院，必以编纂宪法为预备之要图，必宪法之告成先行颁布，然后乃可召集议院。[2]

从戊戌变法到晚清新政的这段清季立宪史，如果放在近代以降的立宪历史长河之中，可以引发两个方面的思考：一个是立宪之前与立宪之后的关系问题，即中国的立宪实践如何提炼出自身合理的经验与理论，从而有效地回应中国问题，指导、维护宪法的秩序；一个是宪法权威的保障问题，即从君主立宪转向民主立宪之

---

[1] 参见〔日〕佐藤慎一：《近代中国的知识分子与文明》，刘岳兵译，江苏人民出版社2011年版，第238—245页。
[2] 《宪政编查馆资政院会奏宪法大纲暨议院法选举法要领及逐年筹备事宜折》，收入故宫博物院明清档案部编：《清末筹备立宪档案史料》（上），中华书局1979年版，第55页。

后,当宪法没有皇权依附时,如何有效地树立起宪法的权威。

(原载《法学家》2016 年第 4 期,刊登时名为
《戊戌时期康有为法政思想的嬗变——
从〈变法自强宜仿泰西设议院折〉的著作权争议切入》)

礼法论争中的冈田朝太郎与赫善心
——全球史视野下的晚清修律

引　言

明清以降，中西交通，外人来华，成为媒介中西法文化的"冰人"。其身份，有如利玛窦、理雅各、林乐知、丁韪良等传教士，有如冈田朝太郎、志田钾太郎、罗炳吉、刘伯穆等法学教习，有如古德诺、爱斯嘉拉、宝道、庞德等政府顾问，有如马戛尔尼、斯当东、芮恩施、满思礼等外交官员，有如李约瑟、博德、柯恩、爱德华等汉学专家，其间不乏一身多职者。其国籍，涵盖了英、美、法、德、日、苏等英美法系与大陆法系主要国家。其身影，活跃在法意沟通、宪政建设、法典编纂、外交谈判、律师执业、司法调查、法学教育、著述翻译等诸多领域。斯人斯事，上演着一幕幕西法东渐与中法西绎的法学故事，形成了一张张移植、继受、诠释、想象的法律图景。

有感于来华外国人与近代中国法的密切关系，笔者试图展开具体个案的探讨。拙文围绕晚清修律中《大清新刑律》编纂引发的礼法论争，采取先前研究不曾使用的比较进路，通过对立场不同的两位外国人——日本的冈田朝太郎和德国的赫善心的比较研究，达到丰富与探究历史事实，考察和反思中国法律近代转型的研究目的。拙文分为四部分：首先，比较冈田朝太郎与赫善心的生平履历，还原时代背景；其次，介绍礼法论争的基本情况，勾勒赫善心登场的历史细节；再次，梳理和比较赫善心和冈田朝太郎的观点，探讨论辩背后核心问题的理论资源与史实真相；最后是结语。

一、恒星与流星：冈田朝太郎与赫善心的人生比较

（一）两人履历

冈田朝太郎（Asatarō Okada，1868—1936），1868年5月29日出生于日本美浓大垣南切石村，为旧大垣藩士冈田平八的长男，小

冈田朝太郎

学时家道中落,冈田朝太郎曾辍学充当见习陶器画工。1882年冈田进入东京外国语学校学习法语,在经过第一高等中学大学预科后,1888年进入东京帝国大学法科大学法国法科,1891年毕业,获得法学士学位,同年进入大学院研究刑法,1893年成为帝国大学法科大学刑法讲座的首任讲师,一年后升任副教授,并受聘于各私立法律学校讲授刑法。在1894年,冈田朝太郎出版《日本刑法论》(总则之部),该书凡1134页,一举奠定其在学界的地位,牧野英一评价道:"这是在日本明治时代被读得最多的一本刑法书,诚可谓洛阳纸贵。明治时代的刑法学应该说是以这本著作为基础建立起来的,并依此著作,奠定我国固有的刑法论。"1897年冈田朝太郎赴法国、德国、意大利游学,他在德国师从著名刑法学家李斯特,受其影响颇深。1900年冈田归国,升任帝国大学法科大学教授,兼任警察监狱学校教授。同年被任命为法典调查会委员,1901年他获得法学博士学位。归国以来,冈田一直活跃在刑事法的研究、教育、立法诸领域。1903年他出版了"第一部在德国概念构成的基础上构筑的刑事法著述"——《刑法讲义》,其授课思维敏捷,逻辑清晰,妙趣横生,颇受学生好评,同时也积极地投身对日本1880年旧刑法的改革活动,推动1907年新刑法在议会审议通过。

1906年9月,年富力强的冈田朝太郎来到中国,受聘为"北京法律学堂教习兼钦命修订法律馆调查员"。他在中国的时间长达九年,经历了清朝与北洋两个政权,是近代旅居中国时间最长的外国法学家之一。清末时期,他负责起草《大清新刑律》《大清法院编制法》《大清刑事诉讼律》《大清违警律》等法律草案,在京师法律学堂、京师法政学堂讲授刑法总则、刑法分则、刑事诉讼法、法院编制法、法学通论、宪法、行政法等课程。民国时期,冈田作为政府顾问,参与了《修正刑法草案》的起草工作,任教于朝阳大学等校。

1915年9月,冈田回到日本,但仍依北洋政府修订法律馆的嘱托从事相关工作。他辞去东京帝大的教职,结合其立法经验,主要从事比较刑法的研究,并兼任早稻田、明治等私立大学教职。1936年11月13日,冈田因心脏病发,驾鹤西归,享年69岁,同年北京的《法律评论》第14卷第4期专门报道了他逝世的消息。

在法学以外,冈田爱好川柳(日本诗歌的一种形式),是知名的川柳研究家,雅号"三面子""虚心亭主人""凡夫子"等,著有《川柳》《三面子狂句集1》等作品多种。①

赫善心(Harald Gutherz, 1880—1912),1880年出生于维也纳,并在维也纳大学法学院取得博士学位。1906年赫善心来到柏林,在柏林大学犯罪学研究所工作。他受到了当时刑法大师李斯特的指导,1908和1909年分别出版了《法律技术论》(Studien zur Gesetzestechnik)的两卷本,上卷为《法律技术的概念和本质》(Der Begriff der Gesetzestechnik und sein Wert),下卷为《法律技术的现象和学说》(Phänomenologie und Lehren der allgemeinen Gesetzestechnik),以此作为教授论文申请教授资格。他拟提交教授资格答辩的报告题目有两个,一是《作为哲学家的老子》,二是《作为自然法和规范的法》,但尚未进行答辩就接受德国海军部的委托,于1909年9月来到中国,担任青岛特别高等专门学堂法政科的讲师。

赫善心在此工作了三个学期,讲授法学一般原理、国家法总论、国际法、刑法、国家经济理论入门、哲学入门等课程,撰写了《法

---

① 参见〔日〕西英昭:《冈田朝太郎について(附·著作目録)》,《法史学研究会会報》第15号,2011年;《清末民国時期法制関係日本人顧問に関する基礎情報》,《法史学研究会会報》第12号,2008年;《冈田朝太郎著作目録(稿)》,《東洋法制史研究会通信》第15号,2006年;黄源盛:《清末民初近代刑法的启蒙者——冈田朝太郎》,收入《黄宗乐教授六秩祝贺——基础法学编》,学林文化事业有限公司2002年版,第153—188页。笔者在细节处略有修补。

哲学的前思考》《过失的本质》《国家法基本原理》等学术论文,注释了《德意志帝国新刑律草案》。在此期间,他撰文参与《大清新刑律》的礼法论争,成为礼教派的重要奥援,加剧了论争的激烈程度。1910年夏天,赫善心和其他几位教师与学堂的监督(即校长)乔治·凯贝尔(Georg Keiper)发生了冲突,教师们批评学堂的弊端,要求学堂领导按照德国国内大学的榜样办学,保持学校的独立性,但是凯贝尔认为应该根据中国的实际情况实行渐进式的发展,德国海军部因此解除了与赫善心的合同。他于1911年2月4日离开青岛,中国之行仅一年又半载,可谓"匆匆、太匆匆"。赫善心回到柏林大学法学院,同年7月终于完成答辩,获得教授资格,开始在大学任教。遗憾的是赫善心的口才较差,授课效果不佳,加上经济上的困境,得了很严重的偏头痛。1912年1月23日傍晚,身心交瘁的赫善心不辞而别,离开柏林回到奥地利的库夫斯坦。在那里他给妻子发了一封告别电报,然后在散步的小道上开枪自杀,年仅33岁。赫善心逝世后,1912年3月青岛特别高等专门学堂法政科的《中德法报》第2册刊登了其遗作《论三权分立》,并表达哀思。

在法学之外,赫善心喜欢文学,曾出版过《自然主义三论》(*Drei naturalistische Erzählungen*)、《光》(*Licht*)等作品。[①]

(二) 两人比较

比较冈田朝太郎与赫善心的履历,两人颇有相似之处,都曾师从李斯特,皆精通刑法,法学专攻之余,都爱好文学且颇有造诣。但从业界地位与学术影响来看,两人具有一定差距,其人生若打一比喻,冈田若恒星,赫善心如流星。

[①] 参见黄礼登:《走进德国人赫善心》,《公诉人》2011年第3期,第66—67页。笔者在细节处略有修补。

冈田朝太郎成名甚早，二十五岁时便已经执掌日本最著名大学的讲座教席，出版宏著，随后游历各国，增长学识，开阔视野，归来更加如虎添翼，意气风发。他受聘来华，乃头顶"（法学）巨擘""（书）最鸣于时"[①]之光环。清末如此，民国亦然。日本成名，中国建业，综其一生，学术事业基本一路坦途，可谓成功人士。

作为清政府特聘的外国专家，冈田任职的修订法律馆，渊源于清代刑部负责修例的律例馆，光绪三十年（1904）四月初一日易名为修订法律馆，[②]光绪三十三年（1907）官制改革之后，其脱离法部独立，是具有立法职能的重要机构。该馆由修订法律大臣领导，提调进行全面管理，咨议官提供专家意见，下设两科分别负责实体、程序法典及其附属法的调查、起草，译书处负责各国法律书籍编译，编案处负责删订旧有律例及编纂各项章程，庶务处负责事务性工作。[③] 晚清法律改革，修订法律馆在改造旧律、制定新法、习惯调查、法律翻译等方面，成绩斐然。冈田授业的京师法律学堂，乃清朝中央开办的第一所法律专门学校。其设立于1906年，以造就已仕人员研精中外法律，各具政治智识，足资应用为宗旨，并养成裁判人才期收速效。学堂培养年限分两种，一种是三年毕业，一种是速成科，一年半毕业。开设有大清律例及唐明律、现行法制及历代法制沿革、法学通论、经济通论、国法学、罗马法、宪法、刑法、民法、商法、民事诉讼法、刑事诉讼法、裁判所编制法、国际公法、诉讼实习、行政法、监狱法、大清公司律、国际私法、财政通论、外国文、

[①] 沈家本：《法学通论序》，《寄簃文存》卷6，收入氏著：《历代刑法考（附寄簃文存）》册4，第2233页。
[②] 参见李贵连：《沈家本传》，第208页。
[③] 参见《修订法律大臣奏开馆日期并拟办事章程折并章程》，收入上海商务印书馆编译所编纂：《大清新法令（1901—1911）》第2卷，荆月新、林乾点校，商务印书馆2011年版，第113—115页。

体操等课程。① 冈田朝太郎位于京畿重地而一身多职，或起草立法、或传道授业，乃处于清季法律改革的最前沿。

比冈田朝太郎年轻一轮的赫善心尽管在二十余岁就获得博士学位，但一生的学术事业并不顺利，下场悲凉更让人唏嘘不已。他来华时刚及而立之年，尚未取得教授资格，属于"小荷才露尖尖角"的青年才俊，身份亦比较纯粹，只在学校任教，并无兼职他业。

赫善心任职的青岛特别高等专门学堂设立于1909年，由中德两国政府合办，德国海军部官员、地质学家乔治·凯贝尔出任监督（即校长），清朝记名御史、学部员外郎蒋楷出任总稽查。学堂聘有数学家康拉德·克诺普（Konrad Knopp）、物理学家卡尔·艾利希·胡普卡（Karl Erich Hupka）、植物学家威廉·瓦格纳（Wilhelm Wagner）等知名学者，设高等科、预备科、译书处、庶务处等机构，高等科设有法政科、医科、工科和农林四科。法政科的学长（即系主任）是胶澳帝国高等法院的前任法官劳睦贝（Kurt Romberg），该科为三年制，开设民律总则、债权总论、普通国法、德国国法、理论经济学、债权分则、物权、地产册法、刑律总则、实用国民经济学、遗产法、刑律分则、民事诉讼法、刑事诉讼法、破产法、商律取引所法、期票（手形）法、海路法、国民交际法、行政法、财政学、著作权法、保护营业法、矿产及森林法、外文、中学等课程，出版《中德法报》《中国法政科学集要》《中德法律汇编》等刊物书籍。②

----

① 参见《修律大臣订立法律学堂章程》，《东方杂志》1906年第10期。
② 参见王健：《德国法在中国传播的一段逸史——从青岛特别高等学堂说到赫善心和晚清修律》，《比较法研究》2003年第1期，第97页；王健泉、林鸥：《蒋楷初考》，义和团平原起义100周年学术讨论会论文，1999年9月1日，第320页；罗颖男：《论福兰阁对德华青岛特别高等专门学堂的贡献》，北京外国语大学硕士学位论文，2013年，第58页；《青岛特别高等专门学堂法政分科进行办法及课程详章》，《中德法报》1911年第1册，第5—6页。

青岛特别高等专门学堂乃当时的重要学府,其法政科是中德法文化交流的重要机构,但从地域上看,其地处青岛,不在庙堂之高,从时间上看,其设立较晚,加上晚清修律以日为师的倾向,从目前资料看,其在晚清法律改革中更多扮演着旁观评论者的角色,并无直接影响。

历史风云际会,《大清新刑律》编纂引发的礼法论争,将不同国别、身处两地、学术资历亦不在同一级别的学者冈田朝太郎和赫善心席卷进来,呈对峙之势。外国学者的积极参与,形成了晚清修律一道独特亮丽的风景线。

二、他乡遇故知:礼法论争与赫善心的登场

在冈田朝太郎参与的清末立法中,《大清新刑律》无疑是其最为看重、投入最多的一部法律。据其回忆,当年来华之后,总则全部和分则十之八九已经完成,但他发现主要是参酌日本旧刑法而成,需要修改之处甚多,决定重新起草,得到沈家本、伍廷芳的首肯。其间他先分身起草《法院编制法》,后又遭遇清末政治风波,作为新刑律起草机构的修订法律馆甚至一度闭馆,刑法典编纂陷入时间紧迫、人员不整、可能中辍的危局之中。时穷节乃见,冈田发愿将编纂工作完成,他通宵达旦,抱病坚持,终于在光绪三十三年(1907)八月上旬完成全部条文和理由书。甫一交稿,便遇风寒激发病痛,卧床四十二日,幸得名医,经六次切开手术,才得以痊愈。①

---

① 参见〔日〕冈田朝太郎:《清国ノ刑法草案ニ付テ》,《法学志林》第12卷第2号,1910年,第120—122页。

由冈田含辛茹苦完成的《大清新刑律》第一案上奏后,经宪政编查馆分发给内外各衙门讨论,引来中央与地方如潮的反对意见,围绕新刑律的论争,就此全面展开。法典论争主要包括两个方面:一个是比附援引与罪刑法定之争;一个是传统伦常礼教条款的存废之争,主张保留旧律者多持"礼教"说,支持新律者多持"法理"说,因此称为礼法论争。

礼法论争主要涉及四个方面:一是特定行为是否需专门立法(如亲属相奸、亲属相殴、故杀子孙、杀有服卑幼、妻殴夫夫殴妻是否需立有专条);二是特定行为的刑罚力度(如内乱罪首犯、伤害尊亲属致死或笃疾是否处以唯一死刑);三是特定行为是否入罪化(如无夫和奸、子孙违犯教令是否有罪);四是特定主体是否享有法律权利(如子孙对家长是否有正当防卫权)。[1] 其中,又以两个关键条款即"和奸无夫妇女"和"子孙违犯教令"是否入罪的争执最烈、分歧最大。

礼教派以大学士、军机大臣张之洞和资政院议员、宪政编查馆参议劳乃宣为代表,支持者有法部尚书廷杰,法部郎中吉同钧,礼学馆总纂大臣、宪政编查馆咨议官、资政院议员陈宝琛,京师大学堂总监督、宪政编查馆咨议官刘廷琛,宪政编查馆统计局局长沈林一等人。法理派以晚清修律大臣、资政院副议长沈家本为代表,支持者有冈田朝太郎,修订法律馆提调、宪政编查馆馆员董康,资政院议员、法典股股长、宪政编查馆馆员汪荣宝,宪政编查馆参议杨度,宪政编查馆编制局副局长章宗祥,资政院议员、宪政编查馆编制局局长吴廷燮,资政院议员陆宗舆,宪政编查馆馆员曹汝霖,大理院推事、京师法律学堂监督江庸等人。

---

[1] 参见陈新宇:《〈钦定大清刑律〉新研究》。

从对立法影响的角度比较双方，一言以蔽之，礼教派位高而法理派权重。前者资历深，更多是扮演清流角色，从舆论上对新刑律施加影响，人员多为传统功名出身，熟悉传统律学，但对近代法学了解不足。后者以法治技术官僚为主，控制了修订法律馆、宪政编查馆编制局、资政院法典股等立法要害部门，不仅有如沈家本、董康等旧律专家，也有如汪荣宝、章宗祥等留学日本、熟悉近代法学的年轻新法人员，更遑论冈田朝太郎这种外国的法学权威。因此，在近代法学智识转型、法政咸与维新的背景下，尤其是在1909年核心人物张之洞去世后，礼教派在论辩中不免处于下风，正如当时报刊所记：

> 第一次新刑律草案，为京内外大员驳议后，法律馆又加修订。目前在宪政馆会议此事时，劳乃宣与沈家本意见大忤。劳力主将大清律中种种破碎条文，加入新刑律中，于干犯礼教一条，夫妻相殴一条，特别从严处罚。至于何物确为名教，何事乃为干犯礼教，劳亦不能指出。其所谓妻殴夫之罪，加等处罚，法律馆草案原是如此。劳犹欲加重，故沈大作驳议，洋洋数千言。非徒侈谈东西法理，且语语根据经典，足以折服新旧两学之心理。劳所争辩者，无非托言礼教问题，以钳人口，沈林一又随声附和以助其滔。闻辩驳最有力者，为编制局局长吴廷燮。首先提出法权问题，谓中国是否欲收回领事裁判权？收回领事裁判权，是否宜改良法律，以期中外人皆可适用。若劳所持异论，为极不人道，外人岂能承认此种刑律。因此中国领事裁判权，亦永无收回之一日。而劳已闻语气沮。最后有谓礼教根源于道德，若劳所持为不道德，便可谓之非礼教，而杨度则谓礼教有国家主义与家族主义之别，中国今日究竟宜

用何等礼教,若采用家族主义,则编纂新刑律可谓多此一事;采用国家主义,则沈子敦侍郎以数十年之旧律研究,数年之新律讨论,彼反对者所持一二肤浅之议,意可以根本以取消其谬说也。①

从中可以看到,在礼法论争之中,就法内视角而言,如何处理法律与礼教的界限,就法外视角而言,如何处理收回法权与修订法律的关系,劳乃宣并没有足够的理论自信。

正是在这一背景下,赫善心登场了。根据他的文章《关于中国刑律草案的两个建议》②所介绍,其在1910年出版的《德意志帝国新刑律草案(总则)》的序言引起了劳乃宣的注意。该书是赫善心对德国司法院编辑的德国新刑法草案的注释,在序言中其阐述了立法理论:

有周备之预考,然后有精详之条。修律者之预考,即研究本国已过及现行之法律,洞达法律之利弊,通悉国民之性质,是其所不容失之首务也。盖每出新律,惟完善者方能速通行民间,惟从国民性质所修者方能普及,为国民所遵循。欲明见国民之性质,苟能徐观其需要,细察其举动,则其性质显然毕露。此观察一事为完备法学中最重之一课也。若徒从本国法学之研究,其去为修律之预考尚远矣。著名法律家早已指明,

---

① 李贵连:《沈家本评传》,南京大学出版社2005年版,第247—248页。
② Harald Gutherz, "Ueber zwei Vorschlaege zum Entwurfe eines chinesischen Strafgesetzbuches", *Sonderabzug aus der* "*Kiautschou Post*", Nr. 6, vom 12. Februar 1911. 该文由黄礼登、魏彦林翻译,收入笔者所主持的国家社科基金项目"大清新刑律新研究及资料汇编",待刊。

以天下各国虽法律各殊,而究其指归,无不同趋一辙。至法律之发达,可推之天下各国,并可视天下各国如一家之支派焉。如为己国人民谋幸福而不能使之得别国人民之优长者,岂非不明乎?修律者扪心自问,肩此重任而不考核别国法律,取其长弃其短,使彼之长亦为吾民之所得享,能对于其祖国无愧厥职否耶。①

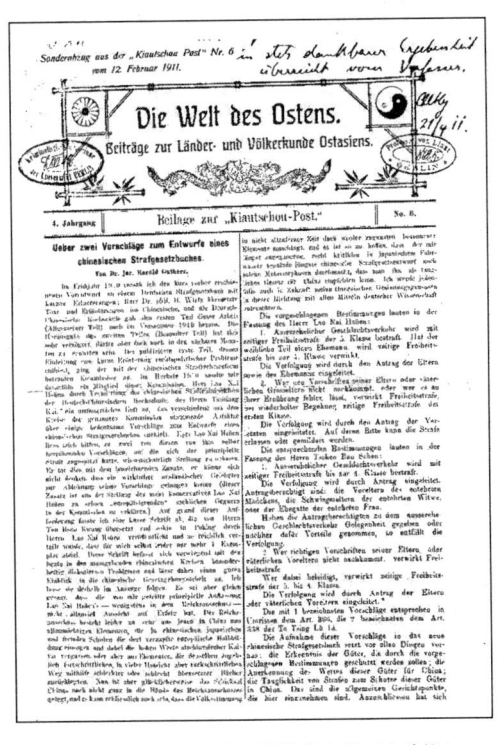

〔德〕赫善心:《关于中国刑律草案的两个建议》

---

① 〔德〕赫善心:《德意志帝国新刑律草案(总则)》,魏理慈译,蒋楷、窦学光校,青岛德华特别高等专门学堂宣统庚戌年(1910)出版,"序"。

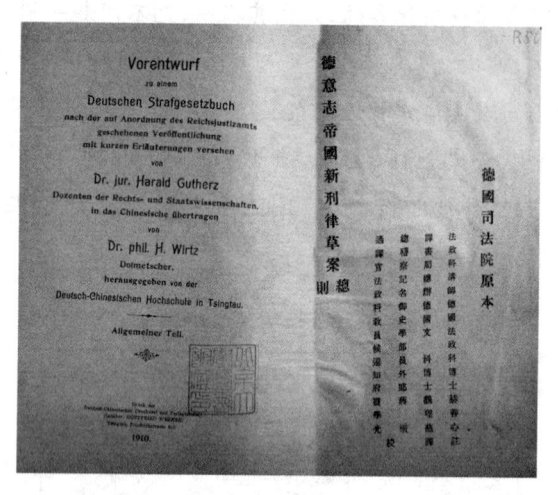

〔德〕赫善心:《德意志帝国新刑律草案(总则)》

这番以本国国民性为基础,兼取他国之长的修律理念正中劳乃宣这位开明的保守主义者的下怀,引为同道。在蒋楷的介绍下,劳乃宣将正在编辑的关于新刑律修正案的书送给了赫善心,并请赫善心对礼教派关于"和奸无夫妇女"和"子孙违犯教令"的立法建议提出学术意见。①

蒋楷(字则先,1853—1912)曾是张之洞就任两江总督时的幕僚,张之洞作为军机大臣主管学部时期,专门将其调入学部,十分器重。②他精通律学,可能是礼法论争中学部批判新刑律签注的起草者。1909年蒋楷担任青岛特别高等专门学堂的总稽查,德国教员请其为法政科学生讲授中国法律,内容包括圣训疏、经义表、

---

① Harald Gutherz, "Ueber zwei Vorschlaege zum Entwurfe eines chinesischen Strafgesetzbuches".
② 参见王健泉、林鸥:《蒋楷初考》,第318—319页。

历代律目沿革,著有讲义《经义亭疑》四卷。① 该书以传统典籍中有关法律的内容为基础,试图沟通中西法意,对晚清修律相关问题多有涉及。蒋楷与劳乃宣同为礼教派,修律观点一致,又与赫善心有同事之谊,切磋学问,②了解赫氏思想,正是这位法律史上的失踪者,在劳赫联系的过程中扮演了"冰人"的角色。

赫善心分别回应了劳乃宣关于《大清新刑律》和蒋楷关于中国法律改革的咨询,前者为《德儒赫氏中国新刑律论》,后者为《德国法科进士赫善心氏与蒋员外楷问答》。由法政科教员、通译官窦学光译出,③蒋楷携译稿来京,劳乃宣印刷200本,广为传播。④

三、赫善心与冈田朝太郎及其同盟者的论辩

(一) 赫善心对晚清修律的意见

赫善心在《德儒赫氏中国新刑律论》和《德国法科进士赫善心氏与蒋员外楷问答》两文⑤中的观点,可以总结为"一个核心,两处要点,一种批判"。

所谓一个核心,即中国修订法律,应该以《大清律例》为基础,他国法律为参考,其立法者,应以熟悉本国国民道德和固有法律的

---

① 参见[清]蒋楷:《经义亭疑》,收入陈广珍、张国梁主编:《蒋楷文集》,银河出版社2002年版,第101页。
② 《经义亭疑》中有引用赫善心的观点,参见陈广珍、张国梁主编:《蒋楷文集》,第51页。
③ Harald Gutherz, "Ueber zwei Vorschlaege zum Entwurfe eines chinesischen Strafgesetzbuches". 赫善心在该文中只提到窦学光翻译了《中国新刑律论》,但笔者猜测其与蒋楷的问答很可能也是窦学光翻译的。
④ 参见劳乃宣:《新刑律修正案汇录》,收入《桐乡劳先生(乃宣)遗稿》,第989页。
⑤ 收入劳乃宣:《新刑律修正案汇录》,收入《桐乡劳先生(乃宣)遗稿》,第965—989页。

中国人为主导，外国人为协助。赫善心的论据主要有两方面：一方面是《大清律例》享有很高的国际声誉，1811年英国人司韬顿（即小斯当东）曾将其翻译为英文，认为有很多值得他国仿效的规则。二十世纪最新的西方立法如瑞士、奥地利和德意志等国的刑法典草案，都可以在《大清律例》中找到各种类似条文。另一方面是德国立法的历史经验，其在十六世纪初曾采用罗马法，导致国民与法官冲突扦格，不得不在300年后以日耳曼法为主，罗马法为辅进行修改。

所谓两处要点：一是根据刑法/罚的目的，立法应该符合本国国民的道德性质；二是领事裁判权的问题需要结合法律部门进行深入的分析，收回法权的关键是审判文明。

关于第一要点，赫善心引用《尚书·大禹谟》的"刑期于无刑，民协于中"，认为其乃世界各国立法的典范。在这种立法政策指导下，法律不应以仿效他国、取悦外人为目的，在国民识字有限、法学为专门知识的情况下，立法应不悖国民的道德性质才能得到遵守。此处，针对焦点问题"和奸无夫妇女"和"子孙违犯教令"，赫善心拟定了四条检验标准：

一、欲以此端保护某项利益，确有此项利益之知识。二、此项利益可贵之处，为中国人承认。三、在中国保护此项利益，刑罚果能致用。四、律文一一明晰，妥当。①

在该标准之下，中国作为农耕社会，重视家庭道德，应要求子孙服从直系尊长的教令，以保持家法，应保护妇女贞操，以保持未

---

① 参见劳乃宣:《新刑律修正案汇录》，收入《桐乡劳先生(乃宣)遗稿》，第971页。

来家庭基础。有关服从的指令,都可以用法律予以保护。就"子孙违犯教令"而言,欧洲的感化院只是针对不服管教的幼年子弟,不适用成年之辈,因此修律大臣认为"只是教育问题无关刑法"并不能成立,在欧洲如军人和官吏此类管理问题同样有刑法予以规范。就"和奸无夫妇女"而言,欧洲各国刑法同样可用刑法来保护妇女的贞操,其对没有婚姻关系男女的性行为处理宽松,只是因为婚姻年龄比中国晚。

关于第二要点,赫善心将领事裁判权问题结合国际公法、刑法和诉讼法三个法律部门进行探讨,他认为,首先,收回领事裁判权是国际公法之事。其次,就国内法而言,领事裁判权可分为两个层面:一是有关刑法的法源问题,即用何国的刑法进行审判,从该角度看,世界各国皆允许本国法院适用外国法,德国刑法就有允许适用外国法的规定;一是有关诉讼法的管辖问题,即何国的法院具有审判权。最后,修订法律只是为收回领事裁判权做准备,关键在于诉讼法即审判文明。

所谓一种批判,就是在上述观点与论证的基础上,批评《大清新刑律》乃日本律,中国修订法律不应丢弃自身文明的礼教而迁就外人。

这时为宣统二年(1910)十月,新刑律在经历法部与修订法律馆共同修订,宪政编查馆审核之后,即将进入资政院讨论、议决的阶段。赫善心所代表的德国法是日本近代法律改革所效仿的对象,他本人拥有法学博士的头衔,这双重因素使得其在论争中具有很强的话语权。他的加入使得礼法论争的局势为之一变,给法理派很大的压力,促使冈田朝太郎亲自出面对话。

(二)冈田朝太郎及其盟友的反驳

冈田朝太郎的观点可见《冈田博士论刑律不宜增入和奸罪之

罚则》《冈田博士论子孙违犯教令一条应削去》①两文。

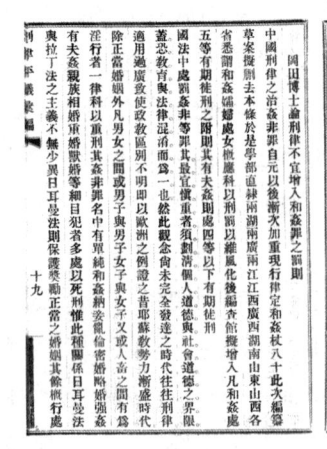

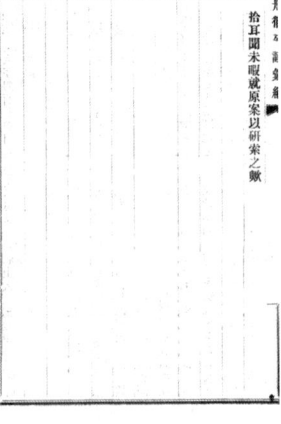

〔日〕冈田朝太郎:《冈田博士论刑律不宜增入和奸罪之罚则》

〔日〕冈田朝太郎:《冈田博士论子孙违犯教令一条应削去》

关于"和奸无夫妇女"是否入罪的问题,冈田从历史、法理与实

① 收入《刑律平议汇编》,铅印本,无出版日期,第19—22页。

践三个层面展开讨论。

首先,他梳理欧洲各国奸非罪的历史沿革,发现在十八世纪以后,和奸行为已经不为罪。

其次,从刑罚效果看,冈田认为对于危害社会的行为,刑罚并非万能:有些行为属于教育范畴,例如对幼者适用感化院;有些行为刑罚不如疗治效果,例如对疯癫者适用监置场;有些行为暂时不执行宣告的刑罚,使犯人反省效果更佳,例如初犯者适用缓刑。他认为这三个例证正是"刑期无刑"政策的体现。从罪刑均衡看,和奸行为只是违犯道德,并不危害社会,即便认为其危害社会,但与其性质、程度相当的游荡饮食之徒、荒淫之辈,刑法并无罪名。对于道德培养,教育、宗教、舆论以及民法的监护制度等要比刑罚更有效,取消该罪不会导致和奸行为增加。

最后,冈田认为和奸为罪有立法、检举、审判、外交四种不便。从立法上看,该罪处罚只能是轻微处分,没有足够威慑力,也无法处理合法的娼妓问题。从检举上看,该罪名往往只能针对贫贱之人而无法真正约束到富贵者,有悖四民平等原则。该罪使和奸者本人和家族丧失名誉,影响甚大,因此造成检举困难。从审判上看,和奸行为往往秘密进行,证据稀少,审判容易流于擅断。从外交上看,保留和奸罪,在收回领事裁判权之际,如果遇到外国人和奸案件一律加以处罚,会引起外交纠纷。

关于"子孙违犯教令"是否入罪的问题,冈田朝太郎从法律构成要件的明确性、法律与伦常的区分、法律的实效性、刑罚的效果等方面,提出四点否定理由:

> 律文所用教令字样范围过广,不能辨识入于罪之行为与出于罪之行为,是其一。祖父母、父母教令权限未经明定,若

其所命彼此不一致时,不能判断子孙之有无犯罪,是其二。若将一切违犯教令之行为科以刑罚,是逾越法律范围而侵入伦常范围者,若斟酌取舍或罚或不罚,殆将刑律观为具文,理论与实地(疑为"际"之误)两未合宜,是其三。祖父母、父母在民法上分别享有亲权以及惩戒权,于其权内本可督责子孙之行为,无须用刑事之制裁,是其四。①

相对冈田朝太郎对话时的含蓄,他的同盟者董康则开门见山,撰写《董科员青岛赫教习说帖驳议》《董科员辩新刑律草案不必模范外国》,②反驳赫善心的观点。董康既是新刑律草案的按语关于历朝沿革部分的主笔,③也是修正刑律草案的主事之人,④熟悉传统律例与近代刑法的关系。在这两篇文章中,他除了论证"和奸无夫妇女"和"子孙违犯教令"不应入罪之外,更主要是旗帜鲜明地反对所谓《大清新刑律》乃抄袭日本刑法的观点。董康通过实证的方式,一方面列举《大清新刑律》的相关条款,说明其或者来自中国古律而世界各国所无,或者属于世界通例而非模仿某一国家,或者中西法意相通而所见略同,另一方面专门比较《大清新刑律》与日本刑法的差别,例如《大清新刑律》总则的体例是先罪后刑,与日本、德国刑法的先刑后罪不同,又如具体条文中第 1 条关于法律溯及力、第 50 条关于老人犯罪可宥恕等规定,乃来自中国古法而日本

---

① 〔日〕冈田朝太郎:《冈田博士论子孙违犯教令一条应削去》,收入《刑律平议汇编》,第 22 页。
② 收入《刑律平议汇编》,第 33—39 页。
③ 参见胡思敬:《国闻备乘》,上海书店出版社 1997 年版,第 77 页。当时草案法条之后附有按语,一般包括三项内容:"沿革"、"理由"、"注意"(不定项)。
④ 参见汪荣宝:《汪荣宝日记》,第 313 页。

所无。一言以蔽之,"新刑律草案断非日本律,又断非大清律"①,乃折衷古今中外。

(三) 论辩背后的理论资源与史实真相

双方的这场论辩,都会利用中国传统资源如"刑期(于)无刑"的经义来佐证自己的观点,都会诉诸政治正确因素,都会以法学家的视角,从法律构成要件明确性、法律的实效性等方面进行探讨。以下围绕两个核心问题展开讨论:一个是比较双方关于礼教与法律关系的诠释,考察其理论资源;另一个是比较双方关于收回领事裁判权与晚清修律策略的意见,探明其史实真相。

1. 礼教与法律关系

无论是宏观上的立法是否以《大清律例》为基础,还是微观上"和奸无夫妇女"和"子孙违犯教令"是否入罪,都可归结到礼教与法律的关系,即礼法一体还是礼法分离的问题,赫善心与冈田朝太郎论辩的背后乃法律文明固有论与进化论之争。

赫善心宣扬《大清律例》的国际影响,介绍德国的立法经验,批判《大清新刑律》抄袭日本律,乃基于德国历史法学"法是民族精神的产物"的立场,对中国这一东方文明古国的传统法制表现出"温情与敬意"和"同情的理解",从而"他乡遇故知",与中国保守开明的礼教派获得某种精神的契合。他肯定中国固有法的价值,还以其历史公道,值得充分肯定。但也需要指出,他的观点一方面既有事实依据,另一方面也颇可商榷,例如对德国立法经验的介绍上更多是站在历史法学派内部日耳曼学派而不是罗马学派的角度,有以偏概全之嫌,对"大清新刑律草案是日本律"的判断不免过于武断等。

---

① 董康:《董科员青岛赫教习说帖驳议》,收入《刑律平议汇编》,第36页。

中国的固有法，在经历汉唐之际"法律儒家化"①后，已经定型为礼法结合的样态，从规范层面看，礼（义）既是法律原则（"礼，法之大分也"），又可为具体规则（例如"七出三不去"），从功能层面看，法（刑罚）乃维护礼教的手段（"明刑弼教"）。在清季时期，西学输入，孟德斯鸠对中国法的看法使得礼法分离具有了合理性，穗积陈重的法律进化论使得礼法分离获得了正当性。

孟德斯鸠认为："礼之与法，不可混而一之物也。法者，以有民而立之者也；礼者，以为人而守之者也，而二者皆行谊之所必率也……支那与斯巴达之法家，其不分法、礼、俗而一治之者。""并法典、礼、俗为一谈者，天下不常之法也，如所立于支那者是也。"②在他看来，中国固有法这种礼法合一的特质实乃特例，与世界各国通例不同，可谓落后。③

梁启超引用穗积陈重的观点："原始社会，礼治社会也。举凡宗教、道德、惯习、法律，悉举而包诸礼仪之中。无论何社会，皆礼治先于法治，此征诸古代史及蛮地探险记而可见者也。支那古代，谓礼为德之形，礼也者，行为之有形的规范，而道德之表彰于外者也。当社会发展之初期，民智蒙昧，不能依于抽象的原则以规制其行为。故取日用行习之最适应于共同生活者，为设具体的仪容，使遵据之……此在原始社会，其人民未惯于秩序的生活者，以此制裁之而甚有效，至易见也。及夫社会确立，德智稍进，人各能应于事务之性质，而为适宜之自治行为，无取复以器械的形式制驭之。而

---

① 详见瞿同祖：《中国法律之儒家化》，收入《瞿同祖法学论著集》，第361—381页。
② 〔法〕孟德斯鸠：《孟德斯鸠法意》上册，严复译，商务印书馆1981年版，第409、418页。
③ 蒋楷谈道："今之法学家以礼教为诟病，其源盖出于孟德斯鸠。"〔清〕蒋楷：《经义亭疑》，收入陈广珍、张国梁主编：《蒋楷文集》，第53页。

固定之礼仪,或反与人文之进化成反比例,此礼治之所以穷而敝也。"①在这种法律进化论的视角下,礼治衰败,法治当立,梁启超认为:"法治主义,为今日救时唯一之主义。"②

尽管孟德斯鸠和穗积陈重关于礼与法的诠释有西方中心主义之嫌,用西学标准分析中国概念,颇可商榷,③尽管梁启超当时并未明晰先秦法治与近代法治的区别,但先有西洋与东洋法学大家的权威意见,复有维新骄子的呼吁宣传,礼与法的分离已经成为在寰宇竞争的国际环境下,深入人心的舆论新潮流。因此,礼教派们反复地强调礼教之于立法的重要性,一方面乃是在其作为意识形态的时代,可为论辩中的有力武器,另一方面从逆向思维看,这种诉诸政治正确的修辞也正折射出其对法律影响的减弱。

2. 收回领事裁判权与晚清修律策略

光绪二十八年(1902)八月初四日中英《续议通商行船条约》第12款规定:

> 中国深欲整顿本国律例,以期与各西国律例改同一律,英国允愿尽力协助,以成此举,一俟查悉中国律例情形及其审断办法,及一切相关事宜皆臻妥善,英国即允弃其治外法权。④

----

① 梁启超:《中国法理学发达史论》,收入范忠信选编:《梁启超法学文集》,第104页;并参见李欣荣:《清末关于"无夫奸"思想的论争》,《中华文史论丛》2011年第3期,第105页。
② 梁启超:《中国法理学发达史论》,收入范忠信选编:《梁启超法学文集》,第71页。
③ 严复已经指出:"西文'法'字,于中文有理、礼、法、制之异译,学者审之。"〔法〕孟德斯鸠:《孟德斯鸠法意》上册,第3页。
④ 王铁崖编:《中外旧约章汇编》第2册,生活·读书·新知三联书店1957年版,第109页。

在英国作出放弃领事裁判权的承诺后,中美《通商行船续订条约》第15款、中日《通商行船续约》第11款、中葡《通商条约》第16款、中瑞(典)《通商条约》第10款①等也有相同的内容。收回领事裁判权作为晚清修律的重要目标,列强的承诺对法律改革的范围与力度有积极的促进作用,②成为其政治正确。伴随礼法论争的深入,法理派乃围绕该条款大做文章,礼法双方都试图对其作出有利于自己的解读。

在光绪三十三年(1907)沈家本上呈《大清新刑律》第一案的奏折中,只是泛泛谈到领事裁判权影响到主权,因此不得不改革。③到宣统元年(1909)法部与修订法律馆的第二案,不仅在奏折中明确提到与各国商约的相关条款,认为机不可失,④而且在第289条的按语中将其作为无夫和奸去罪化的理由:

> 修订刑律所以为收回领事裁判权地步,故斯律非独我国人当遵奉之,即在我国之外国人亦当遵奉之也。有夫之妇以外之和奸,外国不禁而我国禁之,刑律中有一二条为外国人所不遵奉,即无收回领事裁判权之实。⑤

---

① 详见王铁崖编:《中外旧约章汇编》第2册,第188、194、256、518页。
② 中英商约谈判正是清政府借以观察和试探西方对领事裁判权态度的重要窗口。从时间对比上看,商约谈判从1902年1月10日起开始,到1902年9月8日结束。晚清启动修律的关键节点,从1902年3月11日清廷下诏准备修律,1902年4月1日袁世凯等提出改革方案、推荐修律人选,到1902年5月13日朝廷著派沈家本、伍廷芳修律,正好贯穿于商约谈判的进程之中,内政与外交,紧密互动。
③ 参见高汉成主编:《〈大清新刑律〉立法资料汇编》,社会科学文献出版社2013年版,第19页。
④ 参见高汉成主编:《〈大清新刑律〉立法资料汇编》,第471页。
⑤ 高汉成主编:《〈大清新刑律〉立法资料汇编》,第554页。

劳乃宣的回应是：

> 窃谓所谓整顿本国律例以期与东西各国改同一律者，但期大体相同，如罢除笞杖、停止刑讯、裁判独立、监狱改良之类，非必罪名条款一一相同也。罪名条款东西各国之律本自各不相同，而谓一国之律可遍与各国条款一一相同，为理所必无之事，是"改同一律"一语不作此解明矣。所谓"审断办法及一切相关事宜"即指民刑诉讼等律及民律商律与法院编制法等而言，曰"查悉皆臻即允弃治外法权"，所谓"妥善"即以上所述各节，非条款一一相同之谓是也。①

两者比较，法理派（很可能是董康）对"改同一律"作狭义解释，不免牵强，劳乃宣所述除了有意回避新刑律外，整体上更加客观公允。从冈田朝太郎与赫善心的意见看，各自站在法理与礼教的立场，貌似泾渭分明。但相比赫善心着墨甚多，冈田言简意赅，似乎言不由衷，一则重要的资料即可以证明此中隐情。他在后来出版的京师法律学堂刑法讲义中，曾谈到收回领事裁判权的策略：

> 今欲践庚子后所结之中英中美中日商约，使各国收回领事裁判权有三策焉，一改良司法制度，二改良监狱，三养成裁判官制度。三者具备，使各国收回领事裁判权不难矣。盖内政修明而外交政策自然发达，呼为根本之论，若不从三者着手，徒持空论与外人竞争，以冀收回权利，非徒然无益，而又害

---

① 劳乃宣：《新刑律修正案汇录》，收入《桐乡劳先生（乃宣）遗稿》，第900页。

中国前途，固为危险也。①

冈田的收回领事裁判权三策，与礼教派颇有共通之处，或许可以说，就收回领事裁判权的策略，双方并没有原则分歧，冈田只是就新刑律问题，借题发挥，不得不然而已。当然，这是其个人意见，还是法理派的共识，仍有待更多的资料来验证。

结　　语

有缘千里来相会，晚清修律的历史契机，使得冈田朝太郎与赫善心两位外国学者，在异国他乡展开了一场学术的论辩。论争的背后，有着固有法与外来法、日本法与德国法、东方与西方之间微妙紧张的复杂关系。《大清新刑律》躬逢其盛，乃处在一个世界法典编纂的新时代，1907年日本颁布新刑法，1909年德国完成新刑法典草案，冈田朝太郎和赫善心来华，一方面正好借他人之酒浇自己块垒，宣扬自己的刑法理念，另一方面也将中国经验介绍给自己的母国，②从这个角度上看，晚清修律是中国与世界的双向互动而不是单维度的移植继受，对其观察应该站在全球史的高度视野。

---

① 〔日〕冈田朝太郎讲述，熊元翰编辑：《刑法总则》，清宣统三年（1911）初版，民国三年（1914）第4版，第25页。
② 例如赫善心的 Ueber zwei Vorschlaege zum Entwurfe eines chinesischen Strafgesetzbuches（《关于中国刑律草案的两个建议》）就是向德语世界介绍中国的情况。从洪堡大学李斯特藏书室的藏品字迹上看，他曾专门送给李斯特指正。参见黄礼登：《走进德国人赫善心》，《公诉人》2011年第3期，第67页。冈田朝太郎常引用《暂行新刑律》（渊源于《大清新刑律》）为佐证，批评1930年日本刑法改正预备案。参见〔日〕冈田朝太郎：《日本刑法改正案评论》，胡长清译，法学编译社1937年版，"序言"，后收入《冈田朝太郎法学文集》，娜鹤雅点校，法律出版社2015年版，第539页。

赫善心与冈田朝太郎关于礼教与法律关系的争论乃法律文明固有论与进化论之争，前者礼法一体的观点体现了德国历史法学尤其是日耳曼学派思想的影响，后者礼法分离的主张有孟德斯鸠关于中国法的看法和穗积陈重法律进化论的理论支持。礼法论争夸大了两人关于晚清修律策略问题上的分歧，他们实际上对此具有共识，都认为在收回领事裁判权的目标下，应该以司法和监狱制度作为法律改革的第一要务，以收回领事裁判权作为无夫奸去罪化的理由仅仅是冈田朝太郎诉诸政治正确的一种修辞。

（原载《华东政法大学学报》2016年第4期）

沈家本:中国近代具体法治的践行者

宣统二年十二月十一日(1911年1月11日),清廷的预备国会资政院第一次常年会议隆重闭幕,参与会后合影留念的衮衮诸

沈家本

公之中,出人意料地没有作为副总裁的沈家本的身影。当时在场的钦选议员汪荣宝在其当天的日记中记录了沈氏因为意外受伤无法与会的情况:"沈副议长自议场退出时,举足触地毯裂口,致倾跌伤鼻,血流甚多,未预摄影。"①

此时的沈家本,已经年逾七十。一个容易被忽视的历史细节是,正是在其争取下,资政院第一次常年会得以展期十日,直至资政院闭会的前一天,沈家本仍在会场上坚持到晚上十点半,终于护送其主持起草、也是争议最大、引发礼法两派激烈论争的第一部近代刑法《大清新刑律》省略三读通过总则,其念兹在兹的法典编纂,得以迎来曙光。他在次日资政院闭会典礼上的不慎失足,应该是年事已高,长期处于高度压力之下,精力不济所致。而这一跤,这摊血,对这位七旬老人的健康,打击甚大,他当年修订法律馆的下属章宗祥对该事故的后续记录是:"出血甚多,回寓静养,究因年老受伤,自此多病。"②就此事的解读,或可谓沈家本以自己的鲜血来祭奠中国的法治近代化,求仁得仁矣!

从1840年到1913年,沈家本出生于鸦片战争爆发这一中国近代开端的特殊年份,逝世于民国肇建的第二年,见证了中国近代法律的转型。其一生大致可以分为两个阶段,前期读经科举,走传统士人体制升迁之路。这条路可谓一波三折,其在1865年一举即中举人,此后却屡试不第,一直到1883年才中进士,为此可谓"白了少年头"。其在弱冠之年即"援例以郎中分刑部",以父荫进入刑部任职习律,考中进士后继续留部工作,虽然以专业能力出色而"以律鸣于时",却困于刑曹浩瀚案牍劳作近三十年,"惯为他人作

---

① 汪荣宝:《汪荣宝日记》,第744页。
② 章宗祥:《新刑律颁布之经过》,第37页。

嫁衣，年年压线计全非"，迟迟无缘晋升。一直到了知天命之年才获得升迁外放为官的机会，得以历任天津、保定知府，并在1901年重归刑部担任右侍郎，由中央到地方，再回到中央，完成其从事务官向政务官的转型。

后期风云际会，1901年内外交困的清廷不得不下诏变法，开启晚清法政改革的序幕，"变法皆从改律入手"，经由袁世凯、张之洞和刘坤一三总督的保荐，年已花甲的沈家本临危受命，得以于人生最后的十余年中，在其最为熟悉的法律场域，施展法治救国的抱负。他是首任的修订法律大臣，执掌删修旧法、起草新法的专门机构修订法律馆；他是首任的最高法院大理院正卿（院长），负责近代中国司法体制的筹建；他是清廷预备立宪中枢机关宪政编查馆的一等谘议官；他是近代中国最早的国会雏形资政院的副总裁和钦选议员；他是近代中国第一个全国性的法学学术团体北京法学会的首任会长；他是近代中国第一所全国性的法学教育机构京师法律学堂的管理大臣……身影遍及立法、司法、法学研究与教育等诸多领域。他是专家治国的典型，政治立场中立，在清朝官场的争斗倾轧、政潮汹涌中保持某种超然的态度；他的性格低调隐忍，内方外圆，既能坚持原则，亦可妥协合作，务实积极地推动法政改革的进行。一言以蔽之，沈家本可谓近代具体法治的践行者。其对中国法治近代化有着巨大的贡献。

一、正本清源，辨析传统法治与近代法治的理念差异

沈家本倡导近代法治观，其认为："或者议曰：以法治者，其流

弊必入于申、韩，学者不可不慎。抑知申、韩之学，以刻核为宗旨，持威相劫，实专制之尤。泰西之学，以保护治安为宗旨，人人有自由之便利，仍人人不得稍越法律之范围。二者相衡，判然各别。则以申、韩议泰西，亦未究厥宗旨耳。"①寥寥百余字，两种法治观的差别，洞若观火。在近代保障人权、自由平等法治理念的指引下，他上《删除律例内重法折》，一举废除传统的凌迟、枭首、戮尸、缘坐、刺字等酷刑恶法；他积极响应恤刑狱，赞成废除刑讯；他大量删减传统律例的死罪条款，将死刑的执行方式由公开执行改为在专门场所执行；他打破旧有的法律差别，积极推进男女同罚、满汉一致与身份平等。

二、会通中西，以开放心态对待中外法律差别

沈家本批判了盲目崇外与排外的两种法律心态："方今世之崇尚西法者，未必皆能深明其法之原本，不过借以为炫世之具，几欲步亦步趋亦趋。而墨守先型者，又鄙薄西人，以为事事不足取。抑知西法之中，固有与古法相同者乎？"②他这种开放的胸襟气度，乃建立在其对中法与西法原理精神深刻把握的基础上，他撰写鸿篇长著《历代刑法考》，梳理古典法意。他重视翻译，"欲明西法之宗旨，必研究西人之学，尤必编译西人之书"③，对于译成的法律，他

---

① 沈家本：《法学名著序》，《寄簃文存》卷6，收入氏著：《历代刑法考（附寄簃文存）》册4，第2240页。
② 沈家本：《裁判访问录序》，《寄簃文存》卷6，第2235页。
③ 沈家本：《新译法规大全序》，《寄簃文存》卷6，第2242页。

都要与翻译人员"逐字逐句,反复研求,务得其解"①。正是这种严谨求实的态度,坚定了其法治近代化的决心与方向。"我法之不善者当去之,当去而不去,是谓之悖。彼法之善者当取之,当取而不取,是谓之愚。夫必熟审于政教风俗之故,而又能通乎法理之原,虚其心,达其聪,损益而会通焉,庶不为悖且愚乎。"②这种会通中西之道,意味着其在现实中面临着左右为难的困境,为了实现审判独立的目标,他不得不诉诸"勿求之于形式,而求之于精神"之举,其推行的新法,则面临着"激进之士嫌其维新而不足,保守辈责其忘本之法"的压力。

三、知人用人,培养近代法治人才

"有其法者,尤贵有其人",沈家本重视近代法治人才,正如江庸所讲:"实清季达官中最为爱士之人。凡当时东西洋学生之习政治法律,归国稍有声誉者,几无不入其彀中。"③为了延揽人才,他在修订法律馆采取薪俸倒挂政策,使得资历浅、职务低的归国留学生可以领取高薪,安心工作,同时又敢于放权,大胆起用新人。"当时王大臣中亦多喜延揽新进,惟严范师生之爱,出于至诚,然事权不属不能尽如其意,其余类叶公之好龙,非沈公比也。"④他当年修订法律馆的下属,例如董康、章宗祥、江庸等,皆担任了民国时期的

---

① 《修订法律大臣沈家本奏修订法律情形并请归并法部大理院会同办折》,收入故宫博物院明清档案部编:《清末筹备立宪档案史料》(下),第838页。
② 沈家本:《裁判访问录序》,《寄簃文存》卷6,第2236—2237页。
③ 江庸:《趋庭随笔》,收入沈云龙主编:《近代中国史料丛刊》第9辑,文海出版社印行,第61页。
④ 江庸:《趋庭随笔》,第62页。

司法总长、大理院院长等法律要职，沈家本当年着力栽培之功，得见一斑。

沈家本的一生，是中国法治近代化坎坷不易的缩影，他在保定知府任上曾因处理教案问题而为八国联军所拘，生命几遭不测，坚定了其法治救国的决心；他在制定《大清新刑律》时曾因内乱罪不处以唯一死刑而被指责为庇护革命党，面临文字狱的危险；他在资政院闭会时的一跤，乃是以身殉道的体现。在历史的今天，如何继承沈家本宝贵的法治遗产，需要认真对待。

（原载《光明日报》2018年2月11日，第7版）

何处相思明月楼:楼邦彦的清华往事

  当今的法学界,听过王铁崖、龚祥瑞两位先生大名的应该不少,而与之"三同"——同学、同事、同为钱端升先生高足的楼邦彦,则知者寥寥,这位法律史上的失踪者,其实学问才识,与前两位相比,毫不逊色,奈何天不假年,逝世于1979年。他历经"运动"坎

楼邦彦先生照片
(感谢楼秉哲先生提供)

坷，虽然最终拨乱反正，得以"右派"平反，却没有赶上改革开放的好时候。近日《楼邦彦法政文集》出版，先生昔日的皇皇大著得以旧文重刊，重见天日，借此机缘，楼先生的子女、亲属、学生，以及生前好友如王铁崖、戴克光、吴恩裕等学者的后人们，重返先生的母校清华大学，和国内各高校的法学、政治学的学者们一道，在清华法学院明理楼，举办了一场温馨隆重的座谈会，追忆楼先生的风范举止，探讨他的学术思想。斯人已逝，故园仍在，小文对此想做一补白，谈谈"恰同学少年"的楼邦彦与清华园的渊源，缅怀那一段不应忘却的学思与法意。

《楼邦彦法政文集》书影

一、清华文法两院的黄金时代

楼邦彦祖籍浙江鄞县，也就是今天的宁波，1912年出生于上海。如果说传统律学家多出自内陆省份如陕西、河南，有所谓陕派、豫派律学的话,近代中国的法学家更多出自沿海地区,二十世纪中国最具代表性的法哲学家吴经熊,就是浙江鄞县人,楼邦彦的老师、著名的政治学家钱端升是上海人,好友王铁崖是福建福州人,地域与法学智识的转型,似乎有着某种密切的联系。1930年楼邦彦先入上海沪江大学读书,一年后转学考入清华大学法学院政治学系。转学背后的原因,当时同为沪江同学、后来同样转入清华的龚祥瑞在回忆录《盲人奥里翁》中提供了一些线索,按照龚先生的说法,曾任清华政治学系主任的余日宣当时正在沪江大学任教,向他介绍过清华的情况,促成他转考清华,这种来自老师的影响很可能也发生在楼邦彦身上。

依据史学家何炳棣的说法,20世纪30年代乃清华校史上的黄金时代。"30年代的清华文法两院表现出空前的活力。除各系师资普遍加强外,教授研究空气较前大盛,研究成果已非《清华学报》所能容纳,于是不得不另创一个新的学术季刊:《社会科学》。冯友兰师的《中国哲学史》和萧公权师的《中国政治思想史》两部皇皇综合巨著更足反映文法教学研究方面清华俨然已居全国学府前列。"① 时任校长的梅贻琦先生有名言传世:"所谓大学者,非谓有大楼之谓也,有大师之谓也。"他与前任校长罗家伦先生皆用心延揽人才,在他们的努力之下,当时的政治学系可谓名师云集,阵容鼎盛,浦薛凤先生执掌系务,教授有王化成、沈乃正、张奚若、陈之迈、赵凤喈、燕树棠、钱端升、萧公权等人。这批学人多毕业于清华的留美预备部,后出国攻读法政,在哥伦比亚、哈佛、芝加哥、康奈尔等一流学府取得博士或硕士学位,返回母校任教,彼时正处于年富力强、才思敏捷的人生阶段,既有开阔的国际视野,又关注中国

---

① 何炳棣:《读史阅世六十年》,第102页。

的国情。

当时清华大学的本科教育实行通识教育,在必修的102个学分中,国文、外语、自然科学、数学、逻辑、历史、经济等课程占据了至少76个学分,近75%之比重。关于这种教育理念,梅贻琦先生认为:"大学期内,通专虽应兼顾,而重心所寄,应在通而不在专……夫社会生活大于社会事业,事业不过人生之一部分,其足以辅翼人生,推进人生,固为事实,然不能谓全部人生即寄予于事业也……通识之用,不止润身而已,亦所以自通于人也。信如此论,则通识为本,而专识为末。社会所需要者,通才为大,而专家次之。以无通才为基础之专家临民,其结果不为新民,而为扰民。此通专并重未为恰当之说也。大学四年而已,以四年之短期间,而既须有通识之准备,又须有专识之准备,而二者之间又不能有所轩轾。即在上智,亦力有未逮,况中资以下乎?并重之说所以不易行者此也。"[①]清华历史上培养出众多中西会通、文理兼备的人才,足以证明这种"通识(一般生活之准备)为本,专识(特种事业之准备)为末"通识教育的价值。其在1949年后曾遭批判摒弃,当代重新被肯定重视,有道是"萧瑟秋风今又是,换了人间",让人不胜唏嘘感慨。

二、一代人的法政救国情怀

当时政治学系的专业课程,有浦薛凤的政治学概论、中国历代政制专题研究、近代政治思潮,陈之迈的近代政治制度、宪法、议会制度、独裁政治、中国政府,赵凤喈的行政法、民法通论、刑法通论、

[①] 梅贻琦:《大学一解》,《清华学报》13卷1期,1941年4月。

沈乃正的市政治、市行政、地方政府，王化成的国际公法、国际关系、国际公法判例、国际组织，蒋廷黻的中国近代外交史，张奚若的西洋政治思想史、西洋政治思想名著选读，燕树棠的国际私法，程树德的中国法制史，萧公权的当代西洋政治思想、中国政治思想，另有开课者不详的法学原理、行政学原理。课程的目标在于：（一）灌输学生以政治科学之基础智识，训练其思想之缜密，理解之确切，并授以研究学问之经验与方法，使其能作高深学术之探讨；（二）养成学生应付社会环境之学识与技能，使于毕业后，或服务社会，或参加考试，皆能举措裕如。故理论与事实并重，同时对于各种考试（如留学考试、高等试验、县长考试等）之科目，亦求能互现衔接。

美丽的校园、一流的师资、先进的理念、完备的课程，弱冠之年的楼邦彦，就这么躬逢其盛地与清华结缘了。在这里他很快展现了自己的学术才华，在《新民》《清华周刊》上发表了《在经济的立场评估旧道德的价值》《智识阶级的路》《我们的政府在哪里》《对国联调查团之认识》《信教自由与意见自由》等文章。尤其值得大书特书的是他在1934年的两本论著，一本是其本科学位论文 The British Cabinet (1922—1931)（《1922—1931年的英国内阁》），另一本是在上海世界书局出版、作为"世界政治学丛书"的一种、与龚祥瑞合著的《欧美员吏制度》。

前者是英文论文，由陈之迈博士指导。论文共五章，包括导论、1922—1931年英国内阁的历史概览、两党制的没落、宪法问题、1922—1931年英国内阁成员。从选题上，楼邦彦选择了第一次世界大战以后到1931年经济危机前这一貌似常规的时期，从英国内阁的视角，探讨期间重要的宪法性变化。这种从平常处着手挖掘背后隐含的不平常之处的做法，正是其博学覃思的体现。从写作风格上，楼邦彦采用如史直书的方式，通过资料与数据来分析说理，不作价值评价，体现了严谨客观的文风。从篇幅上，共90页，翻译成中文共34865字，已经超过当今硕士论文的字数要求。从外语水平看，楼邦彦用英文写作，体现了对自己外语能力的信心，论文后所列参考书目共有专书25本、论文11篇、其他文献2种，全为英文论著。就我曾经浏览过的1931—1951年间共101篇清华政治学系本科论文的经验看，楼邦彦的论文无疑是其中的佼佼者。关于这篇论文，冯象教授的评价是："楼先生的英文写文章是没有问题的。当然，偶有小错，谈不上文采，比起钱锺书先生他们来，还是很普通的实用的英文。但论文的水准、文献梳理的功夫和问题意识，不亚于现在的硕士论文；甚至许多马马虎虎、粗制滥造的博士论文也赶不上他呢。"这番表述可资注意的有三点：首先，冯象教授是以钱锺书先生的英语水平这一最高标准为标杆进行比较的；其次，楼邦彦乃以规范的语言进行写作，而学术论文应以表述清晰为第一要务，他的论文符合这一要求；最后，这篇论文的水准已经达到较高的程度，与当今的硕士论文甚至博士论文相比，也毫不逊色。

后者是国内第一本系统介绍西方员吏制度的著作，以英法德美四国相关制度为考察对象。关于Civil Service一词，当时有"吏治""文官""公务员"多种译法，本书的校阅者钱端升教授认为皆有不妥，主张翻译为"员吏"。该词翻译的精准性暂且不论，钱端升教授专门为两位本

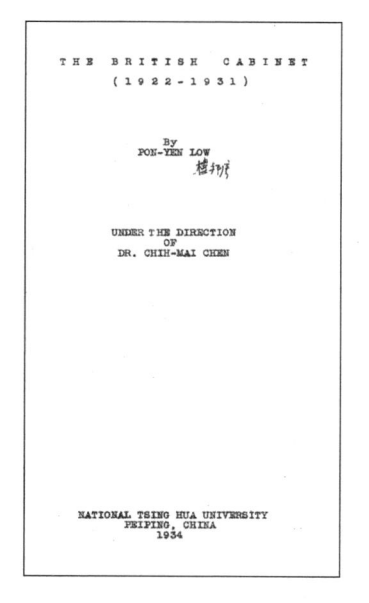

楼邦彦本科学位论文 The British Cabinet(1922—1931)

科生的著作撰写序文，提出修订意见，可以反映出当年师生关系的亲密无间，师者爱才，提携指点，学生优秀，本科时期已经可以进行学术攻坚，完成专业论著。而楼邦彦之所以选择员吏这种与政务官相区分的事务官，即"具有专业技能和永久任期的职业官吏"为研究题目，一方面是从世界趋势看，二十世纪的国家已经从原来十八、十九世纪的警察国家转变为行政国家，员吏的作用日趋重要；一方面是从中国问题看，他认为当时中国政治腐败的原因不是在于没有宪法，而在于吏治腐败，势必改革。因此，研究员吏制度，正是在肯定传统考试制度价值的同时，面对世界的发展趋势，试图以先进国家的他山之石，促成中国的员吏制度改革，可谓"吾以救世也"，这正是当时这批青年人法政救国情怀的折射。

三、不应忘记的法律史上失踪者

可以说，1931—1934年楼邦彦在清华的本科时光中，已经在学术上崭露头角，发出黄莺初啼，奠定"以学术为业"的基础，毕业当年他顺利考入清华的法科研究所。在研究生阶段，他同样笔耕不辍，在《清华学报》《清华周刊》《建国月刊》《时事月刊》《独立评论》上发表书评、论文与时评。贝里代尔·基思（A. Berriedale Keith）的《英国宪法》（*Constitutional Law of England*）、詹姆斯·贝克（James M. Beck）的《布洛克拉西的奇境》（*Our Wonderland of Bureaucracy*）、米德尔顿（W. L. Middleton）的《法国政治制度》（*The French Political System*）等西方学者的最新著述，都是在甫一面世或者出版不久，即被他引介到中国来，体现了他对国外最新研究成果的把握。《美国联邦公务员的退休制度》《苏俄的公务员制度》是他对员吏制度研究的持续探讨。《宪法草案中国民大会之组织问题》《政制问题的讨论》反映了他对中国问题的关注,尤其是后者,乃与本科论文指导教授陈之迈先生进行商榷的文章,体现了"吾爱吾师,吾更爱真理"的精神与勇气。

楼邦彦并没有完成他在清华的硕士学业。1936年他考取了第四届中英庚款考试的行政法门,赴伦敦经济政治学院留学。这类庚款考试,全国每门往往只录取一人,每届录取总人数不过十几或二十余人,是当时竞争最激烈、难度最高的考试。依据统计,楼邦彦那年的录取率,仅为5.24%。[①] 在龙门之试中脱颖而出,正是他实力最好的证明。

1936年的英伦之行,在大洋彼岸等他的是大名鼎鼎的拉斯基,与之同期在伦敦的则有老同学王铁崖与龚祥瑞。如今当我们对这三者耳熟能详之余,也不应该忘记那位法律史上的失踪者楼邦彦,正所谓"何处相思明月楼"。

(原载《法治周末》2016年4月5日,刊登时名为《寻找法律史上的失踪者楼邦彦》)

---

① 参见郑刚:《中英庚款与民国时期的教育》,《教育与经济》2011年第3期。

李敖：法学院的匆匆过客

近日李敖先生驾鹤西去，其作为一个"誉满天下""谤满天下"的争议人物，或许盖棺尚未可定论，仍有待岁月检验。拙文试图从《李敖回忆录》《李敖快意恩仇录》(《李敖文集》，时代文艺出版社2013年版)出发，爬梳勾勒其作为台湾大学法学院匆匆过客的历史细节，管中窥豹，折射其个性特征之一二。

1954年，19岁、高中二年级肄业生的李敖以同等学力参加大学考试。当时台湾地区的大学考试是四校联招，包括台湾大学、台湾省立师范学院(师范学院前身)、台湾省立农学院(中兴大学前身)、台湾省立工学院(成功大学前身)，李敖的第一志愿是台湾大学中文系。这种专业选择，很容易让人联想到中国大陆二十世纪七十年代末恢复高考时，文史哲专业大热的场景，彼时可以说文科最优秀(或者说最高分)的考生多报考于此。而法律一来作为保密专业需要政治考核，二是刚经历无法无天时代，内容乏善可陈，并非天之骄子们心目中的第一选择。在此之后八九十年代大陆的商品经济、市场经济澎湃兴起，象牙塔受社会大潮影响，商科、法科转而变为热门显学而人文学科日趋凋零,不免让人好生感慨。

　　大考放榜,造化弄人,李敖因几分之差,没有考上心仪的台大中文系,转而被法律专修科(按:即专科)录取。报名时的顺手圈选,结果却是阴差阳错。入学之后,班中同学有的发现其分数本可以上法律系(按:即本科)却被误分到此,有的是少三到五分被分到此,而该班两届凡150人的成绩要高于联考的其他三校的本科生,相比之下,高分者却只能读专科,于是群情激愤,通过投书报馆等各种渠道一再反映。当时该法律专修科由"司法行政部"提议设立,部内高官在此兼课,"部长"林彬教授《刑法总论》,"次长"徐世贤教授《中国司法组织》,听从民意,赞成改制,于是法律专修科改为法律系司法组,原来的法律系改为法学组。在皆大欢喜的改制前夜,特立独行、心有不甘的李敖却决定退学重考,成为当时该班莘莘学子的唯一例外。因为按照规定,台大学生只有先行退学,才能重考本校。破釜沉舟之下,李敖在第二年也即1955年重新考入台大文学院历史系。这种再考台大之举,似乎后来的陈水扁也有过,只是他是从台大商学系工商管理组重新考入法律系司法组。

　　从1954年9月14日入学,到1955年6月27日办理退学,李敖作为台大法学院的学生,不足一年,可谓匆匆。虽然"法律不足以慰藉其心灵",李敖没有选择法律为专业,但人生经历却与法律有不解之缘,按照本人的说法:"我从三十六年前(1962年)被胡秋原告到法院后,自此讼性大发,打官司变成家常便饭,前后出庭几百次,或原告,或被告,或告发人,或代理人,进出法院,自己几无宁日,而敌人与法官更无宁日。"[①]古人云:"争罪曰狱,争财曰讼。"一言以蔽之,他这种狱讼相随的人生或可谓法律人生了。这种人生

---

① 李敖:《李敖快意恩仇录》,中国友谊出版社2004年版,第278页。

的品性似乎有着讼师与讼棍正邪交杂、复杂混沌的面相,其誉毁参半恐怕很大程度上也因缘于此吧。

李敖虽然最终读的是历史专业,但有趣的是本科论文仍然与法律密切相关,可见第一专业潜移默化的影响,期间更留下一段颇为吸引眼球的记录:

> 我大学毕业论文题目是《夫妻共体主义下的宋代婚姻的无效撤销解消及其效力与手续》,写作过程中,因为牵涉到中国法制史,特别到法学院找材料。施启扬陪我,拜访了戴炎辉教授。后来我发现原来戴炎辉的著作,多是抄袭日本学者仁井田陞的,特别告诉了施启扬,他大吃一惊。那时他也研究中国法制史,可是法学院的仁井田陞及其他有关法制史的著作,都被戴炎辉借走,别人都无法看到,他乃向我借去不少。①

坦率而言,文字所见虽然信息量大,但仔细品读之下,不无失当之处。

首先,论文的题目《夫妻共体主义下的宋代婚姻的无效撤销解消及其效力与手续》似乎过于追求文字的周全完备,仿佛是在起草法条或者合同,有失简明扼要,不免冗长而显匠气。我没有看过这篇论文的内容,无法评价得失,仅对题目就事论事。

其次,对戴炎辉先生的介绍有失偏颇。李敖的描绘仿佛是《围城》之一景:方鸿渐在三闾大学匆促备课,于图书馆借得一本好教材,决定秘而不宣,以方便自己上课时让学生觉得高深莫测,认真听讲记笔记。实际上戴炎辉与仁井田陞皆出自日本法制史学科的

---

① 李敖:《李敖快意恩仇录》,第60—61页。

创始人中田薰门下,仁井田陞是日本的中国法制史研究奠基者。1962年戴炎辉以《唐律通论》申请东京大学的博士学位,仁井田陞正是其口试召集委员,曾表示戴先生唐律研究的成果,是他所无法达到的。[①] 仁井田陞一生参与学术论战多多,对待学术认真严厉,他的师侄滋贺秀三在名著《中国家族法原理》(该书获得日本学士院赏)出版之际,就特别致谢他学术批评的作用:"仁井田先生给予我的教益非常之大,我的旧著公刊以来,先生再三执笔提出严厉的论难,对此无论如何也应当道谢,如果说正是在经受这些批评而想要站直了的努力之中本书才得以产生出来,恐怕也非夸张。"[②]从这些方面看,戴炎辉若是有李敖所说学术不端,又怎能在要求严格的日本学界顺利申请到学位,以唐律、淡新档案等研究在国际学界赢得口碑?李敖语不惊人死不休固然彰显个性,但与事实真相难免有差距矣。

作为法学院学生的李敖,可谓匆匆;作为无所不在法网中人的李敖,则是漫长。

每每提及李敖,总会让我想起大学时代的上铺兄弟胡锦河君,他与我踢球结缘,相处甚宜。当年经他推荐,我初识李敖其人其事书。胡君个性鲜明,桀骜不驯,和李敖颇为相似,为人坦荡,是条汉子。当年他在深夜一烛如豆,翻阅李敖著作的场景,让人印象深刻。现在李敖芳华已逝,胡君更在十年前不幸去世,今日写下这段并非"多余的话",谨表对好友的怀念与哀思。

---

① 参见黄静嘉:《戴炎辉:朴实谨严、开一代之宗风的大师》,收入许章润主编:《清华法学》第4辑。
② 〔日〕滋贺秀三:《中国家族法原理》,张建国、李力译,法律出版社2002年版,"序"。

初版书评一

寻找法律史上的失踪者意义何在

孙家红

"今天对他们的研究,既是重建事实,还以历史公道,亦能从中窥得思想与学术的传承,领会文化与文明的碰撞,体察国家与社会的转型,感悟人生与人心的变迁。"

农历新年前,蒙陈新宇兄惠赠新出的论文集《寻找法律史上的失踪者》,这是作者继 2007 年出版博士论文后的又一力作,颇能代表一名法史学者的独特情怀。在该书问世短短两三个月的时间里,便得到众多媒体推介,足以说明该书在传播方面已取得较大成功,可喜可贺!

早在 2003 年北京"非典"之后,笔者便在李贵连教授的指导下进行近代法律教育研究,并分担《百年法学——北京大学法学院院史》(北京大学出版社 2004 年版)一书的撰写工作,对于近代中国的法学教育有相当了解。另在作者历时数年的写作过程中,本人更有幸成为这些文章的最早一批读者之一,对于本书内容有着较为长久的阅读体验。换句话说,对于本书作者和内容,笔者是较为熟悉的,算是一个"内幕知情人士"。虽然如此,在得到赠书后,还是逐篇捧读,加以重温。尤其在书名"寻找法律史上的失踪者"的启发下,心生几许感想。

首先,什么是"失踪者"？我们知道,在现行法律中有"宣告失踪"的规定,大意是指:经配偶、父母等利害关系人申请,由人民法院对下落不明,满一定期限(一般为两年)的人宣告为失踪,并由此带来一定的权利义务关系变动。显然,本书虽然是法律史学作品,但这里的"失踪"并非法律专业术语,只是一般社会性的表达。阅读本书各篇,我们大致可以了解到,作者在此使用"失踪"的提法,意在强调本书所揭示的这些法律人多半是被遗忘或者忽略了。因此,所谓"法律史上的失踪者"也就是指那些被遗忘或者忽略的法律人。在这样的概念转换下——不知作者是否同意,我们不得不说:本书所列举的十个人中,何炳棣是著名历史学家,并非法律学家,且其作品数十年间在国际学术界影响巨大,闻名宇内,而潘汉典先生仍然健在,并以著名法学家的身份仍活跃于当今法学界,似皆难用"失踪"或被人遗忘来形容。尽管如此,正如作者自序中言,希望"更多的学术同好加入到这一有意义的课题的研究中来",其意在提示和提醒大家应该对这些学术前辈给予更多关注,笔者对此实"心有戚戚焉"。

近代以来中国的法律人,从积极方面言,或可谓恒河沙数,灿若繁星；从消极方面言,则可谓鱼龙混杂,大浪淘沙。本书所涉及者,区区数人,虽多属"人杰",究为"细壤"而已。近代以来"法律史上的失踪者"实不在少数,或曰绝大部分法律人仍处于"失踪"或被人遗忘的状态。另据研究发现,近代以来,国人对于各类学科中具有突出贡献和精深造诣之专家学者,动辄喜欢以"大师"称之。且不论这种称谓是否名正言顺,我们今天所顶礼膜拜的一些"大师"往往出自中文、历史、哲学等人文学科领域,而在法律、经济、政治等社会科学领域,绝少有获此"殊荣"者。从这个意义上说,近代以来中国社会科学领域人物的"失踪"或被遗忘,实为一种普遍现象。

进而,我们不妨追问:近代以来的中国法律人为什么会"失踪"或被人遗忘呢?检视本书所涉人物的生平履历,略可发现一些端倪。

首先,这其中绝对有时间方面的原因。众所周知,1949年是中国历史的一大分水岭。本书所收录的十个人中,如章宗祥、董康、燕树棠等多"成名成家"于清末民国;而在1949年前后,何炳棣、端木正两位尚负笈海外,潘汉典也只是初出茅庐的毕业生。清末民国去今稍远,被人淡忘,或研究不足,似在情理之中。然在笔者看来,众多法律人"失踪"或被人遗忘,时间并不是主要原因,真正致命的原因乃出自政治和学科本身。

自政治一方面言,类如章宗祥、董康、汪荣宝皆为旧式官僚,甚至章、董二人还曾背负"汉奸"罪名,遭国人唾骂,在中华人民共和国成立后早被打入"另册",对于该人行谊学术之研究自无必要,亦不太可能。燕树棠和邵循恪则属于旧法人员,在1949年后多次受到运动冲击,瞿同祖1965年自海外返国,旋即也被"冰封"起来,不仅自身学术研究无法开展,学术上更无法得到传承。再如法史学家徐道邻,先是选择去台,后又赴美任教,孤悬海外,虽在彼处获得较大声名,但对大陆学术之影响长期较弱。

而自学科一方面言,法律与政治、经济等社会科学皆属移植或舶来之学,并非传统之学。在现代学科分类体系下,与历史、哲学等人文学科相比,更难在中国学术传统中找到"安身立命"之本;甚或事实上,由于某些莫名的原因,长期忽略和排斥来自中国传统的元素。但同样基于政治形势之骤变,随着1949年后根本上否定"旧法统",基于旧法统而存在的旧法学、旧法律人员很快便沦为被改造的对象,甚至对有些人要从肉体上加以消灭。同时令人遗憾的是，清末民国时期，中国的法律和法学在近半个世纪的时间里并没有形成良好的学科和学术传统。这其中自然有法律人主观方面的原因，诸如趋于功利，攀附政治，缺乏独立思想和"为学术而学术"的钻研精神；也有客观方面的原因，诸如法律、政治、经济学科等产生不久，短时间内尚难形成传承有序的法律"学统"。但更主要的，是因为近代中国的民主政治不够成熟，法治不彰，所谓法律人的"学统"或学术传承（如果存在的话）在变动不居的政治面前，往往极度脆弱，不堪一击。

1947年，刑法学家蔡枢衡先生便曾著文批评当时中国法学的"质低量微"。三十多年后，经过"文革"，中国法学和法制建设重新起步，当时竟有不少法律学人已然不知"标的"为何物，"人治"和"法治"尚且需要经过大讨论方能抉择，足见当时中国的法学多么"幼稚"（时人之语），中国法律"学统"的断裂有多么严重！拭目今朝，有不少学者和媒体已经开始总结改革开放以来中国的法学和法制建设成就，并常常乐道于某些院校法律专业的"黄埔一期""黄埔二期"。我们固然无法否认"文革"后这批法律人在当代中国的法学和法制建设中已然形成一股庞大势力，在当今政学两界占据显要位置，掌握各类资源，并且可以预计，其中不少人还将影响中国十数年或数十年。但一方面，若以传统中国立功、立言、立德"三不朽"的标准来衡量，欲言其中有人已经开宗立派、创立良好的法律"学统"，却为时尚早；另一方面，这批法律人与清末民国的法律人之间，几乎都没有直接师承关系，无法也无意赓续清末以来中国法律的学脉。因此，如果没有法史学者的研究发覆，以往这些"法律史上的失踪者"们势必要长期"被失踪"下去。

由此，进一步追问：我们今天寻找中国法律史上的失踪者，其意义何在？笔者非常同意作者在自序中所说："今天对他们的研究,既是重建事实,还以历史公道,亦能从中窥得思想与学术的传承,领会文化与文明的碰撞,体察国家与社会的转型,感悟人生与人心的变迁。"发现和揭露真实的历史,回归历史的本来面目,并给以客观公正的评价,恐怕是我们今天寻找法律史上的失踪者的基本目标。进而,研究者个人可能还会获得独特的心灵体验或感悟,也算是一种精神收获。但是,"寻找法律史上的失踪者"的意义似乎并不局限于此,也不应局限于此。何以言之?

笔者注意到,近年在中国的图书市场上,关于清末民国题材的书籍十分抢眼,涌现出一股重述清末民国历史的潮流,若干作者大有拨乱反正、"语不惊人死不休"的意味,兼以不少媒体标榜鼓吹,相关书籍往往大卖。在这其中,以西南联大为主题的书籍更是异军突起,备受关注。作为一名读者、研究者兼作者,有时不禁会问:西南联大的历史经验,为什么在今天如此受到重视? 不得不说,这恰恰反映出当下高等教育存在一些难言和难解的弊端,一些人试图通过研究西南联大的历史,从历史的深处、从理想化的西南联大校史中,寻绎出中国高等教育的合理出路。

《寻找法律史上的失踪者》一书之所以能在短时间内热销,与上述心理有异曲同工之妙:既反衬出我们对于清末以来法律学人的普遍无知,又折射出我们一部分人的心理,即试图通过历史的阅读,弥补知识上的缺陷,发现百余年来中国法学、法治的经验教训,以探究未来中国的法治之路。所以,这本新作的贡献,与其说是讲了几位"失踪"法律者的奇妙人生故事,不如说是提出了一个发人深省的好问题,启发我们作进一步的探究和思考。

(原载《中华读书报》2015年5月20日,第9版)

初版书评二

追寻法学先贤

林建刚

2007年,谢泳从山西来厦门教书,我们经常在一起聊天。在交流的过程中,我发现胡适的朋友圈也是一个非常有意思的话题。从胡适的朋友圈出发,我们可以发现一些被遮蔽与遗忘的学者。于是,按照学科分类,我有了一个围绕胡适的朋友圈,找寻"学术史上的失踪者"的学术计划。

这一学术思路,具体说来,主要由以下几个想法构成。

一、希望找寻民国农学家的传统。侧重于梳理卜凯(赛珍珠的丈夫)、沈宗瀚、李先闻、董时进等民国农学家的思想遗产。

二、找寻受哈耶克影响的民国经济学家。侧重于挖掘周德伟、蒋硕杰、吴元黎(吴鼎昌的儿子)、施建生等民国经济学家的思想理念。他们都是哈耶克的中国学生,与罗隆基、储安平、吴恩裕等民主社会主义者比起来,他们才代表了民国真正的古典自由主义传统。

三、找寻科学史上的失踪者。如营养学家吴宪、生理学家林可胜(厦大校长林文庆的儿子)等。

四、找寻民国教育史上的失踪者。如燕京出身的瞿世英、清华出身的傅葆琛等。

五、找寻法学史上的失踪者。例如韩德培、陈体强等人。

六、找寻政治学方面的失踪者。例如王赣愚、张纯明、吴恩裕等。

说句实话,对这些学科,我虽有兴趣,但都不深入。我只是对这些学科的学科史很有兴趣。我想通过对胡适朋友圈的梳理,来追寻前辈先贤的光荣与梦想。历史是人类的心灵史,这些前辈先贤留给我们的遗产,他们的所思所想,应该会给当下我们这个时代以启发吧。

时光荏苒,在过去的几年中,我虽然也写了与此相关的一些文章,但都不够系统。因此,当我读到陈新宇先生的这本《寻找法律史上的失踪者》的时候,我心中有些莫名的激动,他的这一思路恰好与我当年的一些想法不谋而合。

在这本书中,陈新宇"上穷碧落下黄泉,动手动脚找材料",向我们介绍了章宗祥、董康、汪荣宝、瞿同祖、何炳棣、燕树棠、徐道隣、邵循恪、端木正等法学前辈。

我惊讶地发现,这本书中提到的一些人,也与胡适有着密切的联系。

比如,法学家燕树棠,他是胡适的老朋友,胡适担任北大校长时,他是北大法学院的著名教授。再如,章宗祥是五四运动中所谓的卖国贼,而五四运动则与胡适息息相关。而董康则是胡适笔下"好政府主义"的理想人选,胡适日记中多次提到董康,多赞美口吻。在给董康《书舶庸谭》所作的序中,胡适说他是"收罗民间文学最有功的人"。

至于汪荣宝，据陈新宇这本书披露，当时汪荣宝提议定孔教为国教，为达此目的，甚至有人主张将宪法草案中"中华民国人民有信仰宗教之自由，非依法律不受制限"的条文删去。也许，正是有了这一现实刺激，胡适等新文化运动的思想领袖才会不遗余力地打孔家店吧！

在《人生何处不相逢——瞿同祖与何炳棣的命运对照》一文中，陈新宇通过分析瞿同祖、何炳棣在二十世纪五六十年代不同的人生抉择，向我们解释了他们的学术成就迥然不同的原因。当何炳棣发出"看谁的著作真配藏之名山"的狮子吼时，瞿同祖却默默放弃了"再写一本好书"的学术心愿。选择即命运，何炳棣选择留在美国，瞿同祖选择回到大陆。

其实，他们的人生抉择，也都与胡适息息相关。

当何炳棣、王毓铨、胡先晋等人打算回国时，据胡适日记记载，他曾多次劝阻他们不要回去，胡适希望他们利用在美国的学术资源，致力于学术研究。胡适还建议他们，如果一定要回国，必须要先写一篇文章批判他。结果何炳棣没有回国，而王毓铨、胡先晋则回到了大陆。很快，王毓铨与胡先晋夫妇就被迫中断了他们的学术研究。

与王毓铨夫妇类似，胡适也曾劝说瞿同祖不要回去。为此，当台湾东海大学校长曾约农来美国聘请教授时，胡适还郑重其事地向曾约农推荐了瞿同祖。结果瞿同祖没有听从胡适的劝告，而选择了回去，这在一定程度上决定了他的学术命运。

读这本书，颇有知音之感。此外，陈新宇先生在追寻这些"失踪"的法学家的同时，还对法律史上的一些人与事进行了反思。

比如，在《谁在阻挠〈大清新刑律〉的议决？》一文中，作者通过对章宗祥回忆录的辨伪，向我们展示了当时"法理派"与"礼教派"

的新旧之争。按照作者的说法，区分新旧的标准是对"无夫奸是否入罪"的态度。所谓"无夫奸"，也就是在室女或寡妇自愿与人发生性关系。这在传统的"礼教派"看来，有辱门风，属于反礼教的犯罪行为。而"法理派"的新派学者则认为这样的行为属于个人自由，国家不应干涉。从人类文明的角度来看，"法理派"的观点无疑更进步。这也是当下文明社会的常识。不过，在晚清时期，当新旧两派就这一问题进行表决时，旧派获得的票数远远高于新派。这也反映了当时社会普遍的心理状态。

面对这种情形，新派应该怎么办呢？

此事如果由燕树棠来做选择，想必他会选择遵从这一现实境遇，并在此基础上徐图改良。因为在他看来，这是法治的精髓之一。在《青年与法律》一文中，燕树棠曾意味深长地写道："法律不是长久不变更的，惟其变更，才有改良。但是在法律未变更之前，必须遵守，必须服从。这一点是法治的真髓，法治的精神。从事法律的人，至少必须修养这点精神，这点习惯。"

可惜，当时的"法理派"却没有这么做。他们通过各种合纵连横的策略，将他们自己的意见写进了《大清新刑律》，并利用种种手段，使《大清新刑律》获得通过。

对此，陈新宇指出，"新刑律存在着严重的程序瑕疵"，他认为，"通过某种反法治的手段建构近代法制体系，不免使其'法教'之启蒙意义大打折扣"。

的确，虽然"法理派"的主张是对的，但是他们的所作所为，恰恰违背了程序正义，违背了法治精神。这类似于以赛亚·伯林所说的"积极自由"——即使你不想要自由，也要强制你自由。

回顾中国近现代史上的新旧之争，我们经常将批判的矛头指向守旧者的踟蹰不前，却很少反省革新者的盲目躁进。对此，胡文辉在《回到李提摩太的时代》中有过精辟论断。他说："近世中国最大的症结之一，不在于保守派的因循守旧，而在革新派的急功近利。保守派目光短浅，他们看不到近在眼前的危机；但可惜革新派同样目光短浅，他们只看到近在眼前的危机！"

除此之外，我觉得这本书还可以增补更多"法律史上的失踪者"。北洋时代，交通总长许世英涉嫌贪污，法律人杨荫杭（杨绛的父亲）将其传讯拘押。这件事很能体现杨荫杭的人格，或许我们可以将杨荫杭的往事也钩沉出来。类似的人物还有很多，郁达夫的哥哥郁华、大法官吴经熊、1947年宪法的起草者张君劢等等，都值得一写。

当然，这些人也都逐渐引起了人们的注意，不过，有一个国际知名的法学家却依然没有引起人们的注意，那就是陈体强。在《寻找法律史上的失踪者》一书中，陈新宇多次提到何炳棣的《读史阅世六十年》。其实，何炳棣就曾对陈体强的学术成就有过高度评价，他说："就20世纪华人在欧美著名大学所完成的博士论文而论，陈体强的论文应永居尖峰地位。"据何炳棣回忆，20世纪炎黄子孙的博士论文中，一出版即驰名中外的有两部，一部是萧公权的《政治多元论》，另一部即陈体强的《有关承认的国际法》。去年，萧公权的全集在他的弟子汪荣祖的推动下在大陆出版发行了。如今，陈体强的相关学术著作却一直没有出版，陈体强其人其事也鲜有人知，这未免有些说不过去。将来如有机会，我期待陈新宇先生写一写他这位本家。我手边就有陈体强的《中国外交行政》，此书是"国立西南联合大学行政研究室丛刊"的一种，1943年10月由商务印书馆印刷出版。如陈新宇先生需要，当立即奉赠。

（原载《经济观察报》2015年2月16日，第45版）

参考文献

一、史料

《大清律例》,田涛、郑秦点校,法律出版社1999年版。
《光绪宣统两朝上谕档》,广西师范大学出版社1996年版。
《国立西南联合大学史料》,云南教育出版社1998年版。
《国闻报》第191号,光绪二十四年戊戌闰三月廿三日(1898年5月13日)。
《国闻报》第192号,光绪二十四年戊戌闰三月廿四日(1898年5月14日)。
《钦定大清现行刑律》,清宣统二年仿聚珍版印行,北京大学图书馆藏书。
《青岛特别高等专门学堂法政分科进行办法及课程详章》,《中德法报》1911年第1册。
《清华同学录》,国立清华大学校长办公室1937年4月印行。
《清秋审条例》,刻本重印,中国书店1991年版。
《申报》,上海书店出版社1983年影印本。
《修律大臣订立法律学堂章程》,《东方杂志》1906年第10期。
《资政院会议速记录》,台湾政治大学基础法学中心藏书。
《资政院议事细则》,《国风报》第一年第廿四号。
北京图书馆编:《民国时期总书目(1911—1949)》,书目文献出版社1990年版。
高汉成主编:《〈大清新刑律〉立法资料汇编》,社会科学文献出版社2013年版。

故宫博物院明清档案部编:《清末筹备立宪档案史料》,中华书局1979年版。

国家档案局明清档案馆编:《戊戌变法档案史料》,中华书局1958年版。

李贵连等编:《百年法学——北京大学法学院院史(1904—2004)》,北京大学出版社2004年版。

李贵连主编:《民国北京政府制宪史料》,线装书局2007年版。

李贵连主编:《民国北京政府制宪史料二编》,线装书局2008年版。

钱实甫编:《清代职官年表》,中华书局1980年版。

清华大学校史研究室编:《清华大学史料选编》第1—6卷,清华大学出版社1991—2008年版。

上海商务印书馆编译所编纂:《大清新法令(1901—1911)》第2卷,荆月新、林乾点校,商务印书馆2011年版。

司法部编印:《改订司法例规》,司法部1922年版。

王铁崖编:《中外旧约章汇编》,生活·读书·新知三联书店1957年版。

西南联合大学北京校友会编:《国立西南联合大学校史》,北京大学出版社2006年版。

夏新华等整理:《近代中国宪政历程:史料荟萃》,中国政法大学出版社2004年版。

修订法律馆编:《法律草案汇编(刑法)》,成文出版社1973年版。

修订法律馆编:《修正刑律案语》,铅印本,北京大学图书馆藏书。

杨家骆主编:《中国法制史料》第1辑第1册,鼎文书局1979年版。

志伊斋:《庚戌资政院议案草》,上海征文社印行,文海出版社1996年影印本。

中国第一历史档案馆编:《光绪朝朱批奏折》,中华书局1995年版。

中国人民政治协商会议全国委员会文史资料委员会编:《文史资料存稿选编》第1册,中国文史出版社2002年版。

中国史学会主编:《戊戌变法》,上海人民出版社1957年版。

二、专著

《刑律平议汇编》,铅印本,无出版日期。

曹汝霖:《一生之回忆》,春秋杂志社1966年版。

陈广珍、张国梁主编:《蒋楷文集》,银河出版社2002年版。

陈寅恪:《元白诗笺证稿》,生活·读书·新知三联书店2001年版。

陈煜:《清末新政中的修订法律馆——中国法律近代化的一段往事》,中国政法大学出版社2009年版。

董康:《民法亲属继承两编修正案》,线装本,1939年。

董康:《民事诉讼法草案暨民事诉讼法施行条例草案》,铅印本,1921年。

董康:《书舶庸谭》,辽宁教育出版社1998年版。

董康:《中国法制史讲演录》,文粹阁影印,无出版日期。

范忠信选编:《梁启超法学文集》,中国政法大学出版社2000年版。

费孝通:《江村经济》,上海人民出版社2007年版。

冯友兰:《中国哲学简史》,北京大学出版社1997年版。

高道蕴、高鸿钧、贺卫方编:《美国学者论中国法律传统》,中国政法大学出版社1994版。

何炳棣:《读史阅世六十年》,广西师范大学出版社2005年版。

胡思敬:《国闻备乘》,上海书店出版社1997年版。

胡思敬:《戊戌履霜录》卷3,收入《续修四库全书·史部·杂史类》,上海古籍出版社1995—2002年版。

黄彰健:《戊戌变法史研究》,上海书店出版社2007年版。

金岳霖:《知识论》,商务印书馆2000年版。

荆知仁:《中国立宪史》,联经出版事业公司1984年版。

康有为:《日本变政考》(外二种),姜义华、张荣华编校,中国人民大学出版社2011年版。

孔祥吉编著:《康有为变法奏章辑考》,北京图书馆出版社2008年版。

劳乃宣:《桐乡劳先生(乃宣)遗稿》,文海出版社1969年影印本。

李贵连:《沈家本传》,法律出版社2000年版。

李贵连编,张国华审定:《沈家本年谱长编》,成文出版社1989年版。

梁启超:《中国历史研究法》,河北教育出版社2000年版。

林增平、李文海主编:《清代人物传稿》,辽宁出版社1987年版。

林振镛编译:《美国刑法学纲要及与我国刑法之比较》,正中书局1944年版。

茅海建:《戊戌变法史事考》,生活·读书·新知三联书店 2005 年版。
瞿同祖:《瞿同祖法学论著集》,中国政法大学出版社 1998 年版。
沈家本:《历代刑法考(附寄簃文存)》,邓经元、骈宇骞点校,中华书局 1985 年版。
苏亦工:《明清律典与条例》,中国政法大学出版社 2000 年版。
孙宝瑄:《忘山庐日记》(上),上海古籍出版社 1983 年版。
孙宏云:《中国现代政治学的展开:清华政治学系的早期发展(1926—1937)》,生活·读书·新知三联书店 2005 年版。
汤志钧:《戊戌变法人物传稿》,中华书局 1982 年版。
汤志钧编:《康有为政论集》上册,中华书局 1981 年版。
唐德刚:《晚清七十年》,岳麓书社 1999 年版。
汪荣宝:《汪荣宝日记》,天津古籍出版社 1991 年影印本。
汪有龄、章宗祥、董康:《修正刑法草案理由书》,铅印本,法典编查会 1915 年版。
王泽鉴:《民法学说与判例研究》(4),中国政法大学出版社 1997 年版。
翁腾环:《世界刑法保安处分比较学(节本)》,上海江苏高等法院第三分院 1935 年版。
翁腾环:《世界刑法保安处分比较学》,商务印书馆 1936 年版。
吴嘉勋、李华兴编:《梁启超选集》,上海人民出版社 1984 年版。
萧公权:《问学谏往录》,学林出版社 1997 年版。
谢振民:《中华民国立法史》,中国政法大学出版社 2000 年版。
徐道邻:《中国法制史论集》,志文出版社 1975 年版。
徐道邻编述,徐樱增补:《徐树铮先生文集年谱合刊》,台湾商务印书馆 1989 年版。
许鹏飞编:《比较刑法讲义》,上海政法学院,无出版日期。
许鹏飞编著:《比较刑法纲要》,商务印书馆 1936 年版。
燕树棠:《公道、自由与法》,清华大学出版社 2006 年版。
余英时:《朱熹的历史世界——宋代士大夫政治文化的研究》,生活·读书·新知三联书店 2011 年版。
俞承修:《比较刑法讲义》,上海政法学院,无出版日期。
张群:《上奏与召对——中国古代决策规则和程序研究》,上海人民出版社 2011 年版。

张枬、王忍之编:《辛亥革命前十年间时论选集》,生活·读书·新知三联书店1960年版。

章太炎:《章太炎全集》,上海人民出版社1985年版。

赵凤林:《汪荣宝评传》,南京大学出版社2012年版。

〔德〕赫善心:《德意志帝国新刑律草案(总则)》,魏理慈译,蒋楷、窦学光校,青岛德华特别高等专门学堂宣统庚戌年(1910)出版。

〔法〕孟德斯鸠:《孟德斯鸠法意》上册,严复译,商务印书馆1981年版。

〔韩〕李春馥:《戊戌时期康有为议会思想研究》,人民出版社2010年版。

〔美〕约瑟夫·列文森:《儒教中国及其现代命运》,郑大华、任菁译,广西师范大学出版社2009年版。

〔日〕川口由彦:《日本近代法制史》,新世社1998年版。

〔日〕大木雅夫:《比较法》,范愉译,法律出版社1999年版。

〔日〕冈田朝太郎:《冈田朝太郎法学文集》,娜鹤雅点校,法律出版社2015年版。

〔日〕冈田朝太郎讲述,熊元翰编辑:《刑法总则》,清宣统三年(1911)初版,民国三年(1914)第4版。

〔日〕泷川政次郎:《支那法制史研究》,有斐阁1940年版。

〔日〕牧英正、藤原明久编:《日本法制史》,青林书院1993年版。

〔日〕伊藤博文:《日本帝国宪法义解》,牛仲君译,中国法制出版社2011年版。

〔日〕佐藤慎一:《近代中国的知识分子与文明》,刘岳兵译,江苏人民出版社2011年版。

〔意〕尼科洛·马基雅维里:《君主论》,潘汉典译,商务印书馆1985年版。

三、论文

陈独秀:《宪法与孔教》,《新青年》2卷3号,1916年11月1日。

陈伟:《儒教入宪——民元国会制宪中的国教案及其论争》,中央民族大学硕士学位论文,2010年3月。

陈新民:《惊鸿一瞥的宪法学彗星——谈徐道隣的宪法学理论》,收入氏著:《公法学札记》,中国政法大学出版社2001年版。

陈新宇:《〈钦定大清刑律〉新研究》,《法学研究》2011年第2期。

陈新宇:《近代清华法政教育研究(1909—1937)》,《政法论坛》2009年第4期。

陈景如:《宋代法制史的研究先驱——徐道隣先生》,十月法史节——民国法制历史与人物研讨会论文,台北,2004年。

董康:《从吾国社会实际需要略论刑法》,《社会科学季刊》6卷1期,国立北京大学,1936年3月。

董康:《改正条约会附刊——缘起》,《兴业杂志》1卷1期,1925年10月。

董康:《改正条约之全部与局部》,《兴业杂志》1卷2期,1926年2月。

董康:《科学的唐律》,《现代法学》1卷2—6期、9—10期连载,1931—1932年。

董康:《匡救司法刍议》,《庸言》2卷第1、2号合刊,庸言报馆发行,1914年2月。

董康:《论秋审制度与欧美减刑委员会》,《法轨》创刊号,复旦大学法律学系同学会,1933年。

董康:《民国十三年司法之回顾》,《法学季刊》2卷3期,东吴大学法律学院,1925年。

董康:《前清法制概要》,《法学季刊》2卷2期,东吴大学法律学院,1924年。

董康:《前清司法制度》,《法学杂志》8卷4期,东吴大学法律学院,1935年。

董康:《唐律并合果说》,《法学季刊》4卷5期,东吴大学法律学院,1930年。

董康:《我国法律教育之历史谭》,《法学杂志》7卷3—6期连载,东吴大学法律学院,1934年。

董康:《我国法律教育之历史谭》,《法学杂志》7卷6期,1934年11月。

高旭晨:《潘汉典先生访谈录》,《环球法律评论》2001年夏季号。

龚津航:《我国法学研究的纵向思考——与杜飞进一席谈》,《法学》1988年第7期。

何勤华:《中国近代刑法学的诞生与成长》,《现代法学》2004年第2期。

胡震:《亲历者眼中的修订法律馆——以〈汪荣宝日记〉为中心的考察》,《华中科技大学学报》2010年第3期。

黄静嘉:《清季法学大家长安薛允升先生传》,收入薛允升著述,黄静嘉编校:《读例存疑重刊本》册1,成文出版社1970年版。

黄静嘉:《中国传统法制儒家化之登场、体系化及其途穷——以程树德所辑两汉春秋决狱案例为切入点》,收入《经义折狱与传统法律学术研讨会论文集》,"中央研究院"历史语言研究所 2004 年版。

黄礼登:《走进德国人赫善心》,《公诉人》2011 年第 3 期。

黄源盛:《民元〈暂行新刑律〉的历史与理论》,收入氏著:《民初法律变迁与裁判(1912—1928)》,台湾政治大学法学丛书(47),2000 年。

黄源盛:《清末民初近代刑法的启蒙者——冈田朝太郎》,收入《黄宗乐教授六秩祝贺——基础法学编》,学林文化事业有限公司 2002 年版。

李欣荣:《清末关于"无夫奸"思想的论争》,《中华文史论丛》2011 年第 3 期。

李欣荣:《清末修律中的废刑讯》,《学术研究》2009 年第 5 期。

林端:《由绚烂归于平淡——瞿同祖教授访问记》,《当代》第 153 期,2000 年 5 月。

罗颖男:《论福兰阁对德华青岛特别高等专门学堂的贡献》,北京外国语大学硕士学位论文,2013 年。

马洪林:《戊戌维新与中国近代化》,《上海师范大学学报》1989 年第 1 期。

马赛:《民初立宪活动中的孔教问题研究》,中国政法大学硕士学位论文,2010 年 3 月。

马忠文:《张荫桓、翁同龢与戊戌年康有为进用之关系》,《近代史研究》2012 年第 1 期。

茅海建:《戊戌政变的时间、过程与原委——先前研究各说的认知、补正、修正(一)》,《近代史研究》2000 年第 4 期。

牟尼:《汪荣祖追忆何炳棣》,《法治周末》2012 年 10 月 16 日。

瞿同祖、赵作栋:《为学贵在勤奋与一丝不苟——瞿同祖先生访谈录》,《近代史研究》2007 年第 4 期。

任学:《试论汪荣宝的宪政思想》,河北大学硕士学位论文,2009 年 5 月。

尚小明:《"两种清末宪法草案稿本"质疑》,《历史研究》2007 年第 2 期。

孙家红:《清末章董氏〈刑律草案〉稿本的发现和初步研究》,《华中科技大学学报》(人文社科版)2010 年第 3 期。

王健:《德国法在中国传播的一段逸史——从青岛特别高等学堂说到赫善心和晚清修律》,《比较法研究》2003 年第 1 期。

王健:《瞿同祖先生谈治学之道》,《法制史研究》第 6 期,2004 年 12 月。

王健:《瞿同祖与法律社会史研究——瞿同祖先生访谈录》,《中外法学》1998 年第

4期。

王健:《中国法律教育研究文献述要》,收入贺卫方编:《中国法律教育之路》,中国政法大学出版社1997年版。

王健泉、林鸥:《蒋楷初考》,义和团平原起义100周年学术讨论会论文,1999年9月1日。

王晓秋:《清末政坛变化的写照——宣统年间〈汪荣宝日记〉剖析》,《历史研究》1989年第1期。

吴经熊:《法律教育与法律头脑》,收入许章润主编:《清华法学》第4辑,清华大学出版社2004年版。

吴泽勇:《〈大清民事诉讼律〉修订考析》,《现代法学》2007年第4期。

吴泽勇:《清末修订〈法院编制法〉考略——兼论转型期的法典编纂》,《法商研究》2006年第4期。

谢泳:《西南联大知识分子的时代困惑》,收入谢泳:《西南联大与中国现代知识分子》,福建教育出版社2009年版。

许章润:《当法律不足以慰藉心灵时——从吴经熊的信仰皈依论及法律、法学的品格》,《月旦民商法杂志》第3期,2004年3月。

杨绛:《回忆我的父亲》,收入《杨绛作品集》(2),中国社会科学出版社1993年版。

余钊飞:《为往圣继绝学——评徐道邻〈唐律通论〉》,收入中南财经政法大学法律史研究所编:《中西法律传统》第5卷,中国政法大学出版社2006年版。

俞江:《两种清末宪法草案稿本的发现及初步研究》,《历史研究》1999年第6期。

张朋园:《议会思想之进入中国》,《华东师范大学学报》(哲学社会科学版)2004年第6期。

张伟仁:《清代的法律教育》(上),《台大法学论丛》18卷1期,1988年12月。

张伟仁:《清代的法律教育》(下),《台大法学论丛》18卷2期,1989年6月。

赵凤林:《法制近代化中的实干家——汪荣宝(1878—1933)》,《法制史研究》第19期,2011年6月。

朱学勤:《思想史上的失踪者》,收入氏著:《书斋里的革命》,长春出版社1999年版。

〔日〕冈田朝太郎:《清国ノ刑法草案二付テ》,《法学志林》第12卷第2号,1910年。

〔日〕宫崎市定:《宋元的经济状况》,收入中国科学院历史研究所翻译组编译:《宫崎市定论文选集》上卷,商务印书馆1963年版。

〔日〕松平德仁(Matsudaira Norihito):《徐道隣对于卡尔·施米特(Carl Schmitt)的批判性接纳》,第六届东亚法哲学研讨会论文,台北,2006年。

〔日〕穗积陈重:《法典实施延期战》,收入氏著:《法窗夜话》,岩波书店1980年版。

〔日〕西英昭:《岡田朝太郎について(附・著作目録)》,《法史学研究会会報》第15号,2011年。

〔日〕西英昭:《岡田朝太郎著作目録(稿)》,《東洋法制史研究会通信》第15号,2006年。

〔日〕西英昭:《清末民国時期法制関係日本人顧問に関する基礎情報》,《法史学研究会会報》第12号,2008年。

Harald Gutherz, "Ueber zwei Vorschlaege zum Entwurfe eines chinesischen Strafgesetzbuches", *Sonderabzug aus der "Kiautschou Post"*, Nr. 6, vom 12. Februar 1911.

Young-Tsu Wong, "Revisionism Reconsidered: Kang Youwei and the Reform Movement of 1898", *The Journal of Asian Studies*, Vol. 51, No. 3 (August 1992).

索　引

A

奥本海姆　121

B

八国联军　18,39,215

巴黎大学　129

柏林大学　101,116,134,187,188

半封建半殖民地　65

保国会　157,158

保守主义　14,60,196

《保教非所以尊孔论》　57

北伐　60

北京大学　24,41,42,87,124—126,228

北京临时参议院　48

北洋政府　187

贝里代尔·基思　222

比附　32,58,107,175

比附援引　192

比较法　131,132,134,137

比较法律史　12

《比较法总论》　137

比利时　48,60

边沁　62

编年体史书　171

变法　12,77,141,146,151,153,156,160,162,166—169,176,212

《变法自强宜仿泰西设议院折》　140,141,144,145,157,182

丙午中央官制起草科　48

不成文宪法　51,52

《不列颠百科全书》　137

不应得为　107

《布洛克拉西的奇境》　222

C

蔡元培　87,95
曹锟　49
曹汝霖　9,14,45,192
长沙临时大学　66,124
偿还内外短债委员会会长　21,40
超前立法　34
陈宝琛　45,192
陈独秀　58
陈三立　64
陈寅恪　59,64,77
程序瑕疵　10,236
《惩治盗匪法》　114
崇唐　106,108

D

答辩制度　129
大理院　14,16,21,40,150,192,212,215
大陆法系　32,184
《大清律例》　19,46,197,198,203
《大清现行刑律》　19,46
《大清新刑律》　1,3,10,15,19,20,28,44,46—48,58,59,184,186,188,191,192,197,199,202,203,206,208,211,215,236
戴炎辉　105,226,227
档案折　140,142,144—147,150,156,159,180
导师回避　129

《德国法科进士赫善心氏与蒋员外楷问答》　197
《德国议院章程》　171
《德儒赫氏中国新刑律论》　197
地方督抚　142
帝制　1,10,11,43,44,52,60,93,142,155
《调查日本裁判监狱报告书》　20,26,39
东京帝国大学　2,42,186
东吴大学　23,41,97,134,135
董必武　137
董康　14,16—39,41,45,90,105,109,192,193,202,207,214,230,234
动员戡乱　92
《读例存疑》　19
端木正　119,126—130,230,234
段祺瑞　89,114,115,118
断狱　106

F

法部　39,45,189,192,199,206
法典编查会　14,32
法典编纂史　3
法典化　32
《法国政治制度》　222
法家　77,106,204
法家法律思想　106
法教　15,236

法科 2,41,42,86,87,95,134,186,225

法科研究所 119,124,125,222

法理派 6,16,34,45,59,90,192,193,199,206—208,235,236

《法理学和普通法论说》 94

法律改革 3,14,16,19—21,29,30,33,34,36,39,59,90,189—191,197,199,206,209

法律构成要件 201,203

法律顾问 20,135

《法律关系》 94

《法律和现代精神》 94

法律机械主义 93

法律教育 18,25,26,42,85,87,89,95—97,109,110,228

《法律教育之目的》 95—97

法律近代化 11,12,15,47,55,108

法律救国 34,90

法律空隙 107

法律儒家化 107,203

《法律史解释》 94

法律史学 79,99,103,125,229

法律事业 13,95

法律素养 110

法律头脑 95—97

法律文化 137

法律移植 22,95

法律职业 95,96,98

法学的法律史 63

法学家 48,61—63,75,85,91,98,107,109,110,113,114,186,203,218,229,234,235,237

法学圈 61

《法学译丛》 137

《法学杂志》 42,97

《法院编制法》 27,48,191

法政 14,42,45,48,64,78,85,95,119,125,130,133,164,181,186—188,190,191,193,212,218,219,222

法政人 49,85

法制程序 31

法(制度)决定论 93

法制史 63,108,110,113,116,174,220,226,227

法治 15,21,34,85,90—94,97,98,137,193,204,205,210—215,231,232,236

反法治 15,236

仿行宪政 46,55,164

费孝通 65,134

冯家升 68,83

冯玉祥 100,102,113,115,117,118

佛教 58,77

《夫妻共体主义下的宋代婚姻的无效撤销解消及其效力与手续》 226

弗朗克 94

府院之争 49

附加条款 45,47

《附则》 45,58

复审制度 109

G

感化院 199,201

冈田朝太郎 20,45,184—193,197,199—203,207—209

纲常礼教 1,45,46

哥伦比亚大学 62,67—69,74,83,87,103,134

革命党 215

格梅林 93

个人本位 7

庚款留美 67,77

工部主事 154,155

《公道、自由与法》 89

功利主义 78

古德哈特 94

古今中外 93,203

古今中西 63

《古议院考》 140,144,147—150,156,180,182

《关于中国刑律草案的两个建议》 194,195

官吏法 106

管辖 99,172,173,176,199

规则适用 93

国防设计委员会 102,116

国际公法 87,120—123,125,189,199,220

国教 51—57,59,235

国民党 24,41,60,83,88,89,113,135

国民性 194,196

《国闻报》 157—159

国学 64,100,109

H

哈佛东亚研究中心 69

海外汉学 99

涵摄 28

《汉代社会结构》 67

"汉语法学文丛" 90

合法性基础 10,34,35

何炳棣 61,62,64—74,76,77,79,80,82,83,121,124,129,148,218,229,230,234,235,237

和奸无夫妇女 192,196,198—200,202,203

河北大兴师范 86

荷兰 28,63

赫善心 45,184,185,187,188,190,191,194—199,202,203,207—209

洪宪帝制 49

胡锦河 227

湖北省政协 89

湖南巡抚 64,160

护法 91

护法战争 49

索引　251

皇权　10,11,183
皇权一统　11,177
黄静嘉　18,36,227
黄云鹏　56
黄彰健　139,140,142,143
黄宗羲　93
会审　27,111
霍菲尔德　94
霍姆斯　134

J

《基本法律概念》　94
吉同钧　19,45,192
籍忠寅　9
技术官僚　193
继受　16,29,30,34,36,184,208
家国情感　73
家族本位　6
价值无涉　106
奸非罪　201
监察院　88
兼爱非攻　78
建构理性　32
《江楚会奏变法三折》　12
江庸　45,192,214
蒋介石　116
蒋楷　190,195—197,204
教案　152,215
教务提调　19,39

今文经学　175,181
金岳霖　66
进化论　80,203—205,209
近代法治观　212
靳云鹏　21,40
《京城保国会题名记》　157—159
京师大学堂　2,45,86,192
京师法律学堂　19,20,39,186,189,192,207,212
京师高等检察厅　91
经验哲学　32
《经义亭疑》　196,197,204
瞿同祖　61,63—72,74,81—84,107,109,203,230,234,235
军阀　22,23,35,36,102,116
军机处　142,153,157,174,177
军机大臣　3,10,11,39,45,63,83,154,167,192,196
军事委员会　102,113,117
君权　58,142,146,161,162,170,181
君主立宪　43,139—142,164,181,182
《君主论》　136

K

开明专制　163,180
康有为　58,139—144,146,149,150,153—161,163,164,170—178,180—183
考据　57,78,79,106,109,111,139

考试院铨叙部　102,117
科曹雷克　94
孔教　49,51—60,235
孔教入宪　43,47,49—55,57,59,60
孔孟　107
孔祥吉　139,143,146,150,155,160,162,164,170,171,174,176,178
孔子　52—54,57,59,133,139,152,181
阔普通武　139—147,149,150,156—161,163,164,168,180

L

喇嘛教　52
蓝白票之争　7
劳乃宣　4,7,8,12,13,45,192—194,196—198,207
牢厅主事　18,39
黎元洪　49,114
礼部侍郎　141,157
礼法之争　20,30,33,34,39,90
礼教　7,20,32,34—37,44—47,58—60,106,107,192—194,199,203—205,207,209,236
礼教派　6,45,46,188,192,193,196,197,203,205,208,235,236
礼教中心思想　106,107
礼学馆　45,192
李敖　224—227
《李敖回忆录》　224

《李敖快意恩仇录》　224—226
李鸿章　161
李斯特　186—188,208
李文熙　6—8
理论自觉　28
历史法学　203,209
历史惯性　15,46
历史理性　181
历史情境　44
历史三峡　91
历史学的法律史　63
历史证据链　156
立法精神　28
立法权　11,174,176,177
立法移植　93
吏治　221,222
例学　81
联合国教育科学文化组织　88
梁启超　57,62,140,143—150,156,158—160,163,169,170,175,177,179—181,204,205
梁士诒　21,40
列宁格勒外文图书馆　136
林彬　225
林家翘　76,77,79
临时参议院　1
《临时约法》　52,57,59
领事裁判权　34—36,59,90,193,198,199,201,203,205—209

索　引

刘廷琛　45，192
留美预备部　86，87，218
《留美中国学者访华观感集》　73
楼邦彦　122，216—218，220—223
《楼邦彦法政文集》　217
陆建章　114，115，118
陆宗舆　8
律例馆　189
《论语》　54，64，100
罗家伦　87，218
罗杰　9
罗马法　106，125，189，198
罗维垣　19

M

马克思主义　135
《麦田里的守望者》　98
满洲正白旗　156
芒罗·史密斯　94
毛恩茨　101
茅海建　140，153，170
梅特兰　62
梅贻琦　88，218，219
孟德斯鸠　204，205，209
孟森　23，41
米德尔顿　222
民治　91
民主共和　1
民主立宪　182

民族精神　12，203
《明初以降人口及其相关问题：1368—1953》　69
《明定国是诏》　160
明刑弼教　46，204
明治　42，172，173，177，186，187
明治维新　166，170，171
模范西法　12
《末日审判簿及其前史》　62
墨家　77，78
幕友　95

N

南京政府　89
内城巡警总厅　2
内阁司法总长　21，40
内阁学士　140—142，157，161，168，180
纽约　67，84
农耕社会　198
诺贝尔奖　67

O

《欧陆法律发达史》　94
欧陆民法　93

P

潘汉典　131—133，136，229，230
庞德　94，137，184
培正学校　133

普林斯顿大学 99

普通史 62

溥伦 4

溥仪 43

Q

七七事变 117

奇理斯玛 78

启蒙运动 32

钱端升 123,127,148,216,218,221

乔治·凯贝尔 188,190

《钦定大清刑律》 1,44

《钦定宪法大纲》 10,11,48,55,164

秦国 77,78

青岛特别高等专门学堂 187,188,190,191,196

轻重相举 107

清朝 27,52,99,110,133,153,174,186,189,190,212

《清代地方政府》 61,69,81,109

《清代名人传记》 68,83

清华大学 65,77,86,87,90,97,119,122—127,129,130,217—219

清季 3,7,14,16,18,21,30,34,35,44—46,55,63,92,154,190,204,214

清季立宪 182

清流 63,74,75,131,138,193

清末修律 1,3,20

《清秋审条例》 18,25—27

清廷复辟 43,44,49

《请定立宪开国会折》 140—143,182

庆应义塾 48

秋审 18,19,25—27,32,39,42

去罪化 7,206,209

全盘西化 33

R

人格修养 93

人伦 52,54

人民权利 31

人体功能论 173,175

人治 92,93,231

仁井田陞 226,227

日本 2,7,12,16,20,21,23—26,28,30,34,36,38—42,45,48,59,60,100,101,105,106,113,115,133,135,146,162,166—168,170—175,177—181,185—187,189,191,193,199,202,203,208,226,227

《日本变政考》 142,151,161,167,168,171,172,174,175,178

日耳曼法 198

荣禄 154,155

儒家法律思想 106

瑞士 48,63,198

S

萨维尼 12

索引

三民主义 60
三权分立 188
三权分立学说 173,174
"三一八"惨案 89
《删除律例内重法折》 19,39,213
陕派 217
商务印书馆 27,66,100,106,108,136,178,189,204,237
商鞅 77,78
上海地方检察厅 92
上海法科大学 23,24,41
上海会审公廨 23
上海南洋公学 48
邵羲 6,7
邵循恪 119,122—124,126,127,129,130,230,234
社会本位 106
社会-文化转型 91—92
社会学 61,64,66,96,127,129
《申报》 21—25,29,38,41,55
身份伦理革命 15
沈家本 4,13,14,16—21,26,27,30,34,38—40,45,46,48,105,109,148,189,191—194,206,210—215
沈玉声 23,41
审判独立 214
审判文明 198,199
失踪者 2,85,100,197,216,222,223,228,229,231—234,237

史实 5,14,73,74,76,111,139,140,153,157,180,185,203
士大夫 59,60,108,110,150,162,163,181
双重困境 33
顺德师范 86
"四清" 137
四书五经 133
松冈义正 20
讼师 95,226
宋代法制 106,108
宋教仁案 92
《宋刑统》 66
苏联 135
穗积陈重 12,204,205,209
孙宝瑄 149,150
孙传芳 23,41,118
孙中山 88,114,161
孙钟 56

T
台湾省政府 103
《泰晤士报》 114
唐德刚 91,161
唐律 24—26,41,100,104—107,227
特别内阁模式 171,173,180
特洛伊木马 170
天皇 172,173,175,177
天坛祈年殿 49

《天坛宪草》 47—51,54,60

条文比较 28

通才教育 97

通识教育 219

同治 17,18,38

托古改制 145,148,170

W

晚清修律 45,148,184,190—192,197,203,205,206,208,209

汪精卫 24

汪荣宝 5,6,8—11,13,14,43,45,47,48,50—53,55—60,192,193,202,211,230,234,235

汪有龄 14,32,40

王国维 25

王克敏 24,42

王世琪 19

伪华北中华民国临时政府 24,42

魏特夫 67,68,83

文明固有论 203,209

文字狱 215

无夫奸 6—8,10—14,20,34,45,204,236

吴赐龄 6,7

吴经熊 91,97,218,237

"五七干校" 137,138

五四运动 2,8,13,234

武昌起义 11,15,21

武大军管会 89

武汉大学 87,89,126

戊戌变法 139—143,149,153,155,157,161,163,170,179,181,182

《戊戌变法档案史料》 139—142,145,146,153,159

《戊戌奏稿》 139—142,163,178,180

X

西法东渐 184

西法移植 31

西方法学 94

西方汉学 64,69

西方中心主义 205

西南联合大学 66,74,77,87,89,124,125,237

西宁办事大臣 157

西雅图 103,104

现代法制理念 20

宪法 10—12,43,46—57,59,60,62,87,89,92,100—103,113,116,120,121,123,126,137,140—142,164,166—168,170,172,173,175,177—183,186,189,219,220,222,223,235,237

宪法性文件 55

《宪法与孔教》 58

《宪法重大信条十九条》 11

宪政 9,34,47,49,50,54,55,57,60,

索引

93,140,169,173,179,181,184,193
宪政编查馆 3,9—11,20,45,48,181,
　182,192,193,199,212
宪政实施协进会 88
宪政维持进行会 7
小河滋次郎 20,39
孝道伦理 102
心理学 103
辛亥革命 1,11,57
新儒家 79
《新刑律颁布之经过》 3,4,13,211
《新刑律修正案》 12
《新学伪经考》 139
刑部 16—18,20,25,27,28,39,155,
　189,211,212
刑曹 16,18,211
刑罚效果 201
《刑法比较学》 26—28,41
《刑法讲义》 186
行政机关 11,172
行政院 102,113,116,117
修订法律馆 2,3,14,19,20,26,30,
　39,40,45,47,48,186,187,189,
　191—193,199,206,211,212,214
修律大臣 45,148,192,199
《修正刑法草案》 32,40,186
胥吏 30,95
虚君共和 11
徐道隣 99—104,106—108,110,

112—118,230,234
徐世贤 225
徐树铮 100—103,110,113—116,118
许鼎霖 6,7
许世英 91,237
许受衡 19
许章润 90,91,97,227
薛允升 16,18,19,105
学术斗士 74

Y

鸦片战争 211
燕京大学 64,66,74,126,134
杨度 45,192,193
杨联陞 69,82,84
杨振宁 67,73,77
耶教 53
耶鲁大学 87,135
伊藤博文 168,172—175,177
依法治国 92
移植 34,184,208,230
义和团运动 18,39
义理 140
议事细则 10,11
议行合一 173,177,180
议院 4,10,48,50,140,142—147,
　149,150,156,157,159—165,167—
　173,178—180,182
议院模式 141,171

异端邪说 181
《译书汇编》 91
易宗夔 6
奕劻 63
意大利 26,102,116,135,186
阴性自然法 12
《英国宪法》 62,222
《英美法词典》 138
英美法系 32,184
《英美分析学派对于法学之最新贡献》 94
英属哥伦比亚大学 69,70,74
右宋 108
于邦华 6,7
余镜清 6,7
语意学 103,107
豫派 18,218
员吏 220—223
袁世凯 49,60,63,114,206,212
云南大学 66,72

Z

《暂行新刑律》 1,40,44,208
《暂行新刑律补充条例》 14
《暂行章程》 1,8,10,12,45,47,59
早稻田大学 42,48,86
詹姆斯·贝克 222
张勋复辟 43,46
张荫桓 156

张之洞 12,45,192,193,196,212
张之江 100,102,113,115
章太炎 41,60,150
章宗祥 1—4,6,9—11,13,14,32,40,45,192,193,211,214,230,234,235
章宗元 9,10
赵舒翘 18
正当防卫权 12,13,192
政府委员 4
政学(公)会 7
政治决策 142,144,174
政治事业 13
政治学部 119—126
政治正确 164,203,205,206,209
《知识论》 66
职业化 34
志田钾太郎 20,39,184
制度变迁 3
制度革命 15
制度局 141,143,151,155,166,168,170,171,173—178,180,181
制度取调局 172
中法西绎 184
中国对外文化协会 89
《中国法律传统论文集》 99
中国法律社会史 66
《中国法律与中国社会》 61,66,67,81
《中国法制史论集》 99,100,102—104,106—108,110,112

索　引　259

《中国家族法原理》　227

中国历史研究室　68,83

中国社会科学院法学研究所　137

《中国社会史:辽代》　68,83

中国通史　70

中国政法学会　89

中国政治法律学会　137

中国政治实践　181

中华民国　28,42,48,49,52—54,57,
　　88,91,235

中华民国法学会　88

《中华民国宪法》　49,54,88

中美建交　137

中央法制局　88

中央政法干校　137

重庆地方法院　102

周绍昌　19

著作权　140,149,150,156,183,190

《专科学生留美试验规则》　86

专门审判机关　34

专门史　62

资政院　2—5,7—11,13,14,20,44,
　　45,48,55,164,182,192,193,199,
　　210—212,215

《资政院会议速记录》　5—10,12,13

滋贺秀三　227

子孙违犯教令　192,196,198—203

《自定年谱》　142,143,153,154,161,
　　163,164

自然法　32,187

宗教信仰自由　59

总理衙门　140,142,150,153—156,
　　168,180

总理衙门章京上行走　154,155

奏稿折　140,142

奏折著作权　143

纂拟宪法大臣　48

罪刑法定　192

致　　谢

　　感谢在写作过程中温言教诲指正、惠赠授权珍贵资料、提供各种帮助的师长和朋友们。

　　感谢为本书系列拙文初次付梓提供机会的期刊、报纸的主编和责编们。

　　感谢商务印书馆白中林先生和王静女士的认真督促与辛勤付出。

　　感谢一直以来给予默默无私支持的家人们。

　　谨以此书献给我的伯父陈鸿博先生。

2019 年 5 月 5 日
于清华明理楼温格居

图书在版编目(CIP)数据

寻找法律史上的失踪者 / 陈新宇著. —增订本. —北京：商务印书馆，2019
ISBN 978-7-100-17213-4

Ⅰ.①寻… Ⅱ.①陈… Ⅲ.①法律工作者—人物研究—中国—近代 Ⅳ.① K825.19

中国版本图书馆 CIP 数据核字（2019）第 054033 号

权利保留，侵权必究。

寻找法律史上的失踪者
（增订版）
陈新宇　著

商务印书馆出版
（北京王府井大街36号　邮政编码100710）
商务印书馆发行
南京鸿图印务有限公司印刷
ISBN 978-7-100-17213-4

2019年8月第1版	开本 889×1194 1/32
2019年8月第1次印刷	印张 8½

定价：38.00 元